우리는 왜
이렇게
사는 걸까?

세상을 꿰뚫는
50가지 이론 2

우리는 왜
이렇게
사는 걸까?

강준만 지음

인물과
사상사

우리는 왜 이렇게 사는 걸까?

"'왜' 살아야 하는지를 아는 사람은 그 '어떤' 상황도 견뎌낼 수 있다."

이 번역이 매끄럽지 않다면 "살아야 할 이유를 가진 사람은 어떻게든 살아낸다"고 해도 좋겠다. 독일 철학자 프리드리히 빌헬름 니체 Friedrich Wilhelm Nietzsche, 1844-1900의 말이다. 나치의 강제수용소에서 죽음의 문턱을 넘나들었던, 오스트리아 정신분석학자 빅터 프랭클Viktor E. Frankl, 1905-1997은 니체의 이 발언이 수감자들을 대상으로 심리치료를 하려는 사람들에게 귀감이 되는 말이라고 했다.[1]

수감자들뿐이겠는가? 상당한 인내가 필요할 정도로 어려운 시절을 살아가는 모든 사람에게 다 도움이 되는 말이 아닐까? 아무리 많은 문제와 고통이 있다 하더라도 지금 우리가 살고 있는 세상이 강제수용소나 교도소보다 훨씬 낫다는 건 분명하다. 따라서 우리에게 적합한 질문은 "우리는 왜 살아야 하는가?"라기보다는 "우리는 왜 이렇게 사는 걸까?" 또는 "우리는 왜 이렇게 살아야 하는 걸까?"일 것이다.

최근 그런 질문을 진지하고 심각하게 던져야 할 사건이 발생했다. 전 국민을 비탄과 분노로 몰아간 '세월호 참사'다. 전국이 '통곡의 대한민국'으로 변한 가운데,[2] 화장을 지운 대한민국의 민낯이 백일하에 드러나고 말았다. 그런데 우리는 정말 왜 그런 일이 일어났는지를 제대로 알고 있을까? 언론의 보도와 논평은 그 이유를 소상히 밝혀주겠다고 나섰지만, 언론의 무책임성과 선정성에 대한 비판도 무성했다는 건 무얼 말하는 걸까?[3] 언론도 '세월호 참사'의 책임을 나눠져야 한다는 것을 시사한 건 아닐까?

일반 시민들도 생각해볼 점이 있다. 우리는 평소 일상적 삶에서 각종 안전 규정을 제대로 지키면서 살아가고 있는 걸까? 김영욱 이화여대 언론홍보영상학부 교수는 "언론 보도를 보면 사회에 '누구 하나가 잘못됐고 나는 괜찮다'는 생각이 팽배한 것 같다"고 했는데,[4] 우리는 정말 그렇게 생각하고 있는 건 아닐까? 마땅히 책임을 지고 엄벌에 처해져야 할 책임자들은 물론 사고 이후 분노를 증폭시킨 '못 믿을 정부, 오합지졸烏合之卒 당국'[5]도 우리 사회의 산물이며, 우리는 그런 사회의 유지에 일조하고 있다고 보아야 하는 건 아닐까?

'세월호 참사'는 지난겨울 온 국민을 경악하게 했던 개인 정보의 대량 유출 사태의 연장선상에서 이해해야 하는 건 아닐까? 조사 대상 기업 2,000곳 중 95.9퍼센트가 암호화 장비 구입, 모니터링 인력 운용 등에 필요한 개인 정보 보호 관련 예산이 전혀 없다는 건 무엇을 말하는 걸까?[6] 이후 달라졌을까? 개인 정보 대량 유출 사고가 터진 지 석 달이나 지났지만, 금융사들이 개인 정보 보호를 위한 비용이 만만치 않다며 여전히 개인 정보 유출 방지 대책을 뭉개고 있는 걸 어떻게 이해해야 할까?[7]

우리는 일상적 삶과 관련된 수많은 의문에 대해서도 모두 다 그 이유를 알고 있다고 확신하는 경향이 있지만, 그런 확신은 각종 심리적 편향과 오류에서 얼마나 자유로운 걸까? 그 확신이 사실에 근접한 것일지라도, 모든 사람의 생각이 다 같진 않을 것이다. 생각이 다를 땐 상호 소통을 통해 생각의 차이를 줄여나가는 것이 문제 해결에 도움이 되겠지만, 그 어떤 확신으로 무장한 사람과의 소통은 기대하기 어렵다.

민주화를 위해 투쟁하던 시절엔 확신은 물론 '광신狂信'마저 투쟁의 동력으로 필요했고 긍정 평가할 수 있었겠지만, '민주화 이후의 민주주의' 체제하에선, 게다가 지금처럼 사회적 갈등과 분열이 극심한 상황에선, 우리가 가장 경계해야 할 것은 확신이다. 확신은 나의 확신

을 공유하지 못하는 사람을 적敵으로 돌리는 '잔인한 사고방식'이기 때문이다.[8]

나의 확신과 너의 확신이 만나면 '충돌' 이외에 달리 할 일이 없다. 나는 왜 확신하며 너는 왜 확신하는가? 스스로 '왜?'라는 물음에 답해 보면 충돌은 피할 수 없을망정 그 강도를 낮출 순 있겠건만, 우리는 한사코 '왜?'를 멀리 하는 경향이 있다. 자신의 확신에 대한 검증 아니 도전이 싫기 때문이다. 그래서 '왜?'라는 질문을 비난으로 간주한다.[9] 그러나 '왜?'가 비난으로 여겨지지 않게끔 할 수 있는 방법이 없는 건 아니다. 나와 우리의 문제일망정 제3자의 입장에 서서 검증된 이론 중심으로 문제를 살펴보면 '왜?'에 대한 저항과 반감이 약화된다. 그래서 소통에 한 걸음 더 가까이 다가설 수 있다.

나는 그런 문제의식을 갖고 이 책을 썼다. 다양한 종류의 '왜?'라는 질문 50가지에 대해 각종 이론과 유사 이론으로 답하는 형식을 취한 이 책은 2013년 12월에 출간한 『감정독재: 세상을 꿰뚫는 50가지 이론』의 속편이다. 이미 말씀드린 바와 같이, 나의 목표는 앞으로 수백 개의 '왜?'라는 질문을 던지고 각 질문에 맞는 이론과 유사 이론들을 동원해 답해 보는 것이다.

우리 사회의 모든 문제에 대해 '확신'보다는 '지식'에 근거한 소통을 시도해보자는 뜻이다. 우리 모두 자신을 지배하고 있는 그 어떤

'확신'에서 벗어나 우리의 살아가는 모습을 새삼 낯선 듯이 관찰하고 음미해보는 재미와 의미를 누려보는 건 어떨까? 우리가 결코 만족할 수 없는 상황을 건더내기 위해서가 아니라 상황을 바꾸는 긍정적인 변화의 바람을 만들기 위해서라면 더욱 좋지 않을까?

2014년 6월

강준만

차
례

01

왜 대한민국은 졸지에
'삼류 국가'가 되었는가?

압축 성장

(1) "1990년대 초·중반엔 서해훼리호 사고(1993년·292명 사망)말고
도 성수대교 붕괴(1994년·32명 사망), 대구 지하철 가스 폭발(1995
년·101명 사망), 삼풍백화점 붕괴(1995년·501명 사망) 등 후진국형型
사고가 잇따랐다. 서해훼리호 사고가 일어난 1993년의 국민 1인당
GDP는 8,422달러였다. 재난으로 뒤범벅된 1990년대를 한 해 한 해 넘
길 때마다 후진국에서 중진국으로 올라서기가 이렇게 힘드냐는 한탄
이 쏟아졌다. 올해 우리 1인당 GDP 전망은 1993년의 3배 정도인 2만
6,000달러이다. 거의 선진국 문턱까지 도달해 있고, 분야에 따라서는
우리가 세계 최고라고 자랑하는 것이 적지 않다. 조선造船 분야만 해도
건조 물량과 기술에서 세계 1위 수준에 올라섰다. 그러나 '세계 1위'

라는 번드르르한 포장을 걷어내고 나면 그 안의 알맹이가 어떤 수준인지 세월호 사고가 여실히 보여줬다."[1]

(2) "19세기 박제가는 『북학의』라는 책에서 우리나라 배가 중국 배에 비해 얼마나 형편없는지 설명했다. 21세기 대한민국 조선업이 세계 1위에 올랐다지만 배를 운용하는 사람들의 자세는 19세기에 머문 듯하다. 하드웨어는 발전했으나 이를 움직이는 사회 시스템과 국민 의식은 발전하지 못했다. 그 대가를 눈에 넣어도 아프지 않을 우리 아이들이 치르고 있다. 박근혜 정부는 세월호가 침몰한 4월 16일을 '안전 국치일國恥日'로 삼아, 이 부끄러운 나라를 미래 세대에 물려주지 않겠다고 맹세해야 한다."[2]

(3) "이번 사고에는 '희망의 새 시대'를 꿈꾸는 세계 10위권 경제 대국, 대한민국의 참담한 민낯이 그대로 드러나 있다. 각국 정부가 애도와 위로의 뜻을 보내고 구조 지원 의사를 전해오고 있다. 고맙기는 하지만 부끄러워 고개를 들지 못할 판이다. 침몰된 배 주변으로 구조대를 실은 함정과 비행기가 분주히 오가는 참혹한 사고 현장에서 안전과는 거리가 먼 우리 현실을 다시 확인하게 된다. 사고 예방은커녕 사고를 수습하면서도 허둥댔다. 안전 불감증, 작동하지 않는 재난 대응 시스템, 책임 회피의 추한 몰골이 바다 위를 떠다니고 있다."[3]

(4) "우리 사회에선 기본, 규칙, 기초 규정을 존중하는 사람은 세상 물정 모르고 앞뒤가 막힌 사람으로 치부되는 분위기가 있다. 편법에 능해야 유능한 사람으로 대접한다. 세월호 침몰 사고의 맨 밑바닥엔 기본을 무시하는 우리 사회의 병폐가 있다."[4]

(5) "이 초대형 재난 앞에서 우리는 '안전 정부'에 대한 기대와 희

압축 성장

망마저 침몰해버린 또 하나의 슬픈 현실에 직면했다. 세계 7위 수출 강국, 세계 13위 경제 대국이라는 수식어가 부끄럽고 초라할 뿐이다. 나무와 풀은 큰 바람이 불어야 분간할 수 있다고 한다. 한 국가의 수준과 능력도 재난과 어려움이 닥쳤을 때 판가름 난다. 우리나라의 수준은 낙제점, 삼류 국가의 그것이었다. 마치 초짜 3등 항해사가 몰았던 세월호처럼 침몰하는 나라를 보는 것 같은 막막함을 가눌 길 없다. 우리 사회의 신뢰 자산마저 바닥을 드러내고 침몰해버린 것이나 다름없다."[5]

이상 5개의 주장은 세월호 참사에 대한 신문 사설 내용이다. 「여객선 참사慘事, 이러고도 선진국 되겠다는 말 나오나」, 「통곡의 대한민국……말뿐인 '안전 행정' 통렬하게 반성하라」, 「책임도 안전도 동댕이친 '사고事故 공화국'」, 「이번에도 '기본' 깔아뭉개는 '부실不實 사회'가 재앙 불렀다」, 「우리나라는 '삼류 국가'였다」 등과 같은 사설 제목들이 말해주듯이, 한국은 겉만 번지르르했던 '삼류 국가'였다는 것이 이번 참사를 보는 시각의 핵심이다.

서울대학교 사회학과 정근식 교수는 "한국인은 '빨리빨리' 덕에 단기간 고도성장을 누렸지만, 그 이면에는 속성과 편법도 당연시하는 '대충대충'이 있었다. 세월호 참사 역시 선장과 승무원이 원칙대로 행동했더라면 피해를 최소화할 수 있었을 것"이라고 했다. 그는 "선장 등 책임자 몇몇을 처벌하는 데 그치지 말고, 우리 모두 '대충대충' 문화를 뼈아프게 반성해야 한다"고 말했다.[6] 『한겨레』는 「범인은 적당주의와 무책임이었다」는 제목의 사설을 게재했다.[7]

고려대학교 사회학과 박길성 교수는 이 참사를 낳은 한국적 위험

사회의 배경에는 독특한 세 가지 문화적 인식 구조가 있다고 지적했다. ① "잘되겠지" 하는 근거 없는 낙관주의, ② "위험에 예민하게 반응하는 것은 비겁한 태도"라는 대책 없는 모험주의, ③ "나는 괜찮겠지"라는 자기 예외주의다. 이어 박길성은 "근거 없는 낙관주의와 모험주의가 결합해 잠재적인 위험의 폭발성을 가중시키고, 여기에 자기 예외주의가 더해져 안전 불감증을 낳고 있다"고 분석했다.[8]

이 모든 분석과 진단을 관통하는 하나의 개념은 바로 '압축 성장 condensed economic growth' 이다. 압축 성장은 짧은 기간 안에 이룩한 급격한 경제성장을 말하는데, 한국의 압축 성장은 인류사에서 전무후무前無後無하다고 해도 좋을 정도로 기적에 가까운 것이었다. 압축 성장은 어느 정도였나? 세 전문가의 견해를 소개한다.

복거일은 "영국이 1780년에서 1838년까지, 58년 만에 일인당 국민소득이 배가 되었습니다. 미국은 1839년에서 1886년까지 47년 만에 갑절로 늘었고, 일본은 1885년에서 1919년까지 34년이 걸렸습니다. 그런데 우리나라는 1966년에서 1977년까지 11년 만에 배로 늘었습니다. 몸집이 갑자기 늘어나니까 부작용이 생기지 않을 수 없는 것입니다"라고 했다.[9]

한홍구는 "우리가 겪은 근대화의 특징은 이식移植 근대화이면서 동시에 압축 근대화라는 점이다. 한 예로 도시화 비율을 보면 1949년 17.3%이던 것이 1960년 28%, 1980년 57.3%, 1995년 78.5%로 가파르게 상승했다. 서구에서 최소 150년에서 200년은 걸렸을 변화를 우리는 불과 30~40년 만에 해치운 것이다"고 했다.[10]

김진경은 "삼십 년에 삼백 년을 산 사람은 어떻게 자기 자신일 수 있을까"라는 물음을 던지면서 이렇게 말한다. "일본이 메이지유신 이후 100년 동안에 서구의 근대 300년의 변화를 압축해 따라갔다면 한국은 60년대 이래 30년 동안에 서구의 300년을 압축해 따라갔습니다. 이러한 속도 속에서, 이러한 광기 어린 변화 속에서—좀 과장해 말한다면—우리는 30년의 생물학적 시간에 300년의 서사적 시간을 살아버린 것입니다. 무서운 속도의 서구 흉내내기 속에서 자신을 돌아본다는 것은 가능하지도 않았고 필요한 일로도 간주되지 않았습니다."[11]

아닌 게 아니라 한국은 모든 게 빠른 나라다. 세계에서 가장 빠르다고 해도 좋을 정도다. 한국인들은 "우리의 1년은 세계의 10년"이라는 구호 아래 문자 그대로 '미친 듯이' 또는 '전쟁하듯이' 일했다. 그러니 어찌 다른 나라들에 비해 성장이 빠르지 않을 수 있었겠는가. 진보적 경제학자 우석훈은 다음과 같이 말한다.

"사실 한국 경제의 성취가 기적이라는 점에 대해선 누구도 부정할 수 없을 것이고, 특히 아무것도 가진 게 없으면서도 정치적으로는 독재에 시달리는 많은 저개발 국가들에게 한국 경제가 만들어낸 성공은 하나의 꿈일 수도 있을 것입니다. 여담이지만, 지난 몇 년 동안 한국의 정치인들이 부러워했던 바로 그 핀란드의 공무원들이 아주 오래전에 개인적으로 제게, 한국 정도만 가면 좋겠다는 말을 한 적이 있습니다. 그 말을 곧이곧대로 해석하기는 어렵지만, 어쨌든 지금 와서 한국이 수많은 저개발 국가와 개도국들에게 중요한 모델이 되는 건 사실입니다. 이를 자랑스럽게 여기든 불쾌하게 여기든, 어쨌든 한국의 경제적 성공이 존재했던 것은 확실합니다."[12]

물론 압축 성장은 '기적'을 만든 공로 못지않게 심각한 부작용을 낳았다. 이는 이념의 좌우左右를 막론하고 대부분의 사람들이 인정하는 사실이다. 홍성태는 "고도성장과 마찬가지로 이 용어는 단순히 변화의 빠른 속도만을 두드러지게 하기 쉽다. 그러나 비정상적으로 빠른 변화에는 언제나 비정상적으로 많은 고통이 따르게 마련이다. 이 점을 잊어서는 안 된다. 우리의 압축 성장은 폭압적으로 이루어진 것이었다"고 말한다.[13]

압축 성장은 위에서 아래로 군사작전 하듯이 명령과 지시에 따라 일사불란一絲不亂하게 이루어졌기 때문에 '도덕'이나 '자율'이나 '사회적 책임'이 들어설 여지가 없었으며, 그 과정에서 '영혼 없는 엘리트'가 형성되었다. 이른바 '노블레스 오블리주Noblesse Oblige(엘리트의 사회적 책무)'가 없는 엘리트 계급이 탄생한 것이다. 이종오는 한국 엘리트층의 상당수는 좋은 학벌을 획득한 '벌거벗은 경쟁의 승리자들'로서 '천민 엘리트'라고 꼬집었다.[14] 이와 관련, 『전북일보』는 2008년 2월에 다음과 같이 말했다.

"요즘 이명박 정부의 각료 인선을 둘러싸고 여론이 분분하다. 대부분 부동산 투기, 불법 증여 및 탈세, 병역 면제, 이중국적, 논문 표절, 과거 전력 등 의혹도 가지가지다. 벌써 15명의 장관 내정자 중 3명이 사퇴했다. 이 나라 지도층의 도덕성이 이렇게 추락했는지 의심스러울 지경이다. 이들을 보면서 '노블레스 말라드Noblesse Malade', 즉 병들고 부패한 귀족이라는 비아냥이 딱 맞다는 생각이 든다. 그러나 더 큰 문제가 있다. 대부분의 지도층이 여기에서 자유롭지 못하다는 점이다."[15]

압축 성장에 따라붙는 건 '위험 감수 문화risk-taking culture'다. 한국은 수난과 시련의 역사, 그리고 뒤처진 것을 하루빨리 만회하겠다는 '빨리빨리' 문화가 '위험 감수 문화'를 고착시켰으며, 이는 다시 '빨리빨리'를 가속시키는 이유가 되었다. 어쩌나 위험을 무시하는지, 한국은 '위험적 요소가 많은 사회'를 넘어 '잔인한 사회Brutal Society'라는 진단마저 나온다.[16]

한국에서 '위험 감수 문화'는 법적·도덕적 위험까지 감수하는 걸 포함하는 개념이 되었다. '교도소 담장 위를 걷는 사람들'이라는 표현이 잘 말해주듯이, 정치인·공직자·기업인 등 한국의 엘리트 계급은 교도소에 들어갈 수 있는 가능성을 두려워하지 않는다. 그런 가능성을 두려워했다간 성공하기 어렵다고 보는 것 같다.

그러나 이런 '위험 감수 문화'엔 정반대의 얼굴이 있다. 나의 성공과 출세를 위해선 그 어떤 위험도 감수할 뜻이 있지만, 국민을 위해 아니 자신의 책무를 위해 감수해야 할 자신의 위험은 한사코 피하려 든다. 이른바 '조폭문화'가 한국 관료 사회와 엘리트 집단을 지배하고 있다는 걸 누가 부인할 수 있으랴. 이런 '천민 엘리트'가 지배하는 나라에서 각 분야의 전문가들이 사회적 책임감을 갖고 자신이 맡은 일에 충실할 것이라고 보기는 어렵다. [참고 '권위에 대한 복종']

시스템은 더할 나위 없이 중요하지만, 그런 '천민 엘리트' 근성이 바뀌지 않는 한 시스템조차 무용지물이 될 수 있다. 이명수는 "시스템을 운용하는 조직 구성원들의 '윗사람 바라보기'가 개선되지 않는 한 이런 지옥도는 반복될 수밖에 없다"며 다음과 같이 말한다.

"이 나라 관료들은 예외 없이 윗사람의 비서나 경호원처럼 행동한다. 누군가의 목숨보다 윗사람의 권위가 더 중요하다. 힘센 권력자일수록 그의 심기에 나라의 명운이라도 걸린 것처럼 챙긴다. 그런 때 권력자 이외의 사람들은 투명인간이 돼버린다. 투명인간들의 고통이나 간절함이 눈에 들어올 리 없다.……윗사람의 심기 말고는 아무 관심이 없으니 누군가의 고통에 공감하거나 해결책 마련에 힘이 실릴 리 없다."[17]

이젠 '위험 감수 문화'를 바꿀 때가 되었다는 말은 오래전부터 나왔지만, 우리는 여전히 '위험 감수'에서 '위험 관리'로 패러다임을 바꾸는 데엔 별 관심이 없다. 좀더 정확히 말하자면, 우리는 패러다임을 바꿔야 한다는 말은 쉽게 하면서도 그 전환 비용엔 관심이 없다. 그저 옷 갈아입듯 손쉽게 바꿀 수 있는 것처럼 생각하는 듯하다. 세상에 비용과 고통 없는 패러다임 전환이 어떻게 가능하단 말인가?

'위험 관리'엔 비용이 많이 든다. 무엇보다도 시간과 비용과 노력을 '생산성'이 없는 일에 바쳐야 하기 때문이다. 우리는 그게 싫은 것이다. 대다수 우리 기업들이 산업현장의 안전 관리자 70퍼센트를 비정규직으로 고용하는 '만용'을 저지르는 이유도 안전에 대한 투자를 낭비라고 생각하기 때문이다.[18]

위험 감수를 전제로 한 압축 성장에 길들여져 온 우리의 의식과 관행, 그리고 그 터전 위에서 자기 배만 불려온 천민 엘리트의 구태가 '위험 관리'로 전환을 가로막고 있는 것이다. 세월호 참사로 인해 대한민국이 졸지에 '삼류 국가'로 전락한 이유도 바로 여기에 있다.

대한민국이 어떤 면에선 '일류 국가'라면, 그것은 세월호 참사가 입증해준 '삼류 국가'와 분리되어 있는 게 아니다. 그건 동전의 양면처럼 앞뒤로 붙어 있는 것이며, 일견 모순처럼 보이는 이런 현상을 가능케 한 것이 바로 압축 성장이다. 30년에 300년을 산 사람이 어떻게 자기 자신일 수 있겠느냐는 물음 앞에서 우리는 새로운 국민적 정체성을 놓고 고민해야 하는 건 아닐까?

02

왜 한국의 하드웨어는 일류,
소프트웨어는 삼류인가?

문화 지체

세월호 참사의 와중에서 우리가 국내외적으로 가장 많이 들은 것은 "한국의 하드웨어는 일류, 소프트웨어는 삼류"라는 말이었다. 선박·휴대전화·자동차 같은 하드웨어 물건을 제조하는 기술은 일류가 되었지만 그 물건들을 다루는 소프트웨어는 여전히 삼류 수준이라는 것이다. 이런 '일류와 삼류의 공존'에 대해 이미 앞서 충분한 설명을 하긴 했지만, 이번엔 좀 다른 각도에서 살펴보기로 하자.

독일 철학자 에른스트 블로흐Ernst Bloch, 1885-1977는 1930년대 독일 사회를 규정하면서 다른 시대에 존재하는 사회적 요소들이 같은 시대에 공존하는 현상을 가리켜 '비동시성의 동시성the contemporaneity of the uncontemporary'이라고 했다. '복합적 중층성complex overdetermination' 또는

'불균등 연합 발전uneven and combined development' 이라고도 한다.[1]

블로흐가 염두에 둔 건 독일 농민과 그의 시대에 빈곤을 겪던 중산 계급이었다. "모든 사람들이 동일한 현재에 존재하는 것은 아니다. 그들은 오늘 보일 수 있다는 사실을 통하여 외형적으로만 동일한 현재에 존재할 뿐이다. (사실상) 그들은 예전의 요인들을 갖고 있다. 그것이 간섭한다."[2]

설명이 어렵다. 민세民世 안재홍(1891~1965)의 개마고원 이야기가 쉬운 이해에 도움을 줄 것 같다. 그는 1936년 「국제연대성에서 본 문화특수과정론」이라는 글에서 한강 이남의 따뜻한 지역에서는 계절에 맞춰 꽃이 차례대로 피지만 추운 개마고원 갑산에는 가을에 피는 메밀꽃이 여름에 피는 감자 꽃과 동시에 핀다고 썼다. 물론 생존을 위해서다. 한양대학교 교수 박찬승은 안재홍이 메밀꽃과 감자 꽃을 통해 '비동시성의 동시성'을 주장했다고 해석했다.[3]

김정훈은 "해석에 차이는 있지만 많은 학자들이 한국 사회의 특징을 비동시성의 동시성으로 설명한다. 전근대, 근대, 탈근대의 특징이 공존하고 있다는 것이다. 세계 최고의 과학적 합리성과 경제적 효율성을 자랑하는 삼성전자가 전근대적인 세습을 통해 경영권을 유지하는 현상을 생각하면 쉽게 이해될 수 있다"며 다음과 같이 말한다.

"한국 사회에서 과거의 것이 현재의 것, 그리고 미래의 것과 공존하는 현상을 더 자세히 살펴보면 과거의 것이 단순히 유지되는 것이 아니라 지속적으로 재생산되고 있음을 발견하게 된다. 전근대적이고 비합리적인 제도와 관행이 특정 세력에 의해 재생산되고 있는 것이다. 과거의 것을 재생산하는 가장 중요한 제도 중의 하나가 학교다.

얼마 전 학생들과 이야기하면서 고등학교에 운동장 조회가 남아 있음을 알고 깜짝 놀란 적이 있다. 아직도 일제시대의 유산이 남아 있는 것이다. 그러고 보니 일제시대의 유산은 조회에만 있지 않다. 아이들의 교복에, 두발 단속에 일제시대의 유산은 배어 있다. 조회가, 교복이, 그리고 두발 단속이 문제가 되는 것은 그것이 일본의 것이기 때문이 아니라, 그 과거의 것이 아이들의 개성을 해치고 집단주의적 인성을 어려서부터 체화시키기 때문이다."[4]

도정일은 한국인은 의식과 태도가 쪼개져 있다며 그걸 '두 개의 다른 시간대를 가리키는 시계'로 비유했다. "한국인은 두 개의 시계를 차고 있다. 하나는 전근대의 시간에 멈추어선 왕조의 시계이고, 다른 하나는 무섭게 내달리는 현대의 시계다, 어떤 때는 왕조의 시계에 맞춰 행동하고 어떤 때는 현대의 시계에 맞춰 행동한다, 뭐 그런 이야기였어요. 그런데 그 두 시계 어느 쪽도 합리적인 것이 아니죠. 지금 우리 사회는 고도의 경쟁주의 사회지만, 그 내부를 들여다보면 파벌·학벌·연줄·서열·신분 같은 전근대적 비효율의 요인들이 선의의 사회적 경쟁력을 다 갉아먹고 있습니다."[5]

비동시성의 동시성은 '문화 지체'와 밀접한 관련을 맺고 있다. '문화 지체cultural lag'는 미국 사회학자 윌리엄 오그번William F. Ogburn, 1886-1959이 1922년에 만든 말로, 광의의 문화 요소들 사이에 변화의 속도가 달라 그 사이에 괴리가 생기는 현상을 말한다. 단순화시켜 말하자면, 문화의 비물질적인 측면들이 문화의 물질적인 측면들의 발달에 뒤떨어진다는 것이다. 테크놀로지, 경제, 사회조직, 가치 등 4가지 요소를 변동 속도가 빠른 순서대로 보자면, 그대로 테크놀로지, 경제, 사

문화 지체

회조직, 가치 순이다. 이들의 변동 속도의 차이가 낳기 마련인 상호 간 심한 부조화는 문화적 갈등은 물론 정치사회적 혼란의 요인이 된다.[6]

오그번은 급격한 진보로 말미암아 사회에 닥칠 격동을 미연에 방지할 수만 있다면, 기술발전의 속도를 늦추는 게 더 이로운 일일지도 모른다는 결론을 내렸다. 미국의 기술 전문가인 윌리엄 데이비도 William H. Davidow는 "처음 오그번의 연구 결과를 접했을 때, 나는 그의 생각이 한낱 기우에 불과하다고 여겼다. 나 같은 기술 전문가에게 기술의 발전 속도를 늦춘다는 생각은 이단적 사고방식이었다"며 다음과 같이 말한다.

"그러나 2005년 말에 인터넷으로 말미암아 무슬림 세계와 덴마크 정치풍자의 세계가 직접 맞닥뜨리는 일이 벌어지고 이듬해에는 세계 곳곳에서 끔찍한 폭동이 일어나는 모습을 지켜보면서, 오그번의 주장이 전혀 엉뚱한 얘기만은 아니라는 생각이 들기 시작했다.……우리의 현실 상황에서 '지체'라는 용어는 이제 그 심각한 실체를 설명해내기에는 너무나도 점잖은 표현이 되어버렸다. 오그번이 살던 시대의 변화는 오늘날에 비하면 너무 느렸다. 반면, 인터넷이 주도하는 오늘날의 변화는 그야말로 즉각적이다."[7]

다른 IT 선진국에서는 프라이버시 침해 등의 문제로 엄두도 못 내는 신제품 테스트를 쉽게 할 수 있을 정도로 신기술을 게걸스럽게 받아들이는 한국에서,[8] 문화 지체가 더욱 심각한 양상으로 전개되리라는 것은 미루어 짐작할 수 있는 일이다. 게다가 한국은 문화 지체가 증폭되기에 족한 또 다른 특수성을 갖고 있다.

동양과 서양의 만남은 동양권 나라들에 물질문화와 정신문화 사이에 문화 지체를 야기했고,[9] 한국은 '문화 지체'에 '역사 지체'까지 가세했다. 앞서 말한 '압축 성장'과 더불어 강력한 독재 체제가 인위적으로 특정 부문(정치)은 억누르고 특정 부문(경제)은 키웠기 때문에 그렇게 하지 않았어도 발생했을 '문화 지체'가 훨씬 더 증폭된 형태로 나타났다는 것이다.

프랑스 언론인 장 피엘Jean Piel은 2000년 4월에 낸 책에서 "지금 한국에서는 고대와 현대가 끝없는 싸움을 벌이고 있다. 공자가 위협받고 있지만, 아직은 죽지 않았다"고 썼다.[10] 다소 과장된 관찰이긴 하지만, 이게 바로 문화 지체와 역사 지체 때문에 발생한 현상이다. 독재 정권은 사라졌지만 독재 정권에 길들여진, 또는 싸우면서 닮아간, 의식과 관행이 사라지기까진 좀더 많은 시간이 필요할 것이라는 데에 동의할 수 있다면, 여러 시대가 발현의 형태를 달리한 채 공존하고 있다는 데에도 얼마든지 동의할 수 있을 것이다. 장 피엘이 긍정적으로 인용한 한국인들의 다음과 같은 자기 평가에도 동의하긴 어렵지 않다.

"한국의 문제점은, 미래의 모습을 먼저 설정하지 않은 채 너무 빠르게 변화하고 있는 것이다.……지금 우리는 성숙하지 못한 어린아이가 성인의 몸집을 하고 있는 것과 마찬가지이다."[11]

이렇듯 한국은 전근대·근대·탈근대적 요소가 동시에 공존하는 나라다. 어느 나라에서든 이런 현상은 일어나지만, 한국은 세계에서 가장 빠른 성장을 이룬 나라인지라 이게 유독 심하다. 한국에서 '비동시성의 동시성'은 한국 사회 내부의 논쟁과 토론을 매우 어렵게 만든다. 예컨대, 인문사회과학은 학계 내부 경쟁과 인정 투쟁으로 매우 높은 서양 의존도를 기록한 덕분에 선진적이지만, 문제는 그것이 한국적 현실과 너무 동떨어져 있다는 데에 있다.

카를 마르크스Karl Marx, 1818-1883는 "인간은 그들 자신의 역사를 만들지만 그들이 원하는 대로 만들진 못한다. 그들은 그들이 선택한 환경하에서 역사를 만드는 게 아니며, 그 환경은 직접 과거로부터 발견되고 주어지고 계승된 것이다"고 했다. 정치 개혁 역시 마찬가지다.

한국 유권자들은 과거에서 무엇을 물려받았는가? 연고주의다. 그들은 정치판의 연고주의를 비난하면서도 자신의 일상적 삶에선 연고주의를 최고의 가치로 여긴다. 물론 그들에게 변명거리가 없는 건 아니다. 공적 영역과 사적 영역은 구분되어야 한다는 게 그들의 주요 방어 논리지만, 이게 문제라는 걸 전혀 생각하지 못하는 게 바로 문화 지체 때문이다.

2006년 한국개발연구원KDI의 「사회적 자본 실태 종합조사」 보고서에 따르면, 우리나라 국민들의 사회적 관계망 가입 비율은 동창회가 50.4퍼센트로 가장 높고, 종교 단체 24.7퍼센트, 종친회 22.0퍼센트, 향우회 16.8퍼센트 등이 뒤를 이었다. 반면 공익적 단체들의 가입률은 2퍼센트 대에 머물렀다.[12] 즉, 자신의 삶의 문법은 전근대의 것을 고수하면서 공적 영역을 향해선 근대나 탈근대로 나아가달라고 요구하는 셈이다. 더욱 중요한 건 유권자들의 그런 이중성이 정치와 정치인에 대한 평가에도 그대로 적용된다는 점이다.

한국 특유의 정情 문화는 정치를 이념이나 노선보다는 '인간관계의 예술'로 변질시킨다. 그런데 우리가 곧잘 개혁 대상으로 삼는 구정치인일수록 인간관계가 탁월한 반면, 개혁을 외치는 사람들은 인간관계에 무능한 경우가 많다. 리더십도 마찬가지다. 한국 정치권엔 '조폭을 연상시키는 형님문화'가 만연되어 있다.

지난 2013년 6월 여당에서 리더십이 매우 뛰어나다고 평가받는 어느 의원이 국회 본회의장에서 후배 의원에게서 받은 문자 메시지가 카메라에 포착되어 공개됨으로써 논란을 빚었지만, 실은 그 메시지는 한국 사회 전반에서 통용되는 리더십의 본질이라고 보는 게 옳을지도 모른다. "저는 요즘 어떻게든 형님 잘 모셔서 마음에 들어볼까 노심초사 중이었는데 이런 소문을 들으니 억울하기 짝이 없습니다. 앞으로도 형님께서 무엇이든 시키시는 대로 할 생각이오니 혹시 오해가 있으시면 꼭 풀어주시기 바랍니다. 오늘 중에 시간을 주시면 찾아뵙고 말씀드리고 싶습니다. 부탁드립니다."

리더십을 지금처럼 인간관계 중심으로 평가할 경우 신진 개혁가는 리더십이 없거나 약하다는 말을 듣기 십상이다. 게다가 세력을 결집해 선거에라도 나서려고 하면 '인물난'에 시달리게 되어 있다. 선거에 나설 정도의 '인물들'은 일반 유권자들과는 달리 인간관계와 더불어 고려해야 할 현실적인 것이 많아 당위나 명분만으론 움직이지 않기 때문이다.

유권자들도 입으로는 개혁을 원한다고 하지만, 정치인을 평가할 때에 인간관계 능력을 중요시한다. 대중의 일상적 삶도 촘촘한 인간관계 그물망에 의존하고 있기 때문에 그런 평가는 거의 본능적 차원에서 이루어진다. 인간관계의 볼모가 되어 있는 정치는 개혁하기 어려운 정도가 아니라 거의 불가능하다. 그건 우리의 총체적 삶과 다를 바 없기 때문이다.

정치 개혁을 염원하는 유권자들의 선의는 의심할 필요가 없지만,

문화 지체를 겪고 있는 그들이 부지불식간에 갖고 있는 정치와 정치인에 대한 고정관념은 정치권과의 '인간관계 제로' 상태에서 출발할 수밖에 없는 신진 개혁가들의 도전을 실패로 돌아가게 만든다. 신진 개혁가는 문화적인 동시에 구조적인 무능을 드러내면서 '구관이 명관'이라는 속설의 제물로 바쳐진다. 그게 어쩔 수 없는 현실이라면, 감내하자. 근데 왜 우리는 그러면서도 개혁을 원한다고 하는가? 혹 우리가 '스톡홀름 신드롬'에 사로잡힌 '인질'의 신세로 살아가고 있기 때문은 아닌가? [참고 '스톡홀름 신드롬']

박홍규는 「나를 용서하지 마라」라는 제목의 글에서 "이 나라의 엘리트라는 자본가, 경영인, 종교인, 예술가, 정치가, 고급공무원 등등의 자들과 함께 살았다는 점에서 나도 죄인이다. 종교도 예술도 학문도 오로지 돈벌이 수단이었는데 그렇지 않은 체했다. 그러니 나를 용서하지 마라. 대한민국은 그런 자들의, 그런 자들을 위한, 그런 자들에 의한 나라다. 그런 자들이 이 나라의 뺑소니 선장이고 선원들이다. 돈에 미친 자들이 이 나라의 지도자니 국민들도 모두 돈에 미쳐 돈에 미친 배를 타고 다니다가 그 돈의 미친 무게에 뒤집어졌다. 오로지 돈의, 돈에 의한, 돈을 위한 돈 나라다"며 다음과 같이 말한다.

"정말 돌았다. 나도 그랬다. 한국인의 물질 지향 경향이 세계 최고라는 수없이 많은 조사를 들먹일 필요도 없다. 흔히들 너무 못 산 탓이라고 하지만, 과거에도 그랬다. 양반이니 쌍놈이니 빈부격차는 심했고, 그 때문에 돈에 대한 욕심은 지난 수십 년, 아니 수백 년 이 나라의 유일한 꿈이 되었다. 돈에 새긴 왕은 말할 것도 없고 율곡이니 퇴계니 하는 선비들까지도 모두들 엄청난 부자로 수백 명 노비를 거느리고 수십만 평 지주로 가난한 백성 위에 군림한 점이 오욕으로도 보인다. 모든 것이 돈으로 썩었다. 윗대가리에서 밑둥치까지 철저히 썩었다. 나도 썩었다."[13]

모두 다 썩었지만, '인질'과 '인질범'의 구분은 필요하다는 관점에서 보자면, "한국의 하드웨어는 일류, 소프트웨어는 삼류"라는 문화 지체 현상은 "밀실은 일류, 광장은 삼류"라는 말로도 대체 가능하다. 소프트웨어, 즉 집단적 정신과 문화의 세계는 '광장'을 통해 구현되며, 자신이 썩었다고 생각하기에 '밀실'에만 머무르려는 사람과 그렇지만 '광장'에 나서려는 사람의 차이는 유의미하다고 볼 수 있기 때문이다.

김찬호는 「공무원의 안정, 공공의 안녕 위협」이라는 제목의 글에서 1751년에 나온 이중환의 『택리지』와 1960년에 나온 최인훈의 『광장』의 한 대목을 소개하면서 "공공의 책무를 수행하는 직종을 단지 사적인 안락 차원에서만 욕망할 때, 무능과 부패의 토양은 날로 비옥해진다"고 개탄한다.

"의관을 갖춘 자들이 모인 자리에는 오직 대청에 가득한 웃음소리만 들릴 뿐이고, 정사 다루는 것을 보면 자신의 이익만 도모할 뿐이며, 실제로 나라를 걱정하고 공적인 일을 받드는 사람은 적다. 관직을 매우 가볍게 여기고, 관청 보기를 주막집처럼 여긴다. 재상은 중용이나 지키는 것을 어질다 내세우고, 삼사三司는 말하지 않는 것을 고상하다고 하며, 지방관들은 청렴하고 검소한 것을 바보라고 생각한다. 점점 이런 상태로 가다가, 결국에는 어찌할 수 없는 지경에 이르렀다." (이중환 『택리지』 중에서).

"밀실만 푸짐하고 광장은 죽었습니다. 각자의 밀실은 신분에 맞춰서 그런대로 푸짐합니다. 개미처럼 물어다 가꾸니깐요. 좋은 아버지, 불란서로 유학 보내준 아버지. 깨끗한 교사를 목 자르는 나쁜 장학관. 그게 같은 인물이라는 이런 역설. 아무도 광장에서 머물지 않아요. 필요한 약탈과 사기만 끝나면 광장은 텅 빕니다. 광장이 죽은 곳. 이게 남한이 아닙니까? 광장은 비어 있습니다."(최인훈 『광장』 중에서).[14]

세월호 참사로 인해 그 민낯을 드러낸 2014년의 '광장'은 어떠한가? 이계삼은 '광장'을 지배하는 권력자들을 향해 "그들은 공감하지 않았기에 그 자리까지 올라올 수 있었던 것이다. 그들은 책임지지 않기 위해서라도 더 높은 자리로 올라와야 했던 자들이다. 구질구질한 민중의 삶으로부터 유체 이탈한 '구별 짓기'가 그들 인생의 목적일지도 모른다"고 말한다.[15]

우리는 자만은 물론 자학도 멀리 하면서 문화 지체로 인한 구조적 장애를 살피려는 노력을 게을리 해선 안 되겠지만, '국민은 배곯아 죽고 공무원은 배 터져 죽는 사회'란 말이 나올 정도로 '광장'에 대한 불신이 극에 이른 것에 대해선 더는 이대로 구경만 할 수는 없다는 심각한 문제의식과 더불어 그 어떤 행동의 의지를 가다듬어야 하는 게 아닐까?

03

왜 '국민은 배곯아 죽고 공무원은
배 터져 죽는 사회'란 말이 나오나?

주인-대리인 문제

"공무원들이 매월 200만 원, 300만 원이 넘는 풍족한 연금을 받으며 안정된 노후를 즐길 때 대다수 국민들은 공무원연금의 3분의 1, 4분의 1도 안 되는 팍팍한 국민연금에 만족해야 한다.……많은 은퇴자들이 퇴직 후 생계를 유지할 길이 없어 마지막 수단으로 빚을 내 편의점, 치킨점 등 자영업 구렁텅에 빠져들어 과잉 경쟁과 갑의 착취로 파멸되어 간다. 그러나 다수 공무원들은 풍족한 연금도 부족하여 퇴직 후 공기업, 산하기관, 관련 기업들에 '낙하' 하여 공무원 때의 몇 배나 되는 거액의 월급을 받으며 아름다운 인생 2라운드를 즐긴다. 이런 사회가 정상이고 건강한 사회인가.……국민들은 과잉 경쟁으로 배곯아 죽고 공무원들은 독점 이윤으로 배 터져 죽는 사회는 정상적인 사회가 아니다. 건강한 사회가 아니다."[1]

　동국대학교 경영대 초빙교수 이동걸이 『한겨레』(2014년 2월 3일)에 쓴 칼럼 「공무원부터 민영화하라」에서 한 말이다. 공무원을 가리켜 공복公僕, 즉 '국가나 사회의 심부름꾼'이라고 하는데, 이는 과연 진실인가? 오히려 그들은 상전이 아닌가? 정치학과 경제학에서는 이런 문제를 가리켜 '주인-대리인 문제principal-agent problem' 또는 줄여서 '대리인 문제agency problem, agency dilemma'라고 해 1970년대부터 활발한 논의의 주제로 삼아왔는데, 그 내용을 살펴보기로 하자.

　한 개인 또는 집단이 자신의 이해에 직결되는 일련의 의사 결정 과정을 타인에게 위임할 때 대리인 관계가 성립된다. 대리인 관계에서 경제 행위를 위임하는 자를 주인이라 보고, 위임받는 자를 대리인이라고 간주해 주인-대리인 관계라는 말이 나온 것이다. 전문 경영인과 주주 관계, 공무원과 국민의 관계가 대표적 예다. 대리인 관계가 성공적으로 유지되기 위해서는 대리인이 주인과의 계약을 성실히 이행해야 한다. 그리고 대리인으로 하여금 자신의 노력을 아끼지 않도록 하기 위해서는 대리인에게 적절한 보상이 지급되어야 하고, 이를 위해서는 대리인의 노력으로 인한 경제적 결과를 정확히 평가할 수 있어야 한다.

　그러나 대부분의 대리인 관계는 미래의 불확실한 상황을 대상으로 해 이루어질 뿐만 아니라, 대리인의 행위 일체를 관찰한다는 것도 현실적으로 거의 불가능하다고 볼 수 있다. 왜냐하면 주인이 볼 때 대리인이 어느 정도의 불확실한 상황에서 어느 정도의 노력을 기울이고 있는지에 대한 정보는 지극히 한정될 수밖에 없기 때문이다. 대리인 관계에서 이 같은 정보의 비대칭성information asymmetry으로 인해 양질의 대리인이 시장에서 축출되는 역선택adverse selection과 대리인의 태만으로 인한 도덕적 해이moral hazard가 낳는 경제적 피해를 입을 수 있는데, 이러한 상황을 가리켜 대리인 문제라고 하는 것이다.[2]

'도덕적 해이' 대신 '모럴 해저드'라는 외래어를 쓰기도 하는데, 이는 현재 가장 널리 쓰이고 있는 '도덕적 해이'라는 번역을 둘러싼 논란 때문이다. 예컨대, 공주대학교 교수 강용구는 '모럴 해저드'를 '도덕적 위험'으로 번역하는 게 맞다고 주장한다. 미국인들이 우리처럼 도덕이 해이(또는 느슨)해지거나 타이트해질 수 있는 대상으로 여겼다면, 그들은 모럴에다 위험hazard 대신에 해이relaxation라는 단어를 붙였을 것이며, 미국인들은 도덕을 해이해질 수 있는 대상이 아니라 근본적으로 실천하기 어려운 위험한 대상으로 보았다는 것이다.

"국가 발전을 위해 유난히 도덕을 강조하는 사회는 결코 일류 사회가 아니다. 그보다는 순자의 성악설에 기초한 시스템으로 인간에 내재된 모럴 해저드를 막을 수 있도록 법과 제도를 치밀하게 설계해 나가는 사회가 오히려 일류 사회다. 경제학자들이 제시하는 모럴 해저드의 해결 방안도 도덕의 재무장이 아니라 경제 주체들이 구조적으로 비도덕적인 행위를 할 수 없도록 하는 시스템의 확립이다. 그런 의미에서 모럴 해저드는 '도덕적 해이'가 아니라 '도덕적 위험'으로 번역해 사용하는 것이 더 정확하다는 생각이다."[3]

moral hazard에서 원래 'moral'은 '주관적인subjective'이라는 단어의 대용어로 쓰인 것이기 때문에,[4] '도덕적'이라는 번역에도 문제가 있을 수 있다. 모럴 해저드는 시장 또는 기업, 공공기관 등 조직에서 계약의 한쪽 당사자가 정보나 자기만 가진 유리한 조건을 이용해 다른 사람들을 희생시켜 이득을 취하는 걸 뜻하기 때문에 결과적으로 도덕적 의미를 갖긴 하지만, 도덕을 너무 강조하면 본래의 의미가 살기 어렵다. 한국에서는 도덕적 해이라는 단어가 주로 개인 채무자, 그것도 저소득 · 저신용 연체자를 향해 빈번하게 사용되는데, 이는 올바른 용법이라고 보기 어렵다. 오히려 금융권이 도덕적 해이를 저지르고 있다고 말하는 게 옳다.[5]

미국 학자들은 주안점을 어디에 두느냐에 따라 모럴 해저드에 대해 다양한 정의를 내리지만, '도덕'을 강조하진 않는다. 예컨대, 미국 컬럼비아대학 경영대학원 교수 마이클 모부신Michael J. Mauboussin은 모럴 해저드를 "다수를 대신해 의사 결정을 내리는 어떤 개인이나 조직이 좋지 않은 결과를 초래하더라도 그 대가를 치르지 않는 현상"으로 정의한다.[6] 또 누리엘 루비니Nouriel Roubini와 스티븐 미흠Stephen Mihm은 다음과 같이 말한다.

"모럴 해저드란 간단하게 말해 책임질 필요가 없는 초과위험을 감수하려는 의지가 박약한 상태를 말한다. 그 위험은 실제로 위험을 짊어지는 사람은 자신이 아닌 다른 사람이라는 이유로 피해야 할 위험이다. 예를 들어 자동차 도난 관련 보험을 든 사람은 그렇지 않은 사람보다 도난 위험이 높은 지역에 차를 세우는 경향이 더 많거나 도난 방지 용품을 구비하는 일을 등한시할 공산이 크다. 차 주인은 보험회사가 자신이 입을 손해를 보상해주리라는 사실을 알고 있다. 실제 문제는 다른 사람에게 전가되는 것이다."[7]

워낙 널리 쓰이고 있는바, 여기에선 '도덕적 해이'라는 말을 계속 쓰기로 하자. 그렇다면, 자동차보험 회사들은 그런 도덕적 해이에 대해 자신을 어떻게 방어할까? 이와 관련, 팀 하포드Tim Harford는 다음과 같이 말한다.

"보험회사들이 흔히 사용하는 방법 중 하나는 공제 형식으로 보장을 조절해 불충분한 보장을 제공하는 것이다. 만약 내 자동차보험의 공제액이 200달러라고 하면 나는 그 돈을 잃을지 모른다는 생각에, 값비싼 도난 방지 대책을 강구하지는 않더라도, 최소한 내 차가 잘 잠겨 있는지는 확인하고 다닐 것이다. 보험회사들은 도덕적 해이와 싸우는 방법으로 내부 정보를 구한다. 의료보험 회사는 내 보험료를 책정하기 전에 내가 담배를 피우는지 알고자 한다. 물론 나는 거짓말을 할 수도 있지만, 기초 검진만으로도 내가 담배를 피운다는 사실이 드러날 것이다."[8]

그런 점에서 볼 때에 국내의 한 자동차보험 회사가 내세운 "이제 안심하고 운전하세요"라는 광고 문구엔 아무런 문제가 없는 걸까? 오형규는 다음과 같이 말한다. "보험에 들었으니 사고가 나도 다 보상되므로 걱정하지 말라는 의미일 것이다. 하지만 이 광고를 곱씹어보면 도덕적 해이를 부추기는 듯한 느낌이 들어 보험사 광고로는 적절치 않다는 지적이 나왔다. 보험에 들었으니 '안심운전'이 아니라 '방심운전'을 해도 된다는 이야기처럼 들리기 때문이다."[9]

기업이 도덕적 해이를 막기 위해 대리인의 이익을 주인의 이익과 일치시키는 방법을 궁리한 끝에 내놓은 게 대리인이 주식 가격과 이해에 관심을 갖도록 만드는 것이었다. 그래서 만들어진 것이 바로 스톡옵션stock option이다. 경영자에게 성과에 따라 보너스를 줌으로써 주가 상승을 위해 일하도록 유인하는 것이다. 하지만 그래도 '먹튀'는 나오는 법이어서 도덕적 해이를 완전히 없애기는 어렵다.[10]

도덕적 해이는 기업에서만 생기는 게 아니라 주인-대리인 문제로 설명할 수 있는 모든 분야에서 나올 수 있다. "염불에는 마음이 없고 젯밥에만 관심이 간다"는 속담은 모럴 해저드를 지적한 것으로 볼 수 있다.[11] 국민들은 과잉 경쟁으로 배곯아 죽고 공무원들은 독점 이윤으로 배 터져 죽는 사회는 대리인들의 도덕적 해이가 상식이 된 사회의 모습이라고 할 수 있겠다.

세월호 참사는 대리인들의 도덕적 해이가 극에 이르렀다는 걸 보여준 사건이었다. 페이스북에는 이런 글이 올라왔다. "원칙을 지키면 죽는다는 걸, 원칙을 깨는 세상은 알지만 그걸 모르는 아이들과 선생님들은 이렇게 희생된다."[12] 『문화일보』는 「대한민국이 어쩌다 이토록 무책임한 나라 됐는가」라는 사설에서 "못 믿을 정부, 오합지졸烏合之卒 당국'은 이번에도 어김없다"며 다음과 같이 말한다.

"소신과 책임의 네트워크가 아니라 '인연因緣 네트워크'가 그 자리에 똬리 틀어 정부는 정부대로, 해운사는 해운사대로 직무를 외면하고 거스른 것이다. 공사 각 영역에서 책임을 져야 할 사람이 책임을 지지 않고, 그 책임을 따져물어야 할 상급자가 자신의 그 지휘 책임을 외면하는 것을 '처세의 모델' 쯤으로 가르쳐온 것이 정치·경제·사회·문화의 악습이다.[13]

그런 악습은 도처에 널려 있다. 세월호 선원들은 비상 상황과 관련한 안전 교육을 받은 적이 없었는데도 두 달 전 해양경찰 점검에선 '양호' 판정을 받았다고 한다. 해양수산부는 모든 게 엉망진창이었던 세월호의 선사船社 청해진해운에 대해 2006 · 2009 · 2011 · 2013년의 부문별 고객 만족도 평가에서 '우수' 또는 '상위권' 판정을 내렸으며, 여객선 1척당 점검 시간이 고작 13분일 정도로 해양경찰청 · 해양수산부의 안전 점검은 엉터리였다.[14]

이에 화답하듯, 청해진해운이 2013년 선원 안전 교육에 쓴 비용은 1인당 4,100원으로, 총 54만 원이었던 반면 접대비는 6,057만 원에 달했다. 세월호에 대한 안전 운항 관리를 청해진해운 등 해운업체들의 회비로 운영되는 한국해운조합이 해온데다, 한국해운조합의 이사장은 해양수산 분야 고위 퇴직 관료가 차지해 "해수부 마피아'와 업계가 유착한 공생 관계 속에서 여객선 안전 관리는 뒷전으로 밀렸다".[15]

언론의 이런 비난이 빗발치자, 박근혜 대통령이 각종 '마피아와의 전쟁'을 예고하고 나섰다는 기사가 나온다. 마피아란 표현은 전직 관료들이 유관기관 · 단체에 재취업하면서 대형사고와 부실 · 부패의 고리 역할을 하고 있다는 비판에서 붙여진 것인데, 세월호 침몰 사고를 초래한 배경에 해피아(해양수산부+마피아)가 작용하고 있다는 지적이 일면서 대대적인 수술을 요구하는 목소리가 커지고 있기 때문이라는 것이다.

그런 전쟁의 대상으론 마피아의 원조인 모피아(옛 재무부MOF+마피아)에 가려 있던 산피아(산업부+마피아), 국피아(국토해양부+마피아), 교피아(교육부+마피아), 해피아 이외에도 에너지 마피아(에너지+마피아), 원전 마피아(원전+마피아), 철도 마피아(철도+마피아) 등이 거론되었다. 아예 한국을 '관官피아 공화국'으로 규정하면서 '관피아와의 전쟁'에 나서야 한다는 목소리가 높아졌다. 이와 관련, 강성철 부산대학

주인-대리인 문제

교(행정학) 교수는 "정부 산하기관은 정부에 의존하는 경우가 많아 관료 출신이 필요하고, 정부는 인사 숨통을 트기 위해 공무원을 퇴직시키고 그 보상으로 재취업을 시키며 생기는 현상"이라며 "해수부뿐 아니라 총체적인 점검과 대책 마련이 필요하다"고 강조했다.[16]

그런데 박근혜 대통령을 포함한 정치권이 마피아에 돌을 던질 자격이 있을까? 정부 각 부처가 인사 숨통을 트기 위해 공무원을 퇴직시키고 그 보상으로 산하기관에 재취업을 시키는 것과, 대선에 기여한 공신들을 논공행상 차원에서 정부 산하기관에 낙하산 취업을 시키는 것과 무엇이 다를까? 선거를 치르기 위해 낙하산 인사가 불가피한 것이라면, 그런 정도의 이유는 정부 부처들에도 있는 게 아닐까?

도대체 우리는 언제까지 이렇게 살아야 하는가? 그 어떤 변화의 가능성은 있는가? 아직은 없는 것 같다. 우리 모두의 각개약진형 삶 때문이다. 각개약진各個躍進이란 적진을 향해 병사 각 개인이 지형지물을 이용해 개별적으로 돌진하는 걸 뜻하는 군사용어다. 각개약진은 한국적 삶의 기본 패턴이다. 공적 영역과 공인에 대한 불신이 워낙 강해 사회적 문제조차 혼자 또는 가족 단위로 돌파하려는 경향이 매우 강하고, 또 그래서 공적 영역과 공인 역시 마음 푹 놓고 각자의 이익만 챙기는 각개약진의 악순환이 빚어지고 있다. 대리인에 휘둘려온 주인들의 '반란'은 과연 언제쯤 이루어질 것인가?

왜 장관들은 물러날 때쯤에서야
업무를 파악하게 되는가?

암묵지

요즘 텔레비전에 흘러넘치는 음식 관련 프로그램마다 꼭 빠지지 않고 등장하는 게 하나 있다. 맛있는 음식의 요리 비결이 뭐냐는 질문에 요리사가 '절대 비밀'을 고집하는 장면이다. 그 비밀을 말이나 글로 표현할 수도 있겠지만 그것만으론 어림도 없다는 게 요리사들의 한결같은 주장이기도 하다. '손맛'이라는 게 있기 때문에 오랜 기간 옆에서 시중을 들면서 지켜보아야만 그 비법을 제대로 전수받을 수 있다는 것이다.

그런 유형의 지식을 가리켜 '암묵지暗默知'라고 한다. '암묵'이란 눈에 보이지 않고 귀에 들리지 않는다는 뜻이다. 암묵지는 말이나 글로 설명하기 어려운 지식이다. '손맛'이나 '솜씨'를 구체적으로 명문화하기는 매우 어렵다. 또 우리는 누군가의 얼굴을 보면 다음에 그 사람을 알아볼 수 있지만, 그걸 다른 사람에게 말로 설명하기는 매우 어렵다. 다른 사람에게 쉽게 설명할 수 있는 문법만으론 습득할 수 없다는 점에서 언어 역시 마찬가지다. 따라서 암묵지는 개인이 체험이나 학습을 통해 습득했지만 언어나 문자로 나타내기 어려우며 겉으로 드러나지 않는 지식으로 정의할 수 있다. 이런 암묵지는 도처에 널려 있다. 우리는 하루 종일 암묵지의 바다에서 헤엄치고 있다고 해도 과언이 아니다.

헝가리 출신으로 영국에서 활동한 화학자이자 철학자인 마이클 폴라니Michael Polanyi, 1891-1976는 『개인적 지식Personal Knowledge』(1958)에서 지식을 겉으로 분명하게 표현된 걸 이해할 수 있는 '표출적 지식explicit knowledge'과 표현하기가 매우 어려운 '암묵적 지식tacit knowledge'으로 나누었다. '표출적 지식'은 '명제적 지식propositional knowledge', '형식지', '명시지', '공식지'라고 부르기도 하며, '암묵적 지식'은 줄여서 '암묵지'라고 부른다. '암묵지'를 '신체지' 또는 '경험지experiential knowledge'라고도 한다.

암묵지는 쉽게 공유되기 어려운 know-how로서 know-what (facts), know-why(science), know-who(networking) 등과 대비된다. 폴라니는 "우리는 우리가 말할 수 있는 것 이상으로 알고 있다we can know more than we can tell"라며 기존의 철학적 인식론이 형식지만을 특권화하고 있다고 비판했다. 그는 암묵지에 무게를 두면서 일본 기업이 성공할 수 있었던 비결은 암묵지에 기반한 지식화에 성공했기 때문이라고 주장했다.[1]

지식 경영의 대가이며 '일본의 피터 드러커'로 통하는 노나카 이쿠지로野中郁次郎는 암묵지와 형식지는 따로 존재한다고 보는 것보다 연속체로 보는 것이 합당하다며, 지식 창조의 원천은 암묵지와 형식지 간의 상호작용 루틴routine이라고 말한다. 즉, 형식지와 암묵지의 융합이 필요하다는 것이다.[2] 그는 암묵지를 형식화하는 것이 '매뉴얼화'라며 다음과 같이 말한다.

"일본과 해외 공장이 같은 생산성을 유지하는 데에는 현장의 지혜를 최대한 매뉴얼로 집대성해 전파하는 것이 열쇠다. 하지만 암묵지를 모두 확산하는 것은 한계가 있다. 매뉴얼화할 수 없는 높은 질의 암묵지는 그 자체로 전승하고 전파하는 작업이 필요하다. 현장의 공동 체험과 끝없는 실천을 매개로 사람과 사람을 통해 지식을 확산하는 방법, 즉 '사람 만들기' 밖에 없다."[3]

폴라니는 "자전거를 타는 법을 말로 설명하기는 매우 어렵지만 일단 자전거를 탈 줄 알게 되면 평생 잊어버리지 않는다"며 '암묵지'를 자전거 타는 법으로 비유했다. 트위터 사용법도 비슷하다. 닐슨의 시장조사에 따르면, 독일인의 70퍼센트는 트위터 계정을 만든 후 다시는 트위터를 찾지 않았으며, 이 중 15퍼센트는 세 번째 방문에서 트위터 사용을 포기해버렸는데, 이는 트위터의 사용법이 상당 부분 암묵지라는 데에서 비롯된다.[4] 일본 저널리스트 간다 도시야키는 "트위터를 사용하는 법을 말로 설명하기는 매우 힘들지만, 자전거 타는 법처럼 일단 트위터 사용법을 익히면 그때부터는 그다지 어렵지 않다. 오히려 자꾸 설명을 들을수록 트위터가 더 헷갈릴 뿐이다"고 말한다.[5]

암묵지의 반대인 명시지, 형식지, 또는 공식지가 우리가 일반적으로 말하는 지식이다. 학교나 책에서 배울 수 있는 지식의 전형이다. 이런 명시지에 관한 한 한국은 세계적인 지식 강국이다. 불타는 향학열은 세계 최고를 자랑한다. 기부 문화가 미성숙하지만 거액의 기부 행위가 이루어졌다 하면 대부분 학교로 몰린다. 배움에 대한 한恨을 갖고 있으며 여전히 그 한을 키우고 있는 한국인의 뜨거운 지식 사랑은 다른 나라의 추종을 불허한다.

반면 암묵지는 어떤가? 암묵지가 중요하지만, 암묵지에 대해선 너무 무관심하다. 국정 운영의 방법은 명시지가 아니라 암묵지다. 그 방법을 다룬 책이 있을 리 없다. 그건 인터넷에도 없다. 국정 운영을 담당했던 사람들에게서 직접 전수받아야 할 지식이다. 적어도 시행착오를 줄이기 위해서라도 그건 꼭 필요하다.

그러나 한국의 정권들은 이전 정권과의 차별화를 시도하기에만 바쁘다. 민주화의 과정에서 불가피한 점도 있었을 것이나, 민주화가 된 이후에도 마찬가지다. 앞선 정권의 경험조차 제대로 탐구하지 않는다. 과거와의 '단절'을 내세우면서 자신을 새 시대의 원조元祖로 부각시키고 싶은 욕심을 앞세우는 탓이다. 과거의 모든 걸 부정하고 완전히 새로 태어났다는 걸 강조하기 위해 새로운 실험에만 몰두하느라 엄청난 사회비용과 기회비용을 유발한다. 그 비용에 대해선 '과도기적 진통'이라는 편리한 변명이 늘 준비되어 있다.

행정부처 장관에서부터 공기업 사장에 이르기까지 '리더십 암묵지'는 어떠한가? 아예 없다. 그런 자리는 벼슬자리로 통하기 때문에 나누어주고 즐기는 데에만 의미를 둘 뿐이다. 그간 수많은 장관과 사장들이 배출되었지만 그들 가운데 어느 누구도 암묵지의 공유를 위한 책 한 권 낸 적이 없다. 자서전이라고 해서 나온 걸 보면 거의 모두 자기 자랑 일색일 뿐이다. 그래서 장관들이 물러날 때쯤에서야 업무를 파악하게 되는 악순환이 반복된다.

한국에서 실무 차원의 '위험관리'가 어려운 이유 중의 하나도 바로 암묵지 문제다. 안전 문제는 늘 예외적인 사건의 형식으로 나타나기 때문에, 그때의 경험을 기록하고 공유하면서 실천의 근거로 삼아야 한다. 그러나 암묵지 존중의 문화가 없는 한국에선 아주 작은 진보조차 기대하기 어렵다.

이를 잘 보여준 것이 바로 세월호 참사다. 292명이 사망한 서해 훼리호 사고는 1993년에 일어났지만, 그로부터 21년이 지난 2014년, 달라진 건 아무것도 없었다. 달라진 게 있다면, 정부 부처 이름에 '안전'을 넣은 '행정안전부'의 탄생, 그리고 '안전'을 우선시하겠다며 그 이름을 '안전행정부'로 바꾼 홍보술의 변화뿐이었다.

정부는 그간 일어난 모든 재난 사고와 관련된 암묵지를 정리된 형태로 보유하고 있을까? 정부는 그런 암묵지를 근거로 재난 사고에 대비하는 제대로 된 지휘 체계에 관한 기본적인 인식을 갖고 있을까? 답은 둘 다 부정적이다. 정부가 사고 직후 '정부라고 하기에도 민망할 정도로 엉망진창의 모습'[6] 즉 '갈팡질팡 · 오락가락 · 우왕좌왕 · 허둥지둥' 하는 모습을 보여 국민적 불신과 분노의 대상이 된 것도 평소 재난 관련 암묵지에 무관심했기 때문이다. 사실 암묵지를 거론하는 것 자체가 사치스러운 일인지도 모른다. 새 정권이 들어설 때마다 부처를 없애거나 새로 만드는 식으로, 역사의 원조元祖가 되고자 하는 이른바 '원조 콤플렉스'가 기승을 부리는 우리 풍토에선 암묵지를 청산하거나 타도해야 할 이전 정권의 폐기물처럼 여기기 때문이다. 해양수산부는 2008년 이명박 정부 때 사실상 '노무현 정부 지우기'의 일환으로 폐지되었다가 2013년 사실상 부산 표심을 얻기 위한 정략적 차원에서 부활했는데, 그 와중에서 그간 축적되었던 전문 인력과 사건·사고 처리 노하우 등 모든 암묵지가 송두리째 날아가고 말았다.[7]

이번엔 기업 쪽으로 시선을 돌려보자. 한국에서 1990년대 초반부터 사용되어온 '지식 경영'의 현실적인 문제는 기업 경영에 핵심이 되는 대부분의 지식을 기업이 소유하지 않고 직원이 소유하고 있으며, 직원이 자신의 안전과 성장을 위해 그걸 공유하려 하지 않는다는 점이다. 이걸 어떻게 잘 하느냐가 성패의 관건이라는 주장도 나오고 있다. 기업에 정말 필요한 지식은 보통 명문화하기 어려운 '암묵지'이기 때문이다.

박기찬·이윤철·이동현은 "한국의 기업 구성원들은 자신이 알고 있는 지식과 경험을 체계화하는 것을 꺼려한다. 그래서 정말 핵심적인 지식은 대부분 개인들이 소유하고 있고, 그런 이유로 생산성이 하락한 것이다"고 주장한다.[8] 장하준은 자본이 필요에 따라 노동자들을 자유롭게 고용하고 해고할 수 있는 '노동시장 유연성(수량적 유연성)'은 암묵지를 가진 숙련 노동자를 키울 수 없는 결과를 초래한다며 다음과 같이 주장한다.

"이론적으로만 본다면 우리나라에서 왜 벤츠 같은 자동차를 못 만들겠어요? 다 기계로 하는 건데……그 이유가 바로 벤츠를 만드는 기계에 체화될 수 없는 종업원들의 '암묵적 지식' 때문이란 말입니다.……이런 암묵적 지식을 가진 숙련 노동자들이 제일 무서운 경쟁의 무기라는 겁니다."[9]

김병도는 암묵지의 공유를 유도하기 위해서는 직원들 간 비공식적인 대화를 촉진할 수 있는 분위기를 조성해야 한다고 주장한다. 예컨대, 직원들 간의 대화가 자연스럽게 유도되도록 사무실 레이아웃을 원형이나 개방형으로 디자인하거나 마케팅 부서와 생산 부서의 모임을 정례화하고 서로의 지식을 공유할 기회를 갖게끔 해야 한다는 것이다.[10]

홍성욱은 지식경제에 깊숙이 편입된 회사일수록 지식을 잘 운영하는 것이 중요하기 때문에 '지식에 친근한' 회사 분위기를 만들어야 한다고 주장한다. 무엇보다도 경직된 위계질서는 창조적인 지식 생산에 장애 요소이기 때문에 나이, 직급, 학력보다 경험, 전문성, 혁신에 대한 의지가 높게 평가받고 대접받는 수평적인 분위기를 만드는 것이 중요하다는 것이다.[11]

암묵지는 고상하지 않다. 지적 욕구나 허영심을 충족시켜주기엔 역부족이다. 서양 지식의 세례를 듬뿍 받고 자란 한국인들에게 암묵지를 지식으로 간주하는 것 자체가 어색할지도 모르겠다. 그러나 삶은 누추한데, 지식은 고상한 것만 추구하겠다면 어쩌자는 건가? 삶과 지식의 괴리는 결코 바람직하지 않다.

글로 쓰인 암묵지엔 한계가 있지만 없는 것보다는 백번 낫다. 자꾸 연구하면 암묵지의 기록을 위한 좋은 방법이 나올 수도 있다. 사회적 차원의 지원이 절실하다. 각종 공·민영 지원 사업과 학술 진흥 사업 등이 암묵지 개발·확산에 관심을 기울여야 한다. 암묵지 제공자에 대한 충분한 보상도 필요하다. 그렇게 해서 끊임없이 반복되는 시

암묵지

행착오 비용을 줄여나가고 기존의 암묵지를 더욱 발전시켜나가야 한다. 적어도 이런 수준의 '암묵지 혁명'이 일어나야 한국 사회가 진정한 지식 강국, 지식 기반 경제로 나아갈 수 있을 것이다.

NOT
INVENTED
HERE

05

왜 세월호 참사와 관련해
"이게 나라인가?"라는 말이 나오는가?

NIH 증후군

"소문자로 쓰인 니힐리스트nihilist는 아무것도 존재하지 않는다고 믿는 허무주의자를 말한다. 대문자로 쓰인 니힐리스트NIHilist는 자신의 마음과 자신의 회사에서 만들어진 것을 제외하고는 아무것도 존재하지 않는다고 생각하는 사람을 말한다. 그들은 이곳에서 만들어지지 않은 것Not Invented Here은 받아들일 수 없다는 철학의 소유자다. NIH의 철학은 IBM, P&G 등 대기업 공학자들이 거대한 실험실에서 일하던 시절에서 그 뿌리를 찾아볼 수 있다. 그러나 그 시대는 종식되었다. P&G의 경우 현재 4분의 1 이상의 혁신이 외부에서 비롯한 것이다. IBM은 전략적 파트너십에 의존한다. 자립적인 애플조차 지금은 휴렛 패커드와 모토롤라와 손잡았다.……NIH식 사고방식을 탈피하지 못하면 아이디어도 얻을 수 없다."[1]

　　미국의 기업 컨설턴트 샘 해리슨Sam Harrison이 『아이디어의 발견』(2006)에 쓴 「니힐리스트NIHilist가 되지 마라」는 제목의 글에서 한 말이다. 기업들이 자신들이 고안한 아이디어만 좋은 것으로 여기는 경향을 가리켜 'NIH 증후군NIH syndrome'이라고 한다. "그건 우리가 만든 거 아니야" 문화라고도 할 수 있겠다. NIH 증후군은 기업 내부에서도 발생하는데, 특히 제조와 R&D, 마케팅이 서로 다른 별에서 오기라도 한 듯 독자적으로 행해져, 신상품이 개발되는 데 오랜 시간이 걸리기도 한다.[2]

　　정반대로 자기 회사나 부서에서 개발한 것을 불편하게 여겨 채택하지 않으려는 성향도 있는데, 이는 'IH 증후군Invented Here syndrome'이라고 한다. 문제의 프로젝트가 실패로 돌아갈 경우에 대비한 면책 심리가 발동해서 일어나는 현상이다.[3]

　　미국의 발명왕 토머스 에디슨Thomas A. Edison, 1847-1931이 직류DC: dirtect current 전기에 지나치게 집착한 나머지 교류AC: alternating current 전기가 주는 기회를 상실한 것이 NIH 증후군의 대표적 사례로 꼽힌다. 당시 에디슨의 회사에서 일했던 세르비아 출신의 발명가 니콜라 테슬라Nikola Tesla, 1856-1943는 교류 전기를 개발하면서 직류 전기는 전구 정도의 기기를 밝힐 수 있을 뿐이지만, 자신이 개발한 교류 전기는 똑같은 전력망을 사용하면서도 거대한 산업기계를 움직일 수 있다고 주장했다.

　　테슬라가 자신의 회사 직원이었기 때문에 에디슨은 교류 전기에 대한 특허를 가질 수도 있었지만, 그는 자신의 발명에 대한 애착이 너무 큰 나머지 교류 전기의 가치를 폄하했을 뿐만 아니라 그 위험성을 널리 알림으로써 사람들이 교류 전기를 두려워하도록 만들려고 했다. 그런 캠페인의 일환으로 흉악범들의 사형에 사용될, 교류 전기를 이용한 전기의자 개발에 투자하기도 했다. 에디슨의 이런 노력은 대중이 교류 전기를 두려워하게 만드는 데에 상당한 효과를 거두었지만, 결국 교류 전기가 직류 전기를 압도함으로써 에디슨은 실패를 맛보게 된다.[4]

미국 듀크대학 행동경제학자 댄 애리얼리Dan Ariely는 『경제심리학』(2010)에서 "일반적으로 기업들은 신념이나 언어, 프로세스, 제품 등을 중심으로 기업문화를 창조해간다. 기업조직 내의 사람들이 이러한 조직문화에 흡수되면 조직 내부에서 만들어진 아이디어를 조직 외부의 것보다 더욱 유용하고 중요한 것으로 인식한다. 만약 조직문화가 NIH 성향을 유발하는 중요한 요소라고 한다면, 특정 기업이나 직업 내에서만 사용되는 업무용 두문자어頭文字語(낱말의 머리글자를 모아서 만든 약어)의 활용 정도를 통해 그 기업이나 직업의 NIH 성향이 얼마나 강한지를 가늠해보는 것도 가능하다"며 다음과 같이 말한다.

"두문자어들은 일종의 내부 기밀정보가 되기도 하고, 사람들이 아이디어를 빠르게 주고받는 방편이 되기도 한다. 외부인들은 잘 모르는 두문자어를 사용하면, 자기들끼리만 알고 있는 어떤 아이디어가 더욱 중요하게 인식되는 경향이 있으며, 그 결과 외부의 아이디어가 내부로 유입되는 것을 차단할 수 있다. 두문자어 자체가 위험하다는 말은 아니다. 그러나 기업들이 자신들이 만든 신화에 집착하고 편협한 내부의 관점만을 수용하려 한다면 그때부터 문제가 생기게 된다."[5]

애리얼리는 그런 문제가 생긴 대표적인 기업으로 일본의 소니를 꼽는다. 소니는 자기 회사에서 만들어진 것이 아니면 아무것도 활용하려 하지 않았다. 그래서 소니는 가장 대중화된 메모리 기기들과 호환되지 않는 디지털 카메라처럼 사람들이 선호하지 않는 제품들을 개발하는 데 시간과 노력을 허비한 나머지, mp3플레이어나 평판텔레비전 같은 새로운 제품들을 만들 좋은 기회를 놓쳐버리고 말았다. 소니의 최고경영자 하워드 스트링거Howard Stringer는 소니는 엔지니어들의 NIH 성향으로 인해 상당한 손해를 입어왔다는 걸 시인했다.[6]

세계적인 게임업체인 일본의 닌텐도가 최근 3년 연속 적자를 기록한데다 2012년 말 6년 만에 내놓은 회심의 역작인 '위유Wii U'가 실패로 돌아간 주요 이유도 NIH 증후군 때문이다. 『조선일보』(2014년 2월 22일)는 "이런 일이 발생한 근본 이유는 닌텐도가 새 게임기를 내놓으면서도 주력 게임을 전부 내부에서 개발했기 때문이었다"며 다음과 같이 말한다.

"이는 'NIHNot Invented Here 신드롬'으로 설명된다. '내가 만든 게 아니야', 즉 자신들이 만들지 않은 것은 인정하지 않는다는 뜻. 이와타 사토루 사장이나 미야모토 시게루 전무 같은 전설적인 전문가들이 포진한 집단에서 흔히 가질 수 있는 생각이다. 그러나 제아무리 전문가 집단인 닌텐도라 해도, 차세대 게임기도 개발하고, 거기에 맞는 게임도 개발하고, 판매도 하려니 능력에 한계를 겪게 되고, 개발도 점점 늦어지게 된다. 결국 '타임 투 마켓(시장화 속도)'이 늦어지게 되는데, 닌텐도의 신형 게임기 위유가 초기 판매 부진에 봉착한 것이 바로 이의 전형에 해당한다. 외부 자원을 적극 활용하는 '오픈 이노베이션'을 외면한 닌텐도의 문제는 게임이 날개 돋친 듯 팔릴 때는 겉으로 드러나지 않았다. 그러나 그 열매에 안주함으로써 외부 게임업체의 참여를 통해 동반 성장하는 생태계를 만들지 못했다."[7]

NIH 증후군은 그 어떤 뚜렷한 의도가 없이 거의 본능적으로 나타나는데, 과학자들은 자신들의 NIH 성향을 '칫솔 이론'으로 설명하기도 한다. 모두에게 칫솔이 필요하고 다들 하나씩 가지고 있지만, 어느 누구도 다른 사람의 칫솔은 사용하기를 원하지 않는다는 것이다.[8] 그건 동물들의 '영역 전쟁turf war'과 비슷하다.[9] 인간 세계에선 속된 말로 '나와바리 전쟁'으로 부르는 현상인데, 특히 관료 집단에서 심하게 나타난다. 기업에서 나타나는 NIH 증후군은 그 기업의 손해로 끝나고 말지만, 공적 영역에서 나타나는 나와바리 근성은 매우 심대하고 악성적인 결과를 초래할 수 있다.

한국의 세월호 참사에서도 이 나와바리 근성은 어김없이 발휘되었다. 세월호 생존자 김 모 씨(제주 거주)는 배가 침몰되는 절체절명의 순간에 신고 전화를 세 번이나 걸어야 했던 과정을 이렇게 설명했다. "생각나는 대로 119로 전화했다. '배가 물로 들어가고 있다. 신고 접수된 게 있느냐'고 묻자 자신들은 육지 관할이어서 모른다고 했다. 몇 마디 더 나눴지만 시간만 지체될 것 같아 빨리 끊고 112로 전화했다. 이번에도 잘 모르는 일이라고 했다. 몇 마디 더 나누다 해양경찰 관할 122를 알게 됐다. 세 번째 전화를 해 겨우 신고할 수 있었다."

『중앙일보』논설위원 이규연은 「공직 적폐 1호는 '나와바리'다」라는 칼럼에서 '나와바리는 '새끼줄을 쳐서 경계를 정한다'는 뜻의 일본말이다. 조폭에게 나와바리는 힘의 원천이다. 영업수입과 충성심이 여기에서 나온다. 남의 나와바리를 넘보려면 죽음을 건 싸움을 각오해야 한다. 이 조폭 은어가 공직사회를 설명할 때 종종 쓰인다. 관료는 철저하게 담당업무를 챙긴다. 틈만 나면 그 영역을 넓히려 한다. 생색나지 않는 업무는 다른 데 떠넘기려 한다. 취재기자를 하면서 지켜본 관료사회의 특징을 한마디로 표현한다면 바로 나와바리다. 세월호 침몰에 대응하는 과정에서도 일부 공직자는 나와바리 근성을 유감없이 보여줬다"며 다음과 같이 말한다.

"초기 늑장 대응의 가장 큰 원인도 따지고 보면 나와바리 때문이었다. 첫 신고는 해양수산부가 맡는 제주 해상교통관제VTS센터로 들어왔다. 정작 사고해역을 책임지는 진도연안VTS센터는 11분 뒤에야 세월호와 교신을 시도했다. 진도센터는 해수부가 아닌 해경 소속이다. 둘 사이에 원활한 전파가 이뤄지지 않았다. 수많은 생명의 운명을 가른 11분을 이렇게 허비했다.……공직사회에서 관할권 분할은 불가피하다. 그렇게 해야 책임도 물을 수 있다. 하지만 조폭 세계 같은 나와바리를 용인하는 것은 결코 아니다. 자기 나와바리만 챙기면서 국민은 안중에 없다면 그런 나와바리는 회수돼야 마땅하다. 적폐 1호를 꼽는다면 나와바리다. 국가개조 수준의 고강도 개혁을 한다면 끔찍하리만큼 견고한 나와바리 근성부터 깨야 한다."[10]

사실 세월호 참사에서 드러난 많은 문제는 대부분 그런 나와바리 근성과 관련된 것이었다. 거시적 차원에서 주범으로 지적되고 있는 '관피아(관료+마피아)' 현상도 따지고 보면 그 핵심은 나와바리 근성이 아닌가. 2010~2012년 관료 낙하산을 막는 재취업 심사 749건 중 '취업불가' 판정은 0건이었다는 건 무엇을 말하는가?[11] 여전히 한국 사회를 지배하는 이념은 '먹고사니즘'이며, 안전이나 직업윤리보다는 소속 집단의 생존과 번영이라는 가치에 우선순위가 있다는 걸 말해주는 게 아니고 무엇이랴.[12]

고려대학교 명예교수 김우창은 「'평범한 악'이 대한민국을 침몰시켰다」는 칼럼에서 세월호 선장이 수백 명의 승객을 버려둔 채 부하와 함께 먼저 탈출한 것을 통해 선장의 윤리의식이 가까운 사람에만 작용되었다는 것을 알 수 있다고 했다.[13] 그게 바로 나와바리 근성이다. 나와바리의 안과 밖, 그 경계선이 윤리와 책임을 가르는 유일한 기준이 된다.

세월호 참사와 관련해 "이게 나라인가?"라거나 "이건 나라가 아니다"라는 말이 나오는 것도 무리는 아니다. 수많은 나와바리의 할거割據 체제를 가리켜 어찌 나라라고 할 수 있겠는가 말이다. 동물들이 여기저기 돌아다니며 다리를 들고 오줌을 싸 자기들의 영역을 표시하는 걸 보여주는 동물 다큐는 동물 다큐가 아니라 바로 우리의 모습을 은유적으로 표현한 인간 다큐가 아닐까?

06

왜 세월호 참사를
'몸의 문제'라고 하는가?

신체화된 인지

(1) 배우 김민정이 배워 둔 재즈댄스가 영화를 찍는데 도움이 됐다고 밝혔다. 김민정은 10월16일 방송된 SBS 파워FM 〈공형진의 씨네타운〉 보이는 라디오에서 "영화 〈밤의 여왕〉에서 춤을 춰야 했기 때문에 안무 선생님과 계속 연습했다. 춤이 3가지 정도 나온다"고 운을 뗐다. 김민정은 "10년 전에 재즈댄스를 3년간 배웠다. 살짝 걱정한 게 너무 오래전에 배워서 자신이 없었는데 현장 가서 안무를 해보니깐 몸이 기억하고 있더라. 다행이었다. 재즈댄스 덕분에 기본기를 배울 때 도움 받았다"고 털어놨다.[1]

(2) 한화 김태균은 올 시즌 후반기 주루플레이 도중 부상을 당하며 한 달간 경기에 나서지 못했다. 그러나 페넌트레이스 9경기를 남겨

놓고 1군에 복귀했고, 이후 타율 0.433, 3홈런, 8타점의 맹타를 휘둘렀다. 시즌 내내 보여주지 못했던 '김태균' 다운 타격이었다. 그는 "방망이를 쳐보니 시즌 막판에 좋았던 것을 머리와 몸이 기억하고 있었다"며 "내년 전지훈련을 떠나기 전까지 계속 훈련할 예정이다. 열심히 몸을 만들어 캠프를 떠나겠다"고 다짐했다.[2]

(3) 위기의 순간에서 김연아를 구한 것은 두둑한 배짱이었다.……끊임없는 훈련의 성과도 빛을 발휘했다. 점프 감각을 잃었다고 생각했지만 몸은 기억하고 있었다. 소문난 '연습벌레'인 김연아는 올 시즌 하루 6시간의 훈련을 쉼 없이 소화했다. 일주일 동안 일요일 하루 휴식을 제외하고 6일 내내 계속되는 강행군을 펼쳤다.[3]

(4) KBS 〈개그콘서트〉 중 '누려'라는 코너가 있다. 가난하게 살던 부부가 부자가 돼 어느 날 고급 레스토랑에 가서 식사를 하는데, 웨이터가 주문을 받으러 오면 갑자기 같이 일어나 그 사람보다 더 큰 각도로 허리를 굽혀 인사를 하기도 하고, 부자가 되기 전의 직업에서 몸에 익혔던 동작들을 '몸이 기억한다'며 그대로 답습해 웨이터를 당황하게도 한다. 이전의 불편했던 습관을 버리고 지금의 편한 생활을 누리라고 해도 누리지 못하는 사람의 모습을 본다.[4]

(5) 23일 방송된 MBC 〈일밤 – 진짜사나이〉에서는 배우 천정명이 과거 자신이 조교로 복무했던 신병교육대 1중대에 재입대하는 모습이 그려졌습니다. 방송 초반, 후임 조교의 명령에 어색해하던 그는 어느새 그를 자신의 진짜 선임으로 받아들이며 명령에 복종하는 모습을 보였습니다. 조교는 단점을 찾아내려 했지만, 천정명은 관물대 정리부터 환복까지 모든 걸 완벽하게 준비해 놀라움을 선사했습니다. 천

정명은 "정말 다 잊어버렸다"며 한숨을 내쉬었지만, 동기들은 "몸이 기억하고 있다"며 그를 동경의 눈빛으로 바라봤습니다.[5]

　이상 소개한 5가지 에피소드는 '몸의 기억'을 말해주는 사례들이다. 우리 인간은 몸으로 기억할 뿐만 아니라 몸으로 생각한다. 이런 몸에 의한 생각을 가리켜 '신체화된 인지embodied cognition'라고 한다. 이 가설의 핵심 주장은 삶의 의미는 몸을 지닌 생명체가 그 몸을 사용해 다양한 역동적 환경과 상호작용하는 그 행위 자체에서 나온다는 것, 즉 사람의 몸을 어떻게 사용하느냐에 따라 감정과 생각이 달라지고 그 역도 성립한다는 것이다.[6] 미국의 언어철학자인 마크 존슨Mark Johnson과 언어학자인 조지 레이코프George Lakoff는 1999년에 출간한 『몸의 철학Philosophy in the Flesh』에서 '신체화된 인지'와 관련된 '인지과학의 세 가지 주요한 발견'을 다음과 같이 정리했다.

　"첫째, 마음은 본유적으로 신체화되어 있다. 인간의 마음은 신체적 경험, 특히 감각운동 경험에 의해 형성된다.……둘째, 인간의 인지는 대부분 무의식적이다. 의식적 사고는 거대한 빙산의 일각에 불과하다. 모든 사고의 95%는 무의식적 사고이다. 셋째, 우리의 사고는 대부분 은유적이다. 우리는 가령 '사랑은 여행'이나 '죽음은 무덤'과 같은 개념적 은유conceptual metaphor를 수천 개 사용하여 생각하고 말한다. 이러한 은유는 신체화된 경험에서 나온다. 그래서 은유가 행동에 영향을 미칠 수 있다는 것은 전혀 놀라운 일이 아니다."[7]

　'신체화된 인지' 개념은 급박한 상황에서 행동을 취해야 하는 안전 관련 활동이 '마음의 문제'라기보다는 '몸의 문제'라는 걸 시사해준다. 즉, 세월호 참사와 관련된 구조 활동도 '몸의 문제'일 수 있다는 것이다. 이와 관련, 심리학자 나은영은 "선장과 선원은 물론 해경도 사건 초기 제 역할을 못한 것 같다"는 기자의 질문에 다음과 같이 답한다.

"사람은 누구나 위기가 닥치면 논리적으로 행동하기 힘들다. 그들이 승객들을 버린 것은 의도적인 계산에서 나온 행동이 아니다. 뇌가 몸에 시키는 대로, 자동반사적 반응에 의해 우선 살길을 찾은 거다. 그래서 필요한 게 평소 재난훈련이다. 생각하기 이전에 행동이 먼저 나오도록 재난 시 대응 요령이 몸에 배어야 한다. 2001년 미국 9·11테러 때 그나마 희생자가 줄어들 수 있었던 이유는 두 번째로 공격당한 월드트레이드센터 남쪽 빌딩의 안전요원이 첫 번째 빌딩 공격 이후 17분간 영웅적으로 사람들을 대피시킨 결과다. 전직 군인인 그는 1분 1초가 돈으로 환산될 정도로 몸값 비싼 빌딩 근무자들의 불평을 감수하며 안전훈련을 강력하게 주장해 관철시켰다."[8]

같은 맥락에서 한국방송통신대학교 교수 이필렬도 이렇게 말한다. "배에는 어른도 많았지만, 학생들을 구하는 데 앞장선 사람은 몇 명 없었다. 수십 명의 학생을 구해낸 사람은 건축설비 기술자였다. 그는 오랫동안 이 일을 했고, 자기 일에 대한 자부심이 강했다. 장인적 정신을 가진 사람이었던 것이다. 이런 그가 구조에 앞장선 것은 우연이 아니다. 그는 의인이어서가 아니라 그런 상황 앞에서 적절한 행동을 할 수 있도록 몸과 머리가 준비되어 있었기에 그 일을 하게 되었을 것이다. 해경에도 바다에서 수십 년 동안 자기 일에 자부심을 갖고 일을 해온 사람들이 있었다면 구조가 그렇게 더디게 진행되지는 않았을 것이다. 그러므로 우리가 정말 개혁을 하려 한다면 의인으로 평가받

는 그 기술자에 대한 연구를 빠뜨려선 안 된다." [9]

　해양경찰은 왜 그렇게 믿기지 않을 정도로 무능했을까? 해양 업무를 주로 '몸'이 아닌 '펜'으로 처리해왔기 때문이다. 즉, 현장 경험이 부족한 사람들이 지휘부에 앉아 있었다는 것이다. 해경의 총경 이상 간부 67명 중 25퍼센트인 17명이 경비함정 근무 경험이 없거나 한 달 안쪽(3명)이었고, 잠수 직별(주특기)로 분류된 간부는 한 명밖에 없었다. 경감 이상(716명)으로 대상을 넓혀도 잠수 직별은 7명에 그쳤다. [10] 그래서 "손발은 없고 머리만 비대한 기형적인 조직"이라는 말이 나온 것이다. 해경의 사법경찰권은 회수하고 재난 구조에만 전념할 수 있도록 조직을 단순화시키는 방법을 검토하는 동시에 경찰과의 경쟁에서 밀려난 인사들이 해경 지도부로 밀려오는 관행도 뿌리뽑아야 한다는 해법이 제시된 것도 바로 그런 사정에서 비롯된 것이다. [11]

　세월호 선원들은 비상 상황과 관련한 안전교육을 받은 적이 없었는데도 두 달 전 해양경찰 점검에선 '양호' 판정을 받았으며, 여객선 1척당 점검 시간이 고작 13분일 정도로 해양경찰청·해양수산부의 안전 점검은 엉터리였다. [12] 몸으로 기억하거나 생각하기 위한 최소한의 훈련도 받지 않은 엉터리 무자격자들, 그리고 그들을 그대로 방치하는 직무유기를 범한 관계당국의 엉터리 행정이 낳은 세월호 참사를 '몸의 문제'로도 보아야 하는 이유가 여기에 있다.

　평소 민방위 훈련과 같은 '몸의 훈련'에 우리가 어떻게 임했던가하는 국민적 성찰이 수반되어야 한다는 건 두말할 나위가 없다. 서울의 한 민방위교육장 풍경을 보자. 출석체크만 하는 형식적 교육인데다, 출석조차 할아버지가 아들 대신, 부인이 남편 대신 와서 도장을 받는 게 다반사다. 짜증을 내는 민방위대원들을 웃겨주고 싶다는 충정의 발로였을까? 안보교육 강사는 이런 황당한 말씀을 하신다. "북한도 점령하고, 일본도 한 번 점령해보고, 중국도 한 번 점령해보고, 러시아 소련도 점령해보고, 미국도 한 번 쳐보자! 왜 못 하겠느냐. 왜? 일본은 중국도 한 번 치고, 미국도 한 번 쳤어요. 1941년도에. 가미카제 특공대. 대단한 거예요." [13]

이런 풍경은 예외적인 것이 아니라 전국의 수백만 민방위대원이 다 알고 있는 상식에 가까운 것이다. 왜 그럴까? 왜 그렇게 되었을까? 여러 이유가 있겠지만, 군사독재정권 시절 강압적인 동시에 형식적으로 이루어진 국민통제용 '몸의 훈련'에 대한 반감과 반작용이 가장 큰 이유일 것 같다. 몸이 기억하는 그 반감이 집단적으로 계속 이어져 내려오면서 안전을 위한 '몸의 훈련'조차 우습게 보거나 경멸하는 풍토가 고착된 건 아닐까? 정부 여당 일각에서 세월호 참사에 대한 국민적 분노를 여전히 국민 통제의 관점에서만 이해하고 우려하는 망언들이 속출하는 것은 아직도 우리가 가야 할 길이 멀다는 것을 말해준다.

07

왜 중앙·지방 정부와 공공기관들은 매년 '12월의 열병'을 앓는가?

공유지의 비극

"남획을 막기 위해서는 교육이 필요합니다. 물고기는 그냥 슈퍼마켓에서 파는 상품이 아닙니다. 어부들이 바다에 나가 생명의 위협을 무릅쓰고 거두는 제한된 자원이라는 것을 일반인들에게 알려야 합니다. 이대로라면 우리 자손들이 물고기를 먹을 수 없게 될 겁니다."

2013년 8월 28일 서울 잠실 롯데호텔에서 열린 '제3회 KNFC 국제수산심포지엄' 참석차 방한한 미국 캘리포니아대학 인류학과 명예교수 브라이언 페이건Brian M. Fagan, 1936-의 말이다. 그는 한때 양동이로 퍼올려서 물고기를 잡을 만큼 어족 자원이 풍부했던 북미 뉴펀들랜드 지역을 예로 들었다. 사람들이 이곳으로 몰려가 당시 인기였던 대구를 잡아들이면서 이곳 바다엔 대구 씨가 말랐다는 것이다.[1]

세계적인 베스트셀러 『총균쇠Guns, Germs, and Steel: The Fates of Human Societies』(1997)의 저자인 미국 UCLA 지리학과 교수 재러드 다이아몬드Jared Diamond, 1937-도 『경향신문』(2014년 1월 1일) 신년 인터뷰에서 다음과 같이 경고했다.

"지금처럼 살아간다면 50년 뒤 남아 있는 것이 없습니다. 한국 사람들은 생선을 참 좋아하죠? 안타깝게도 세계 대부분의 어장이 50년을 못 버팁니다. 알래스카 연어 어장이 속한 미국 서부 태평양 해안은 가능할 수 있습니다만, 나머지는 어려워요. 참치는 고갈되고 있습니다. 황새치는 대서양에서 사라졌고 태평양에서도 사라져가고 있죠."[2]

그런 현상을 가리켜 '공유지의 비극Tragedy of the Commons'이라고 한다. 주인이 따로 없는 공동 방목장에선 농부들이 경쟁적으로 더 많은 소를 끌고 나오는 것이 이득이므로 그 결과 방목장은 곧 황폐화되고 만다는 걸 경고하는 개념이다. '공유지의 비극'은 영국에서 산업혁명이 시작된 시점에 실제로 일어났던 일이다. 이 문제를 해결하기 위한 대안으로 나타난 것이 초지를 분할 소유하고 각자의 초지에 울타리를 치는 이른바 '인클로저 운동enclosure movement'이다.[3]

'공유지의 비극'은 모든 이가 제한 없이 사용할 수 있지만 누구도 자발적으로 그 재화를 공급하려 하지는 않으며, 또 공급에 따른 비용을 부담한다고 해도 혜택에 상응하는 비용 부담을 꺼린다는 걸 지적하기 위해 쓰이는 말이다. 그래서 '공공재의 비극'이라고도 한다.[4]

'공유지의 비극'은 미국 생물학자이자 생태학자인 가렛 하딘Garrett J. Hardin, 1915-2003이 1968년 12월 13일자 『사이언스』에 발표한 논문 「공유지의 비극Tragedy of the Commons」에서 제시한 것이다. "파멸은 모든 인간이 달려가는 최종 목적지다. 공유자원은 자유롭게 이용되어야 한다고 믿는 사회에서 각 개인이 자신의 최대 이익만을 추구할 때 도달하는 곳이 바로 이 파멸인 것이다."[5]

하딘이 제시한 유사한 우화로 '구명선에서의 생존Living on a Lifeboat'이 있다. 1974년 9월 『바이오사이언스BioScience』에 발표한 글이다. 10명분의 식량밖에 준비되어 있지 않은 10명이 타고 있는 구명선에 어떤 한 사람이 구원을 요청하거나 그 사람을 도와주는 것은 구명선 자체를 위협하는 무책임하고 비합리적인 행동이라는 걸 말하기 위한 우화다.

박준건은 두 우화는 생물학적 법칙에 의거한 냉혹한 현실을 그리고 있지만, 서구의 물질적 풍요를 제3세계에 식량을 원조함으로써 상실해서는 안 된다는 서구 중심주의적 논리가 관통하고 있다고 평가한다.[6]

하딘은 신맬서스주의자로 토머스 맬서스Thomas R. Malthus, 1766-1834 이상으로 인구 증가에 대해 우려해 비非백인 이민에 반대했으며 낙태를 지지했다. 그러면서도 자신은 자식을 넷이나 두었다. 그는 자신의 생명을 스스로 선택할 수 있어야 한다는 신념의 소유자로 안락사를 지지하는 헴록협회Hemlock Society의 회원이었는데, 말년에 아내와 같이 중병에 걸리자 2003년 9월 자신들의 62회 결혼기념일에 동반 자살했다. 당시 그의 나이 88세, 아내는 81세였다.[7]

하딘의 주장에서 서구 중심주의를 걷어내고 보자면, 그는 애덤 스미스Adam Smith, 1723-1790가 역설한, 공공의 이익을 증진하는 '시장의 보이지 않는 손invisible hand of the market'에 단호히 반대한 인물이다. 그는 그런 발상에서 오직 재앙만을 보았으며, 생태계의 수용량에 한계가 있으므로 그 어떤 기술적 해결책도 타당하지 않다고 주장했다. 그는 자율적인 협력의 가능성을 배제한 채 '사유화'와 '정부 개입'이라고 하는 두 가지 해결책을 제시했다.[8]

오늘날 '공유지의 비극'은 천연자원의 과잉이용overexploitation, 치어까지 잡아들이는 물고기 남획의 문제tragedy of fishers 등을 비롯해 무책임한 이기주의를 비판하거나 공동체적 가치를 역설할 때에 자주 사용되고 있다. 오늘날 자주 지적되는 가장 큰 비극은 기후 변화와 환경 문제다. 미국에선 연방 예산에 이 비극을 적용하기도 하는데, 연방 예산은 535명의 소떼(의원들)가 풀을 뜯어먹는 공유지와 다를 바 없다는 것이다.[9]

한국에서도 정부 예산은 '공유지'로 간주되고 있다. 정부 예산을 가리켜 아예 '눈먼 돈'이라고 하며, 이 '눈먼 돈'을 차지하기 위해 각 이해관계 집단이 치열한 전쟁을 벌인다.[10] 청와대 경제수석과 정책실장을 지낸 김대기는 "제일 떼먹기 좋은 게 나라 돈"이라고 했는데,[11] 정치란 어떤 의미에선 '나라 돈 떼먹으려는' 행위라고 해도 과언이 아니다. 다음과 같은 5건의 신문 기사들은 정부 예산을 둘러싼 '공유지의 비극'을 잘 말해주고 있다.

(1) "중앙 공무원이건 시장·군수건 다들 빼내 쓸 궁리만 하고 있다.……특별교부금이 이렇게 엉터리로 낭비되고 있지만 국회의원들은 그걸 감시하기보다는 자기 지역구에 끌어다 쓸 생각뿐이다. 공무원노조가 조사해봤더니 특별교부금에 영향력을 미칠 수 있는 국회 행자위나 예결위 소속 의원들 출신 지역엔 다른 지자체의 1.5배 특별교

부금이 분배됐다." [12]

(2) "중앙 및 지방 정부와 공공기관들은 연말이 되면 불용예산을 쓸 궁리를 하느라 이른바 '12월의 열병熱病 · December fever'을 앓는다. 감사원에 적발되거나 정부 예산낭비신고센터에 접수되는 '연말 예산 낭비 사례'는 일일이 열거할 수 없을 정도다. 노무현 정부 시절 청와대는 2004년 12월 14일부터 보름 사이에 132만 원짜리 옷걸이를 비롯해 50건의 가구 및 사무기기 구입에 7억 3,700만 원을 썼다. 예산을 절약해 남기면 다음 해 예산 편성 때 그만큼 삭감당하고 '무능하다'는 소리나 듣는 공직사회 분위기에서 누구도 아끼려 하지 않는 것이다." [13]

(3) "정부 어느 누구도 국민에게 예산 낭비죄를 사과하지도, 벌 받지도 않는다. 납세자인 국민이 예산 씀씀이에 별반 관심을 두지 않는 탓이다. 올 정부 · 지방자치단체 예산을 합치면 358조 원. 국민 한 사람이 매월 62만 원씩 호주머니에서 세금을 내는 거라면 그제서야 '내 돈' 하며 정신이 번쩍 들 것이다." [14]

(4) "올해에도 '불용不用예산 탕진병'이 심하다. 정부, 지방자치단체, 공공기관 가릴 것 없이 남은 예산 쓰기에 안달이다. 멀쩡한 보도블록을 바꾸는 공사판을 지나며 국민들은 부아가 치민다. 국민들은 불황 극복을 위해 허리띠를 조여 매는데, 공직 사회는 남은 예산 처리에 골몰하고 있으니 기가 막힌다. 10년이 되지 않은 보도블록은 바꾸지 못하게 했다는 정부 지침은 어디로 갔는지 국민들은 영문을 몰라 한다. 어디 보도블록뿐인가. 연말이 되자 공직 사회에는 불요불급한 물품 구매가 유행병처럼 번지고 있다. 예산이 제 돈인 양 사무용품 비품, 심지어 전자 제품 구입에 펑펑 써댄다. 한 행정기관은 복리후생비 집

행 잔액 1억여 원으로 상품권을 구입해 직원들에게 나눠줬다니 어이가 없다."[15]

(5) "일요일인데도 짙은 색 양복을 차려입은 30~40명이 계수조정회의가 열리는 회의실 앞에서 서성이고 있었다. 오후 3시 반경에 의원들이 모습을 드러내자 이들은 의원들과 눈이라도 한 번 맞추기 위해 안간힘을 썼다. 국회가 내년도 예산을 심의하기 시작하자 국회본청 6층은 정부 각 부처와 지방자치단체에서 나온 공무원들로 붐빈다. 이들은 사무실 앞에 진을 치고 '어떻게 됐어?'라며 흘러나오는 정보에 촉각을 곤두세웠다. 내년도 예산이 본격적으로 심의되는 이때쯤이면 예산을 한 푼이라도 더 받기 위해 공무원들은 사활을 건 전쟁을 치른다."[16]

정치 개혁이 어려운 이유도 바로 여기에 있다. 사람들은 누구나 다 정치 개혁을 원한다고 말은 하지만, 자신이 사는 지역에 더 많은 예산이 배정되기를 바라는 걸 전제로 한 개혁을 바랄 뿐이다. 그런데 정치인이 예산을 조금이라도 더 끌어올 수 있는 능력은 개혁의 자질이나 역량과는 전혀 무관하거나 오히려 반비례 관계다. 공유지의 비극이 지배하는 정치 체제하에서 그 체제를 전혀 건드리지 않으면서 외치는 정치 개혁 구호는 전혀 믿을 게 못 된다.

공기업의 방만·무책임 경영에 대한 비판의 목소리가 높다. 역대 정권들은 모두 공기업 개혁을 외쳤지만, 모두 다 실패했다. 아니 제대로 된 시도조차 하지 않았다. 왜 그럴까? 공기업은 퇴임 후 공기업 사장이나 임원으로 가는 고위 관료들에겐 '노후 대비용'이라는 기능이 우선적인 것이며, 정권엔 정권 창출에 기여한 사람들의 논공행상용

텃밭, 즉 '낙하산 인사'의 착륙지라고 하는 기능이 우선적인 것이기 때문이다. 오죽하면 "공기업은 태생적으로 '방만 경영'이라는 유전인자를 갖고 있다"는 말이 나오겠는가.[17] 그런 관점에서 본다면, 선거는 '공유지 쟁탈전'인 셈이다.

공유지의 비극을 넘어설 수 있는 방법은 없을까? 미국 정치학자 엘리너 오스트롬Elinor Ostrom, 1933-2012은 『공유지의 비극을 넘어Governing the Commons』(1990) 등 일련의 저서를 통해 공유지의 비극을 정부 개입이나 시장 메커니즘이라는 기존 논리에서 탈피해 '공동체 중심의 자치제도'를 통해 해결할 수 있는 방안을 제시했다. 시장 아니면 국가라는 이분법에서 벗어나 개개인들의 역량에 주목해 새로운 인간조직론을 개발하자는 것이다. 이런 새로운 비전의 제시가 높은 평가를 받아 그녀는 정치학자임에도 여성 최초로 2009년 노벨경제학상을 수상했다.[18]

스탠퍼드대학 법대 교수인 로렌스 레식Lawrence Lessig, 1961-이 2001년 설립한 비영리단체이자 프로젝트의 이름인 '크리에이티브 커먼즈Creative Commons(창조적 재산 공유)'도 공유지의 비극을 넘어서려는 시도다. 이 단체가 2002년부터 실시한 CCLCreative Commons License은 '저작권 보호'와 '정보 공유'라는 두 마리 토끼를 잡을 수 있는 대안으로 주목을 받고 있다. CCL은 저작권자가 자신의 저작물에 대한 이용 방법과 조건을 표기하는 일종의 표준약관이자 저작물 이용 허락 표시다. 레식은 크리에이티브 커먼즈 프로젝트는 저작자들의 권리를 패퇴시키는 것이 아니라 오히려 저작자와 창작자들이 더 신축적이고 저렴한 비용 부담으로 자신의 권리를 더 쉽게 행사할 수 있도록 하자는 것이

목적이라고 말한다.[19]

공유지의 비극이 발생하지 않는 협력 시스템을 구축하려는 시도는 더할 나위 없이 바람직하고 아름답다. 그렇지만 모든 사람이 윤리적인 이성을 갖고 있다고 가정해 "한 사람 한 사람을 변화시키면 공유지의 비극 따위는 일어나지 않을 수 있다고 믿는 정책은 세상을 모르는 순진한 발상"이다.[20] 공유지의 비극은 언제든 일어날 수 있다는 최악의 상황을 염두에 두면서 협력 시스템을 만들어 나가야 성공할 수 있다.

정부 예산이 '공유지'로 간주되어 무분별한 뜯어먹기의 대상이 되고 있는 현실도 정치인과 관료들에 대한 불신을 전제로 할 때에 그 어떤 개혁이 가능할 것이다. 어차피 민주주의는 불신의 토대 위에 선 제도다. 그래서 삼권분립을 비롯해 각종 감시와 견제를 제도적으로 보장해놓은 게 아니겠는가.

08

왜 정치는 민생에 도움이 안 되는가?

그리드락

공유지의 비극과는 반대로 한 자원에 너무 많은 소유자가 생겨날 경우 수많은 사람이 자원을 이용할 수 없게 되는 건 물론 상호 협력마저 어려워짐으로써 자원이 낭비되고 대중에게 고통마저 안겨주는 일이 벌어진다. 과도한 재산권 보호가 혁신은 물론 공익에도 반하는 결과를 초래하는 것이다. 이를 가리켜 '반反공유지의 비극tragedy of the anticommons'이라고 하며, 대중적인 용어로 '그리드락gridlock'이라고도 한다.

그리드락은 교차점에서 발생하는 교통 정체, 즉 오도 가도 못하는 상황을 말한다. 누가 만든 말인지는 알 수 없지만, 이를 처음으로 유행시킨 주인공은 1980년 미국 뉴욕시에서 교통 파업이 일어났을 때 그로 인한 그리드락을 언론에 설명한 뉴욕시 교통국의 수석 엔지니어인 샘 슈워츠Sam Schwartz다. '그리드락 샘Gridlock Sam'이라는 별명까지 얻은 그는 그리드락은 자신이 만든 말은 아니고, 전부터 교통국 직원들 사이에서 쓰이던 말이라고 했다.

이어 곧 『뉴욕타임스매거진New York Times Magazine』이 그리드락을 심층적으로 다루어 널리 쓰이는 말이 되면서 적용 범위도 넓어졌다. 전화와 인터넷에 적용되더니, 방송토론에서 출연자들이 말다툼을 벌이다 동시에 발언해 알아들을 수 없게 된 것마저 "vocal gridlock(음성 그리드락)"이라고 했다.[1]

'반反공유지의 비극'이라는 용어를 작명한 미국 컬럼비아대학 법대 교수 마이클 헬러Michael Heller는 2008년에 출간한 『소유의 역습 그리드락The Gridlock Economy: How Too Much Ownership Wrecks Markets, Stops Innovation, and Costs Lives』에서 지나치게 많은 소유권이 경제활동을 오히려 방해하고 새로운 부의 창출을 가로막는 현상을 그리드락이라 부르면서, 이런 '자유시장의 역설'을 해결하는 것이 우리 시대의 핵심 과제라고 주장했다.[2]

미국에선 30년 전 항공 산업에 대한 규제가 풀리면서 비행기를 애용하는 고객 수가 세 배로 늘어났지만, 1975년 이후 새로 건설된 공항은 단 한 곳, 덴버공항뿐이다. 왜 그럴까? 토지 소유자들이 공항 건설 계획을 방해하는 바람에 어디에도 새 공항을 지을 수 없기 때문이다. 내 집 주변에는 아무 것도 지을 수 없다는 NIMBYNot In My Backyard, 어디서든 아무것도 지을 수 없다는 BANANABuild Absolutely Nothing Anywhere Near Anyone 등과 같은 신조어들이 지역 이기주의와 관련된 그리드락 현상을 잘 말해준다.

그리드락은 지적재산권으로 먹고사는 신약·생명공학 분야에서 심하게 나타난다. 지난 30년 동안 등록된 DNA 관련 특허만 4만 개가 넘는데, 이런 특허의 누적은 신약 개발 속도를 둔화시키는 장애가 되고 있다. 특허에 대한 대가 지불 총액이 신약의 예상 이익을 초과해 신약 개발을 엄두도 내지 못하는 경우가 많기 때문이다. 제약사들은 본연의 연구개발R&D보다 소송에 힘을 쏟으며, 지긋지긋한 소송이 두려워 아예 개발 자체를 포기하는 경우도 많다. 인류의 보편적인 건강추구권이 그리드락 그물에 갇힌 꼴이라고 해도 과언이 아닌 셈이다.[3]

프랑스 아이들이 '머릿니와의 전쟁'을 벌이는 것도 바로 그런 이유 때문이다. 매년 9월, 새 학기가 시작되면 학교에서는 일제히 부모들에게 가정통신문을 보내 아이들을 괴롭히고 있는 이蝨를 소탕해줄 것을 부탁하며, 경각심을 불러일으키기 위해 주먹만 한 크기의 이蝨 그림을 첨부하기까지 한다. 아니 선진국이라는 프랑스에서 왜 이런 어이없는 일이 일어나고 있는 걸까?

파리에 거주하는 작가 목수정은 「프랑스 아이들 '머릿니와의 전쟁'」이라는 『경향신문』(2013년 9월 27일) 칼럼에서 "3~4년 전만 해도 학기 초에만 치르던 이 난리법석은 이제 일 년 내내 상시적으로 학부모들이 감당해야 할 또 하나의 골칫거리가 됐다. 이 작은 벌레 하나를 해결하지 못할 만큼 현대의학은 정녕 그토록 무력한 것일까? 물론 그렇지 않다"며 다음과 같이 말한다.

"100%에 가까운 퇴치율을 자랑하며 부작용도 거의 없고 가격도 저렴한 이 퇴치약이 이미 1981년부터 나와 있으나 이 약이 이나 서캐

퇴치용으로는 허가되지 않았을 뿐이란 사실을 언론에 폭로한 사람은 마르세유 의과대학의 디디에 하울 교수다. 이 약은 심지어 약국에서 판매 중이다. 그러나 몇몇 열대병에 대한 치료용으로만 처방이 가능하다.……제약업계의 어느 누구도 머릿니가 완전히 척결되는 쉬운 처방이 세상에 나오기를 바라지 않는 것이다.……제 주머니를 채우기 위해 아이들 머리에 이가 들끓도록 내버려두는 제약업계, 이들의 이 가당찮은 공모를 구경만 하고 있는 정부.”[4]

　　법의 과잉도 그리드락을 유발한다. 변호사인 필립 하워드Philip K. Howard, 1948- 는 『상식의 죽음: 법은 어떻게 미국을 질식시키나The Death of Common Sense: How Law Is Suffocating America』(1994)에서 법의 과잉이 미국의 활력을 죽이고 있다고 비판한다.[5] 그는 『공동선의 붕괴: 미국의 소송문화는 어떻게 우리의 자유를 억압하나The Collapse of the Common Good: How America’s Lawsuit Culture Undermines Our Freedom』(2001)에선 법이 사회의 보호자이기는커녕 오히려 그 반대가 되어 남을 공격하기 위한 수단으로 전락했다고 했으며,[6] 『법률가 없는 삶: 미국인을 법 과잉에서 해방시키기Life Without Lawyers: Liberating Americans form Too Much Law』(2009)에선 미국이 ‘자유의 땅the land of freedom’에서 ‘법률 지뢰밭a legal minefield’으로 변했다고 고발했다.[7]

　　당파 싸움 등으로 인한 정치적 교착 상태도 그리드락이라고 한다. 특히 미국의 대통령제는 대통령과 다른 정당이 의회의 다수를 장악할 경우 그리드락이 발생하는 본원적인 문제를 안고 있다는 비판의 목소리가 높다.[8] 2013년 10월 의료보험 문제를 둘러싼 여야 간 갈등으로 촉발되어 미국을 강타한 연방 정부의 셧다운shutdown(부분 업무 정지)도 그리드락의 산물이다.

이와 관련, 스탠퍼드대학 석좌교수 프랜시스 후쿠야마Francis Fukuyama, 1952-는 2013년 10월 6일 『워싱턴포스트』에 기고한 글에서 "비토크라시vetocracy가 미국 정치를 지배하고 있다"고 개탄했다. 비토크라시는 거부를 뜻하는 '비토veto'와 민주주의를 뜻하는 '데모크라시democracy'의 합성어로 '거부 민주주의'로 불린다. 강력한 반대자가 조금만 있어도 정부·여당이 하고자 하는 일이나 입법을 막을 수 있다는 의미다. 여소야대인 미 연방하원은 435명 중 야당인 공화당이 232명이다.[9]

한국 정치도 그리드락에 갇혀 있는 셈인데, 가장 두드러지는 게 '지역 그리드락'이다. 지역주의가 워낙 심하다 보니, 유권자들이 옳고 그름을 따지기보다는 맹목적인 편싸움의 관점에서 정치를 보는 경향이 있다는 것이다. 언론도 정치는 현실이라는 명분을 내세워 정치 분석을 할 때에 늘 지역 변수를 앞세움으로써 그런 경향을 심화시킨다. 지역 연고가 일종의 소유권이 되면서 그 소유권을 기반으로 한 정치가 한국 사회를 그리드락에 몰아넣고 있는 것이다.

그리드락을 해결할 수 있는 출구가 정치인데, 오히려 정치가 그리드락을 조장하는 동시에 강화하고 있으니 이 노릇을 어찌할 것인가? 정치가 민생民生에 도움이 되기는커녕 오히려 부담이 되고 있으니, 이를 그대로 두고 그 어떤 사회적 진보가 가능할까?

답이 전혀 없는 건 아니다. 그리드락 자체를 개혁 의제로 삼는 정치가 필요하다. 그러나 이를 정략적으로 이용하려고 들면 역효과가 난다. 즉, 그리드락을 만드는 세력을 척결 대상으로 삼는 '증오의 정치'로는 그 무엇 하나 이룰 수 없으며, 오히려 사태를 악화시킬 뿐이다. 그리드락 타파를 외치는 정치인이나 세력의 공존공영共存共榮 의지와 더불어 신뢰를 얻기 위한 진정성 확보가 선결 과제라 할 수 있다.

그리드락

09

왜 정치인의 공약은
늘 공약이 되는가?

계획 오류

정치인의 공약公約은 공약空約이다! 유권자들이 잘 알고 있는 상식이지만, 그래도 선거 때만 되면 정치인들의 공약公約에 기대를 거는 게 유권자들의 심리다. 왜 정치인의 공약公約은 늘 공약空約이 되는 걸까? 처음부터 유권자들을 속이겠다는 마음을 먹은 정치인이 많기 때문이다. 오죽하면 정당들, 후보들 간의 '공약 경쟁'은 '결말이 선명한 집단적 사기극'이라는 말까지 나왔을까.[1]

유권자들은 그런 '집단적 사기극'의 피해자일망정 본의 아닌 공범이 되기도 한다. 이와 관련, 김종우는 이렇게 말한다. "선거에 나서는 사람들이 부도덕하게도 한 치의 부끄럼 없이 유권자들을 우롱하는 약속을 마구잡이로 해대는 이유는 너무나 단순하다. 그러한 거짓이

먹혀들기 때문이다. 일단 선거가 끝나고 나면 서명의 잉크도 마르기 전에 눈앞에서 약속이 파기되는데도 유권자들은 무감각하다."[2]

처음부터 사기 칠 의도가 없었던 정치인들이 없는 건 아니다. 소수나마 그런 정치인들이 있는데, 공약公約이 공약空約이 되는 이유를 선의로 해석하자면 우리에게 나타나는 이른바 '계획 오류planning fallacy' 때문이다. 계획 오류는 어떤 일의 예측이나 계획 단계에서 낙관적으로 치우치는 현상으로, 심리학자이자 행동경제학자인 아모스 트버스키Amos Tversky, 1937-1996와 대니얼 카너먼Daniel Kahneman, 1934-이 1979년에 발표한 「직관적 예측Intuitive Prediction: Biases and Corrective Procedures」이란 논문에서 제시한 것이다.

미국의 인지과학자인 더글러스 호프스태터Douglas Hofstadter, 1945-는 같은 해에 출간한 『괴델, 에셔, 바흐: 영원한 황금 노끈Gödel, Escher, Bach: An Eternal Golden Braid』(1979)에서 '호프스태터의 법칙Hofstadter's Law'을 제시했는데, 이 또한 계획 오류를 지적한 것이다. "모든 일은 항상 예상했던 것보다 오래 걸린다. 심지어 호프스태터의 법칙을 고려해서 계획을 세웠다 해도 말이다It always takes longer than you expect, even when you take into account Hofstadter's Law."[3]

해가 바뀔 때마다 새해 계획을 거창하게 세워놓고 실천하지 못한 경험이 있는 사람이라면, 이미 계획 오류에 대해 잘 알고 있는 셈이다. 예컨대, 영국에서 3,000여 명을 대상으로 조사한 결과 새해 결심 중 88퍼센트는 지켜지지 못하는 것으로 밝혀졌다.[4] 미국 스크랜턴대학 노크로스와 밴가렐리의 연구에 따르면 77퍼센트의 사람들이 새해 결심을 일주일 이상 지키지 못했으며, 새해에 했던 몇 가지 결심 중에서

계획 오류

하나라도 2년 이상 유지하는 사람은 20퍼센트가 채 되지 않는 것으로 나타났다. 새해 결심이 주로 실패하는 건 지키지 않아도 심각한 문제가 발생하지 않기 때문이지만,[5] 사회적 차원의 계획은 그렇지 않다. 역사적으로 유명한 사례들을 살펴보자.

호주 정부는 1957년 그 유명한 시드니 오페라하우스 건립을 추진하면서 700만 달러를 들여 1963년까지 완공한다는 계획을 세웠다. 그러나 규모를 원래보다 훨씬 축소시켰음에도 1억 200만 달러를 들인 후 1973년에서야 개관할 수 있었다. 미국 보스턴시는 '빅 디그Big Dig'라는 새로운 지하도로 체계를 28억 달러의 비용으로 1998년까지 완성하겠다고 했지만, 공사는 2007년이 돼서야 끝났으며 비용도 146억 달러나 들어갔다. 물론 기획자가 자신의 프로젝트를 통과시키기 위해 일부러 예산을 낮게 책정하고 완공 기간도 짧게 잡는 경향이 있긴 하지만, 그것만으론 다 설명할 수 없는 일이었다.[6] 카너먼은 또 다른 이유에 대해 다음과 같이 말한다.

"합리적인 득실과 가능성을 계산하는 대신 망상적인 낙관주의에 기초해 결정해버린다. 혜택은 과대평가하는 반면 비용은 과소평가한다. 잠재적인 잘못과 계산 착오 가능성은 무시하면서 성공 시나리오만 제시한다. 결과적으로 처음 계획한 예산이나 시기에 맞게 끝나거나, 기대한 결과로 이어지지 않거나, 심지어는 끝내지도 못하는 프로젝트들을 추구한다. 이런 관점에서 보면 항상 그런 건 아니더라도 인간은 자신이 추진하는 어떤 일의 성공 가능성을 과도하게 낙관하기 때문에 위험한 프로젝트를 추진한다."[7]

1994년 캐나다 심리학자 로저 불러Roger Buehler는 졸업 논문을 쓰는 심리학과 학생 37명에게 며칠이면 논문을 마칠 수 있을지 물어보았다. 학생들은 평균적으로 33.9일이면 다 쓸 수 있을 거라고 대답했지만, 학생들이 실제로 논문을 마치는 데에는 평균 55.5일이 걸렸다. 자신이 예측한 기간 내에 논문을 완료한 학생은 전체의 30퍼센트에 지나지 않았다. 왜 이런 차이가 생긴 걸까? 불러는 자신이 믿고 싶어 하는 긍정적 결론에 맞춰 생각하는 '소망적 사고wishful thinking'와 더불어 자신의 과거 경험을 해석하는 데 나타나는 '자기 본위적 편향self-serving bias'을 그 이유로 들었다.[8]

"학생들은 예측을 할 때 과거의 경험은 무시하고 현재의 생각이나 미래 계획만을 중시했습니다. 과거에 예상대로 작업하지 못한 경험이 있어도 그것은 당시 특별했던 일로 여기고 현재의 예측에 중요한 정보로 활용하지 않았습니다. 다시는 그런 일이 일어나지 않을 거라고 생각한 거지요."[9]

반면 다른 사람들의 계획에 대해선 어떻게 평가할까? 불러는 어떤 사람들이 과거에 일을 마무리한 시간과 구체적인 경험 등 자세한 정보를 제공한 후에 그들이 이 일을 끝마치는 기간을 예측해보라고 했다. 그랬더니 놀랍게도 70퍼센트 이상 정확하게 예측했다. 즉, 타인의 계획을 평가할 땐 미래에 예상되는 문제점을 냉정하게 고려하지만, 자신의 계획을 평가할 때엔 자기중심적인 '낙관주의 편향optimism bias'에 사로잡힌 것이다.[10]

월스트리트의 투자 컨설턴트 로버트 코펠Robert Koppel은 『투자와 비이성적 마인드: 감정은 어떻게 객관적 데이터를 왜곡하는가?』(2011)에서 계획 오류가 생기는 원인으로 결정을 내릴 때 한 가지 측

계획 오류

면에 과도한 중요성을 부여해 부정확한 예측을 도출하는 초점 효과를 지적한다.[11]

구본기는 금융 세일즈맨들에게 컨설팅을 받은 사람들의 포트폴리오가 유연성이 떨어지는 이유는 세일즈맨들이 고객의 계획 오류를 집요하게 파고들기 때문이라고 말한다. 세일즈맨들의 다음과 같은 말을 듣고도 그들이 내민 서류에 사인을 하는 것은 고객이 계획 오류에 사로잡혔기 때문이라는 것이다.

"A라는 금융상품에 가입하시고, 매달 일정 금액을 20년 동안 납입하시면 정원이 딸린 집과 외제차를 소유하실 수 있습니다. 단, 이 계획이 조금이라도 지켜지지 않았을 때는 금융 회사에서 수수료, 사업비, 이자 등의 명목으로 당신 돈의 대부분을 가져가겠습니다."[12]

2010년 마리오 웨이크Mario Weick와 애나 귀노트Ana Guinote가 『실험사회심리저널Journal of Experimental Social Psychology』에 발표한 「권력이 계획 오류에 미치는 영향Power Biases Time Predictions」이라는 논문에서 권력을 가지지 못한 자보다 권력을 가진 자들에게서 계획 오류가 크게 나타나고 있음을 규명했다.

이들은 권력을 가진 사람은 예상 결과물에 지나치게 집중하는 '주의 초점attentional focus' 때문에 예상을 벗어나게 만들 잠재적 요소에 관한 정보를 충분히 감안하지 못한다는 점을 발견했다. 이 연구의 의미와 관련, 유정식은 이렇게 말한다. "계획 오류로 인한 실패를 보다 효과적으로 예방하려면, 때로는 상대적으로 의사결정권을 가지지 못한 구성원에게 계획 수립을 위임하는 용기도 필요하지 않을까?"[13]

계획 오류는 '성공의 착각'으로 이어지기 마련이다. 카너먼은

2003년 댄 로발로Dan Lovallo와 같이 쓴 「성공의 착각Delusions of Success」이란 논문에서 사람들이 성공 확률을 과대평가하는 이유를 설명하면서 계획 오류를 지적했다. 이들은 이에 대한 해결책으로 자신의 회사 혹은 자신의 산업이나 다른 산업에서 벌어진 유사한 프로젝트의 실제 출시 실패율을 추적해보라고 권고했다. 그 수치들은 대단히 놀라워서 정신이 번쩍 들게 만들 수 있다는 것이다. 이와 관련, 에이드리언 슬라이워츠키Adrian J. Slywortzky는 데이터 수집의 목적은 비평가 수전 손태그Susan Sontag, 1933-2004가 말한 '재앙에 대한 상상력'을 함양함으로써 재앙을 막을 수 있는 전략을 광범위하게 수립하기 위해서라고 말한다.[14]

계획 오류를 피하는 방법 중 하나는 자신의 과거를 기억하는 것이지만,[15] 낙관주의 편향은 기억마저 압도하기 십상이다. 계획 오류엔 세월 또는 나이라는 변수도 있다. 미국 작가 마크 트웨인Mark Twain, 1835-1910은 이런 말을 남겼다. "There is no sadder sight than a young pessimist, except an old optimist(젊은 비관주의자도 가관이지만 그보다 비극적인 건 늙은 낙관주의자다)."

늙은 낙관주의자에겐 독설로 들릴 수 있겠지만, 이 말은 사람이 나이가 들수록 낙관적 성향이 약해지기 마련이라는 일반적 상식을 지적한 것이다. 그렇지만 남에게 피해만 주지 않는다면 자신의 개인적 삶에서 계획 오류를 자주 저지르는 늙은 낙관주의자가 되는 것도 삶을 즐겁게 살 수 있는 비결이 아닐까?

계획 오류

10

왜 우리는 정당을 증오하면서도
사랑하는 걸까?

스톡홀름 신드롬

1973년 8월 23일 스웨덴의 스톡홀름에서 발생한 은행 인질 강도 사건에서 은행 직원 4명은 6일간 인질로 당한 폭력적인 상황을 잊어버리고 강자의 논리에 동화되어 인질범의 편을 들거나 심지어 사랑하는 행태를 보였다. 심리학자들은 이 놀라운 현상을 '스톡홀름 신드롬Stockholm syndrome'이라고 불렀다.

이 용어는 스웨덴 범죄학자이자 정신과 의사인 닐스 베예로트Nils Bejerot, 1921-1988가 1974년 『뉴사이언티스트New Scientist』에 발표한 「스톡홀름에서 6일간의 전쟁The Six Day War in Stockholm」이라는 논문에서 처음 제시했다. 미국 연방수사국FBI의 1999년 데이터베이스에 따르면, 인질 범죄 희생자의 27퍼센트가량이 스톡홀름 신드롬을 보이는 것으로

나타났다.[1]

스톡홀름 신드롬은 '정신적 외상에 의한 유대traumatic bonding'의 일종으로 '억류 유대capture-bonding'라고도 한다. 피해자가 자아를 방어하기 위해 공격자와의 동일시를 추구한다는 프로이트 이론으로 설명되는데, 프랑스 정신과 전문의 파트리크 르무안Patrick Lemoine은 인질범들이 부모와 같은 행동을 보여주기 때문에 그런 현상이 일어난다고 보았다.

인질이 된 사람들은 생사生死는 물론 식사와 배설 등 모든 것을 인질범에게 의존할 수밖에 없는 갓난아기와 같은 처지에 놓이게 된다. 그런 상황에서 인질범들은 "시키는 대로 하면 아무 일도 일어나지 않습니다"라는 식으로 말하고, 단호하면서도(야만적이지는 않고) 안심시키는 제스처를 취한다. 그래서 인질로 잡혔던 사람이 심지어 다음과 같이 말하는 일이 일어난다는 것이다. "그들은 아주 친절했고 절도 있게 행동했습니다. 그들의 범행 동기 또한 공감할 만하고요. 우리는 그 범인들보다 경찰이 더 무서웠습니다."[2]

스톡홀름 신드롬은 인질범이 어느 정도의 친절을 베풀 때에만 발생한다. 인질로 붙잡혀 있으면서 나타나는 극도의 불안감을 인질범에 대한 애정의 신호로 잘못 해석하기 때문이다. 이는 폭력을 행사하는 남편에게서 쉽게 벗어나지 못하는 아내의 심리와 비슷한 것이다.[3]

'인질'의 경계가 늘 명확한 건 아니다. 여러 분야에서 활용되고 있는 '스톡홀름 신드롬'이라는 개념의 용법 타당성을 놓고 논란이 자주 빚어지는 것도 바로 그런 이유 때문이다.

일본 가가와대학 교육학부 교수 이와쓰키 겐지岩月謙司는 '스톡홀름 신드롬'이 가정에서도 일어난다고 주장한다. 자녀가 폭력 행사 등 문제가 많은 가정이나 부모에게서 살아남기 위해 부모를 필사적으로 좋아한다는 것이다. 남의 기분을 헤아리는 '마음의 감도'가 부모보다 높은 아이는 다른 아이들에게 집단따돌림을 당하기 쉽고 신경질적이란 이야기를 듣는다고 한다. 장점으로 길러져야 할 민감성이 오히려 공격 대상이 된다는 것이다. 이와쓰키는 "이런 경우 아이는 혼란 상태에 빠져 '마음의 감도'를 '둔감 모드'로 작동시킨다"며 이렇게 되면 주변 사람들에게 마음의 문을 닫고 둔감해진다고 말했다.[4]

노무현 정부 시절 여성부 장관 지은희는 『신동아』2004년 11월호 인터뷰에서 '스톡홀름 현상'을 언급함으로써 성매매 여성을 '포주의 인질'로 보는 시각을 드러냈다. 이는 성매매 여성들에게서 강한 항의를 받았다.[5] 2005년 철학자 김진석은 '재벌독재'를 주장하면서 그걸 일종의 인질극으로 보았다. 그는 "언젠가부터 인질은 그저 물리적 폭력이 아니라 경제적이고 문화적인 폭력을 이용하되, 단순히 강제적이지 않은 방식으로 사람들을 돌리고 또 돌려서 자신의 소망을 이루는 일이다"며 "새로운 인질들은 어느 정도 자발적으로 인질범에 협조하는 듯하다"고 했다.[6] 2006년 이른바 '황우석 쇼크' 이후에도 계속된 황우석 지지를 '스톡홀름 신드롬'으로 보는 주장도 나왔다.[7] 2011년 12월 김정일 사망 소식에 통곡하는 북한 주민들을 보고 스톡홀름 신드롬에 걸린 것이 확실하다는 주장도 나왔다.[8]

미국의 정치 컨설턴트 딕 모리스Dick Morris, 1948-는 정부에서도 '스톡홀름 신드롬'이 나타난다고 주장한다. 난공불락의 관료주의를 극복할 수 있는 유일한 방법은 의사 결정 과정을 민간에 넘기는 것이지만,

장관 등 여러 요직에 임명한 사람들이 관료들의 포로로 전락하고 만다는 것이다.⁹

한국 정당과 유권자의 관계를 '스톡홀름 신드롬'의 관점에서 보는 건 어떨까? 왜 우리는 정당을 증오하면서도 사랑하는 걸까? 잘 생각해보자. 한국인의 정당 충실도는 대단히 높다. 아니 지지하는 정당이 없다는 사람이 다수인데 그게 무슨 말인가? 투표를 할 때에 그렇다는 것이다. 평소엔 지지하는 정당이 없을 뿐만 아니라 정당들에 침을 뱉다가도 투표를 할 때엔 정당만 보는 게 한국 유권자들의 속성이다.

왜 그럴까? 한국인들은 정당 민주주의의 신봉자들이기 때문인가? 아니다. 오히려 정반대다. 정당을 신뢰할 수 없는 집단으로 간주하기 때문에 더욱 정당에 집착한다. 정당이 공명정대한 집단이라면 굳이 정당에 연연할 이유는 없다. 정당은 불공정과 편파에 능한 집단이기에 지역발전을 위해선 힘이 있는 정당을 무시할 수 없다는 게 유권자들의 오랜 경험에서 비롯된 통찰이다. 좀 점잖게 이야기하자면, 유권자들에겐 정당정치에 대한 신념보다는 정당 중심의 정략적 파워에 대한 기대(또는 공포) 심리가 강하다는 뜻이다. 지역주의적 투표 행위도 궁극적으론 '우리 지역 정당'을 키우자는 장기 프로젝트의 일환으로 보는 게 옳다.

동기야 어찌되었든 유권자들의 높은 정당 충실도는 민주주의의 기본 원리라 할 정당정치의 발전에 기여하는 게 아닌가? 아니다. 오히려 정반대다. 정당들은 바로 그 점을 꿰뚫어보기 때문에 유권자들을 무서워하지 않는다. 오히려 우습게 본다.

1960년 이후 2005년까지 생겨난 정당은 모두 109개로 정당 1개당 평균 수명이 2년 9개월에 불과한 이유도 바로 여기에 있다. 유권자들은 정당을 지지한다기보다는 불공정과 편파를 자행할 힘이 있는 집단에 표를 주는 것이다. 그래서 대통령이나 힘 있는 몇몇 정치인만 움직이면 하루아침에 뚝딱 만들 수 있는 게 바로 정당이다.

2006년 5 · 31 지방선거를 앞두고 각 당은 선거 승리를 위해 '묻지마 영입' 경쟁을 벌였다. 이길 수만 있다면 어떤 후보도 좋다는 태도였다. 각 당의 영입 경쟁이 과열되면서 후보들은 당적 바꾸기를 대수롭지 않은 일처럼 여겼다. 심지어 '후보 스와핑'이라는 말까지 나올 정도였다.[10]

언론은 각 정당이 '승리 지상주의'에 집착한다고 비판했다. 다 구구절절 옳은 비판이다. 그런데 한 가지 의문이 든다. 정당은 바보가 아니다. 언론의 비판을 받을수록 표를 얻는 데엔 더 유리하다는 뜻이 아닌가. 그렇다면 유권자는 뭔가. 정당의 인질이나 포로라는 뜻이 아닌가.

유권자들은 거대 정당들의 파워를 잘 알고 있기에 거대 정당 이외의 정당 후보들에겐 웬만해선 표를 주지 않는다. 민주주의 원칙과 지역 이기주의 사이에서 '인지 부조화'가 발생한다. 이를 해소하기 위해 교과서적 명분이 동원된다. 다당제는 정국 혼란을 가져온다거나 무소속의 난립은 책임 정치를 어렵게 한다는 등의 이론으로 자신의 선택을 정당화한다.

일리 있는 이론이긴 하지만, 문제는 유권자들이 스스로 거대 정당의 과오를 교정하거나 응징할 수 있는 힘을 포기한다는 데에 있다. 겨우 '덜 괘씸한' 양대 정당 중의 하나를 선택하는 것만으론 변화를 기대하기 어렵다. 그러나 선거가 끝나고 나면 승리를 거두었다고 평가받는 정당은 "위대한 민심에 감사합니다"고 노래한다. 그게 바로 '스톡홀름 신드롬'의 주제가다.

11

왜 '있는 그대로의 세상'은 안 보고 '원하는 세상'만 보나?

알린스키의 법칙

"우리는 세상을 있는 그대로 보지 않고, 우리의 의도대로 본다." 로마의 황제이자 철학자였던 마르쿠스 아우렐리우스Marcus Aurelius, 121-180의 말이다.[1] 이 원리를 기업 경영에 적용한 피터 드러커Peter Drucker, 1909-2005는 '자기가 원하는 방식이 아니라 세상을 있는 그대로 바라볼 줄 아는 능력'을 가리켜 '지적 완전성intellectual integrity'이라고 했다.[2]

세상을 있는 그대로 바라볼 줄 아는 능력은 사회 개혁 운동에도 필요하다고 주장한 이가 있었으니, 그는 바로 드러커와 동갑내기인 솔 알린스키Saul Alinsky, 1909-1972다. 미국의 도시 빈민 운동가이자 커뮤니티 조직 운동가인 알린스키는 1969년 『급진주의자를 위한 기상나팔Reveille for Radicals』(1946)의 보론에서 "있는 그대로의 세상과 우리가 원하는 세상 사이엔 큰 차이가 있다There is a great difference between the world as it is and the world as we would like it to be"며 다음과 같이 말했다.

"있는 그대로의 세상에서 사람은 주로 이기심 때문에 행동한다. 있는 그대로의 세상에서 옳은 일은 나쁜 이유 때문에 행해지며, 나쁜 일은 좋은 이유 때문에 행해진다.……있는 그대로의 세상에서 '타협'은 추한 단어가 아니라 고상한 단어다.……있는 그대로의 세상에서 이른바 도덕성은 대부분 특정 시점의 권력관계에서 자신이 점하고 있는 위치의 합리화에 지나지 않는다."³

이는 '알린스키의 법칙'이라고 해도 좋을 정도로 이후 수많은 사람의 입에 오르내리게 된다. 물론 '알린스키의 법칙'은 1969년에 나타난 것은 아니며, 1930년대부터 알린스키가 지켜온 일관된 운동 원리였다. 그 원리의 핵심이라 할 수 있는 '현실주의적 철저함'은 그가 다른 운동에 대해 비판을 할 때에 꼭 동원되는 주요 논리이기도 했다.

알린스키는 '있는 그대로의 세상'은 조직을 만들 때 선택할 수 있는 게 아니라 조직이 처해 있는 환경이므로, 모든 운동은 사람들의 전통, 편견, 습관에서 출발해야 한다고 역설했다. 운동가들이 '원하는 세상' 중심의 당위적 실천 지침이 아니라 반드시 사람들의 경험에서 시작해야 한다는 것이다.⁴

알린스키는 1960년대 운동권 학생들의 영웅이었다. 수많은 운동권 학생이 그를 찾아와 그의 말을 경청했으며, 그는 그걸 즐겼다. 그러나 그는 일부 학생 행동주의자들student activists, 특히 신좌파New Left 지도자들과는 불편한 관계였다. 신좌파가 혁명 의욕에 너무 충만한 나머지 '있는 그대로의 세상'이 아니라 '자기들이 원하는 세상' 중심으

로 운동을 전개한다고 보았기 때문이다.[5]

알린스키는 학생 행동주의자들의 진정성마저 의심했다. 물론 세상을 있는 그대로 보지 않는다는 이유 때문이었다. "그들은 사회를 바꾸는 데에 관심이 없다. 아직은 아니다. 그들은 그들 자신의 일, 자신을 발견하는 것에만 관심을 두고 있다. 그들이 원하는 것은 계시revelation일 뿐 혁명revolution이 아니다."[6]

그런데 왜 사람들은 '있는 그대로의 세상'은 안 보고 '원하는 세상'만 볼까? 알린스키는 '사물의 양면성을 분리시켜 파악하는 인습적 사고방식' 때문이라고 말한다. 그는 1971년에 출간한 『급진주의자를 위한 규칙』에서 "일단 있는 그대로의 세상으로 들어서고 나면, 잘못된 생각들을 하나씩 버릴 수 있다. 우리가 버려야 하는 가장 중요한 환상은 결코 피할 수 없는 사물의 양면성을 분리시켜 파악하는 인습적 사고방식이다. 지적으로 우리는 모든 것이 기능적으로 서로 연결되어 있다는 사실을 알고 있지만, 행동할 때의 우리는 모든 가치와 문제들을 분할하고 고립시킨다"며 다음과 같이 말한다.

"우리는 주변의 모든 것을 빛과 어둠, 선과 악, 생과 사와 같이 그것과 결코 분리할 수 없는 반대 개념의 짝으로서 바라보아야 한다.……모든 현상의 이원성에 대한 이러한 이해는 우리가 정치를 이해하는 데에 반드시 필요하다. 이를 통해서 우리는 한 가지 접근법은 긍정적이고 다른 한 가지는 부정적이라는 신화에서 벗어날 수 있다. 인생에서 그와 같은 것은 없다. 한 사람에게는 긍정적인 것이 다른 사람에게는 부정적이기 마련이다."[7]

이 주장의 연장선상에서 알린스키는 조직가는 정치적으로 분열

적이지만 동시에 잘 융화된 존재가 되어야 한다고 주장한다. 그는 "문제가 극단적으로 나누어져야만 사람들은 행동할 수 있다. 사람들은 자신들의 주장이 100% 천사의 편에 있으며 그 반대는 100% 악마의 편에 있다고 확신할 때 행동할 것이다. 조직가는 문제들이 이 정도로 양극화되기 전까지는 어떠한 행동도 가능하지 않을 것이라고 알고 있다"며 다음과 같이 말한다.

"내가 말하고 있는 것은 조직가라면 자신을 두 부분으로 나눌 수 있어야 한다는 것이다. 그의 한 부분은 행동의 장에 있으며, 그는 문제를 100대 0으로 양분해서 자신의 힘을 투쟁에 쏟아붓도록 힘을 보탠다. 한편 그의 다른 부분은 협상의 시간이 되면 이는 사실상 단지 10%의 차이일 뿐이라고 하는 점을 알고 있다. 그런데 양분된 두 부분은 서로 어려움 없이 공존해야만 한다. 잘 체계화된 사람만이 스스로 분열하면서도 동시에 하나로 뭉쳐서 살 수 있다. 그런데 바로 이것이 조직가가 해야만 하는 일이다."[8]

그런데 진보주의자들은 '타협'을 더럽게 생각하는 고질병을 앓고 있다. 이걸 방치할 알린스키가 아니다. 그는 "타협은 허약함, 우유부단함, 고매한 목적에 대한 배신, 도덕적 원칙의 포기와 같은 어두움을 가지고 있는 단어"지만, "조직가에게 타협은 핵심적이고 아름다운 단어"라고 주장한다.

"타협은 언제나 실질적인 활동 속에 존재한다. 타협은 거래를 하는 것이다. 거래는 절대적으로 필요한 숨 고르기, 보통 승리를 의미하며, 타협은 그것을 획득하는 것이다. 당신이 무에서 출발한다면, 100%를 요구하고 그 뒤에 30% 선에서 타협을 하라. 당신은 30%를 번 것이다. 자유롭고 개방적인 사회는 끊이지 않는 갈등 그 자체이며, 갈등은 간헐적으로 타협에 의해서만 멈추게 된다. 일단 타협이 이루어지면, 바로 그 타협은 갈등, 타협, 그리고 끝없이 계속되는 갈등과 타협의 연속을 위한 출발점이 된다. 권력의 통제는 의회에서의 타협과 행정부, 입법부, 사법부 사이에서의 타협에 바탕을 두고 있다. 타협이 전혀 없는 사회는 전체주의 사회이다. 자유롭고 개방적인 사회를 하나의 단어로 정의해야 한다면, 그 단어는 '타협'일 것이다." [9]

알린스키는 분열과 융화를 동시에 할 수 있어야 한다고 역설하지만, 그게 그렇게 말처럼 쉬운 일은 아니다. 특히 우리는 무엇이든 한번 하면 '올인'을 하고 끝장을 보아야만 직성이 풀리는 체질이 아니던가. 전체 유권자의 절반 정도가 '100% 악마의 편'을 지지하는, '있는 그대로의 세상'을 보지 않은 채, 자신들이 '100% 천사의 편'임을 주장함으로써 절반의 유권자들을 늘 소외시키는 자해自害를 상습적으로 일삼으면서 그게 왜 문제인지 모르겠다는 사람이 너무 많다. 알린스키식 어법을 쓰자면, 이기고 싶다면서도 사실상 패배하기 위해 애쓰는 사람들, 바꾸고 싶다면서도 바꾸지 않게 하려고 발버둥치는 사람이 너무 많은 것이다.

12

왜 정치적 편향성은
'이익이 되는 장사'일까?

적 만들기

1996년 10월 9일 세계적인 미디어 재벌 루퍼트 머독Rupert Murdoch은 미국에서 24시간 케이블 뉴스 채널 '폭스뉴스Fox News Channel'를 출범 시켰다. 이 채널은 3대 지상파 방송 네트워크와 CNN이 진보적 성향을 갖고 있다고 주장하면서 이들을 상쇄시킨다는 정치적 사명을 천명 했으며, 이에 따라 반反민주당, 반反클린턴 노선을 추구함으로써 뜨거운 논란을 불러일으켰다. 그런 노골적인 당파성에도 불구하고 폭스뉴스는 시작한 지 5년 만인 2001년 이익을 냈을 뿐만 아니라 경쟁자인 CNN과 MSNBC를 능가하는 시청률을 기록함으로써 세상을 깜짝 놀라게 만들었다.[1] 이게 어떻게 가능했던 걸까?

'정치화된politicized' 대중은 그들이 두려워하고 혐오하는 사람이

나 집단에 대한 반대를 통해 자신의 정체성을 규명하려는 경향이 있다. 이른바 '적敵 만들기enemy-making'가 정치 마케팅의 주요 메뉴가 되는 이유다.[2] 루마니아 태생의 프랑스 사회심리학자 세르주 모스코비시Serge Moscovici, 1925-는 『군중의 시대』(1981)에서 다음과 같이 말한다.

"공중의 감격, 호의, 관대함을 일으키는 것은 오래가지 않으며 또 그들을 움직이지 못한다. 반대로, 공중의 증오를 불러일으키는 것이야말로 그들을 흥분시키고 봉기하게 하며 그들에게 행동의 기회를 제공한다. 공중에게 먹이로서 그러한 반발과 스캔들의 대상을 보여주고 던져주는 것은 그들에게 잠재적인 파괴성, 즉 터지기 위해서 사인sign만을 기다리고 있다고 말할 수 있는 공격성을 자유롭게 발휘하도록 해주는 것이다. 결국, 공중을 어떤 적敵에 대해서 반대하게 하는 것은 그들의 선두에 서고 그들의 왕이 되는 가장 확실한 방법이다."[3]

정치와 언론의 영역에서 '적 만들기'를 하지 않는 경우는 거의 없지만, 그걸 어느 정도로 추진하느냐 하는 건 별개의 문제다. 폭스뉴스는 '적 만들기'를 극단으로 밀어붙였는데, 이는 증오를 부추겨 장사를 한다는 점에서 '증오 마케팅'의 신기원을 보여주는 것이었다.[4] 이런 증오 마케팅의 작동 방식에 대해 비키 쿤켈Vicki Kunkel은 『본능의 경제학: 본능 속에 숨겨진 인간행동과 경제학의 비밀』에서 다음과 같이 말한다.

"지지자를 얻기 위해서는 적을 만들어야 한다. 그래야 당신을 지지하는 사람들이 열정을 보이며 당신의 적을 향해 더 많은 전투력을 키울 수 있기 때문이다. 끌어당김과 밀침은 단순히 보편적인 물리학의 법칙이 아니다. 이는 지위와 권력, 권위를 성취한 모든 사람들이 보편적으로 이용하는 원리이기도 하다. 비판자나 적이 없다면, 강력한 지지자 역시 얻을 수 없다."[5]

폭스뉴스의 시청자들은 이렇게 생각하지 않았을까? "우리의 마음에 풍파를 일으키지 마라. 그저 우리가 믿고 있는 바들을 더 많이 보여 달라. 그러면 우리는 그 견해를 읽으며 계속해서 만족감을 느낄 수 있으리라. 우리를 결집시킬 내용을 달라. 우리가 환호할 수 있는 사람을 달라!" 쿤켈의 분석이다. 그는 "몇몇 사회학 연구 논문들은 사람들이 심리적 지름길로서 자신이 아는 브랜드로 달려간다고 명확히 결론 짓는다"며 다음과 같이 말한다.

"중립적 뉴스 해설을 통해 자신의 입장을 가려내는 데는 너무 많은 심리적 에너지가 필요하다. 때문에 자신과 견해를 같이하는 방송국에서 해석한 뉴스를 듣는 편이 훨씬 마음이 편하다. 그 내용을 다시 생각할 일 없이 그저 고개를 끄덕이며 동의만 하면 되기 때문이다.……우리는 입으로는 편향적인 보도를 싫어한다고 말하지만 실제 행동은 말과 다르다. 그 증거가 바로 시청률이다. 편향성을 편안하게 받아들이는 우리의 본능적 성향은 많은 블로그와 웹사이트들이 성공한 비결이기도 하다. 비슷한 견해를 지닌 사람들은 비슷한 견해를 가진 다른 사람들이 작성한 글을 보고 싶어 한다.……편향성은 이익이 되는 장사다."[6]

왜 편향성은 이익이 되는 장사일까? 2006년 1월 24일 『뉴욕타임스』는 '사이언스 타임스'란에서 에모리대학 드루 웨스턴Drew Westen 교수 연구팀의 연구 결과를 머리기사로 보도하면서 「소름 끼치는 일: 당파적 사고는 무의식적이다A Shocker: Partisan Thought Is Unconscious」라는 제목을 붙였다. 이에 대해 인지과학자이자 언어학자인 조지 레이코프 George Lakoff는 다음과 같이 말한다.

"인지과학자들에게는 이것이 별로 '소름 끼치는 일'은 아니다.……우리를 슬프게 하는 것은 오히려 '사이언스 타임스'가 '당파적 사고가 무의식적'이라는 것을 '소름 끼치는 일'로 여겼다는 점이다. 사실 사고의 무의식적 본성은 지난 30년간의 연구에서 흔히 찾아볼 수 있는 결과였다."[7]

편향성은 이익이 되는 장사라는 게 바로 폭스뉴스 사장 로저 에일스Roger Ailes, 1940-의 평소 지론이다. 그는 "당신이 공화당 방송을 경영한다는 비판에 화나지 않는가"라는 질문에 "우리를 그렇게 부를수록 더 많은 보수 성향 시청자들이 우리 방송을 볼 것"이라고 응수했다.[8] 이는 당파성의 시장논리에 대한 좋은 증언이라고 할 수 있겠다.

2010년 3월 14일 『워싱턴포스트』는 하월 레인스Howell Raines 전 『뉴욕타임스』 편집국장의 「불공정하고, 불균형하며, 견제 받지 않는 폭스뉴스Fox News: unfair, unbalanced, unchecked」라는 기고문을 실어 폭스뉴스가 언론의 기본을 벗어났다고 비판했다. 레인스는 특히 이 방송의 논점보다 사실관계 왜곡과 정치적 목적 등을 지적했다. 그는 폭스뉴스가 "공정성과 객관성이라는 언론의 가치를 파괴하고 있다"며 "저널리즘이라고 볼 수 없다"고 단언했다.[9]

그러나 이런 단언과는 달리, 미국인들은 폭스뉴스를 가장 많이 시청하는데다 가장 신뢰하는 게 현실이었다. 2010년 2월 미국의 여론조사기관인 PPPPublic Policy Polling가 미국의 주요 뉴스 채널에 대한 수용자들의 신뢰도를 조사한 결과에 따르면, 49퍼센트의 미국인이 폭스뉴스를 신뢰한다고 응답해 가장 높은 신뢰도를 나타냈다. 폭스뉴스 다음으로는 CNN으로 39퍼센트의 응답자가 신뢰한다고 답했고, NBC 뉴스에 대한 신뢰도는 35퍼센트, CBS뉴스는 32퍼센트, ABC뉴스는 31퍼센트로 조사되었다.[10]

미국의 많은 언론 전문가에 의해 "저널리즘이라고 볼 수 없다"는 지탄을 받은 폭스뉴스가 일반 미국인들을 대상으로 한 조사에서는 가장 높은 신뢰도를 누린 이 기현상을 어떻게 이해해야 할까? 2011년 모든 케이블 채널 가운데 CNN과 MSNBC는 시청률 기준으로 '톱 20위' 안에도 들지 못했지만, 폭스뉴스는 늘 '톱 5'에 들면서 CNN과 MSNBC를 합한 것보다 많은 시청자를 확보한 것은 또 어떻게 이해해야 할까?[11]

2012년 5월 2일 CNN에는 치욕스러운 조사 결과가 발표되었다. 닐슨미디어리서치의 4월 시청률 조사 결과 CNN의 평균 시청자가 35만 7,000명으로 나왔고, 이는 월별로 따졌을 때 최근 10년 동안 CNN 사상 최악의 시청률이었기 때문이다. 프라임타임대 시청률에서 CNN은 MSNBC에 2위 자리까지도 넘겨주었는데, 왜 이렇게 된 걸까? 답은 의외로 간단하다. "편향성은 이익이 되는 장사"라는 게 그 이유다.

오늘날 미국인들은 마음의 평정이나마 얻기 위해 자신의 관점을 강화하는 뉴스만 선별해 보고 있으며, 정치인들도 자신의 색깔과 같은 방송 매체에만 출연하는 양극화polarization 현상을 보이고 있다. 중도를 자처하는 미국인들이 다수일지라도, 이들의 목소리가 규합되거나 반영되지 않은 채 미국 정치가 극단적 당파 싸움으로 흐르면서 모든 미국인의 의식과 삶에 지대한 부정적 영향을 미치고 있다.[12]

미국인의 97퍼센트가 정치적 양극화를 수긍하고 있다는 조사 결과도 있다.[13] 정치와 정치 저널리즘 영역에서 '우리 대 그들Us Against Them'이라고 하는 구도가 모든 의식과 행동양식을 지배하는 상황에선 이성적 사고는 기대하기 어렵다.[14] 적에 대한 반대, 그것이 바로 정치의 핵심이 된다. 이와 관련, 미국의 사회생물학자 레베카 코스타Rebecca Costa는 다음과 같이 말한다.

"네거티브 광고가 효과적인 이유는, 후보자가 우리의 지지를 얻을 필요가 없기 때문이다. 그들이 해야 할 일은 우리가 단 하나뿐인 대안, 즉 그들의 경쟁자로부터 등을 돌리도록 하는 것뿐이다. 어쩌면 자유로운 선택을 하고 있다는 기분이 들지도 모르지만, 실제로 우리가 하는 일은 한 후보자를 반대함으로써 자동적으로 유일한 대안에 지지를 보내는 것에 불과하다. 이것이 바로 미국이 두 세기가 넘도록 양당제에 정체되어 있는 이유이자, 우리가 앞으로도 수 세대에 걸쳐 이 방식을 유지할 가능성이 높은 이유다."[15]

그런 상황에선 언론의 정치 보도에 대한 정당한 평가도 기대하기 어렵다는 건 두말할 나위가 없다. 주류 매체의 '진보적 편향성'에 대한 인식도 바로 그런 상황에서 나온 것이지만, 이는 폭스뉴스가 성장할 수 있는 토양이 되었다. 편향성이 '이익이 되는 장사'가 되는 현실은 한국도 다를 바 없기에, 현재 한국 정치가 이전투구泥田鬪狗의 수렁에 빠져 있는 게 아니겠는가?

정치적 편향성이 '이익이 되는 장사'이긴 하지만, 무엇이든 과유불급過猶不及이다. 지나치면 역효과가 나기 마련이다. 또 누구의 이익인가 하는 점도 살펴보아야 한다. 폭스뉴스의 이익이 과연 공화당의 이익일까? 자신의 이익을 위해 편향성을 극단으로 끌고 가는 열성 지지 세력이 오히려 '내부의 적'일 수도 있다는 생각을 해보아야 하는 건 아닐까?

13

왜 극우와 극좌는
서로 돕고 사는 관계일까?

적대적 공생

흔히 심각한 갈등을 빚는 사안에 대해 강경파를 가리켜 매파the hawks, 온건파를 가리켜 비둘기파the doves라고 부른다. 비둘기는 그리스 신화에서 사랑과 미美의 여신인 아프로디테Aphrodite의 팔에 앉아 있던 이래로 평화의 상징으로 여겨졌다. 반면 강경론자의 상징인 매의 역사는 그리 오래되지 않는다. 미국 제3대 대통령(1801~1809년) 토머스 제퍼슨Thomas Jefferson, 1743-1826이 1798년에 "war hawk"라는 말을 쓴 것이 그 시초로 여겨지고 있다. hawk와 dove의 상징적 대립은 1960년대의 쿠바 미사일 사건과 베트남전쟁 기간 중에 많이 사용되었다.[1] 중간파는 dawk(dove+hawk)라고 하지만, 이 말이 널리 쓰이지 않는 건 중간파가 설 자리는 거의 없다는 걸 말해주는 게 아닐까?

미국 정치학자 머리 에덜먼Murray Edelman, 1919-2001은 냉전 시절의 미소美蘇 관계에 대해 미국의 호전적인 매파와 소련의 호전적인 매파는 상호 적대적인 관계라기보다는 서로 돕는 관계라고 지적했다. 소련의 매파가 호전적인 발언을 하면, 그건 미국에서 국방비를 쉽게 증액시킬 수 있는 근거가 되었으며 그래서 매파와 군수업자들은 큰 재미를 보았다. 또 반대로 미국의 매파가 소련에 대해 호전적인 발언을 하면, 그건 소련에서 매파의 입지를 강화시켜주는 효과를 낳았다.[2]

에덜먼 외에도 여러 학자가 적대세력 간의 공생 관계에 대해 말했지만, 이는 이론으로 정식화되진 않았으며 그 어떤 통일된 용어가 있는 것도 아니다. 국내에선 '적대적 공생', '적대적 공존', '적대적 의존', '적대적 상호의존' 등으로 쓰이고 있다.

적대적 공생antagonistic symbiosis은 적대적 관계에 있는 쌍방이 사실상 서로 돕는 관계라는 뜻인데, 이는 의도하지 않은 구조적 결과일 뿐 양쪽 모두 그 어떤 의도를 갖고 그러는 건 아니다. 물론 고도의 정략 차원에서 그런 메커니즘을 이용할 순 있겠지만, 의도가 없더라도 성립되는 개념이라는 걸 분명히 할 필요가 있겠다. 왜냐하면 '의도'를 놓고 많은 오해가 빚어지기 때문이다.

예컨대, 정성일은 "미국과 소련, 미국과 북한, 미국의 네오콘과 아랍 테러집단, 남한의 보수정권과 북한, 전경련과 민주노총 등등. 국가보안법 철폐를 요구하는 집단과 수구 보수 진영의 관계에도 적대적 공생 관계라는 말을 들이대는 이들도 있다"며 다음과 같이 말한다.

"'적대적 공생'이라는 '관계'가 성립되기 위해서는 서로 상대의 존재를 강화시키는 것 자체를 목적으로 하는 의식적 행동이 있어야

적대적 공생

한다. 그러나 그런 예는 쉽사리 찾을 수 없다.……공생하는 것처럼 보이는 면이 있을 뿐이지 본질이 아니기 때문이다.……이를 인식하지 못하면 적대적 공생 관계란 말은 자칫 현상과 본질을 뒤바꿔 본질을 가려버리는 말로 쓰이게 된다. 적대의 원인과 행위자의 의도를 감춰버려 '애도 나쁘고 개도 나쁘다'는 식의 양비론만을 유포시키기 때문이다. 특히, 적대적 관계, 적대적 체제가 형성되는 데 핵심적인 책임이 있는 '거악巨惡'을 대중들의 눈에서 감추는 데 활용되기 때문에 위험하기도 하다."[3]

일리 있는 우려이긴 하지만, '적대적 공생'이라는 개념은 '서로 상대의 존재를 강화시키는 것 자체를 목적으로 하는 의식적 행동'을 전제로 하는 게 아니다. 손호철이 잘 지적했듯이, 적대적 공생은 "음모설이나 그런 것이 아니라 사실상 구조적으로 의존하고 있기 때문에 사실 의도하지 않게 서로 도와주고 있는 관계를 지칭하는 것"이다.[4]

극우든 극좌든 극단의 핵심은 '정열'이다. 정열이 있어야 극단으로 치달을 수 있다는 것이다. 따라서 적대적 공생은 '이념'을 '정열'로 대체한 관계에서도 나타난다. 한국 정치판에서 가장 뜨거운 정열을 갖고 있으면서 상호 적대하는 정치적 집단은 이른바 '친박'과 '친노'기 때문에 둘은 적대적 공생 관계에 있다고 볼 수 있다. 이와 관련, 두문정치전략연구소장 이철희는 『한겨레』(2013년 12월 9일) 칼럼에서 "저들이 의식했든 안 했든 지금 친박과 친노 간에는 결과적으로 적대적 공생 관계가 형성되어 있다"며 다음과 같이 말한다.

"사실 정치인 박근혜의 입지는 야당 대표 시절 노무현 대통령과의 대결 노선을 통해 만들어졌다. 친노의 입장에선 집권 초기 4대 개혁 입법부터 박 대통령에게 계속 패배해왔기 때문에 '노-박 대전'은 결코 물러설 수 없는 싸움이다. 어쨌든 친박도 보수의 한 분파이고, 친노도 진보의 한 분파다. 친박과 친노가 서로를 호명하며 여야 대결 국면을 조성하는 건 성패를 떠나 서로에게 나쁘지 않다. 각 진영 내에서 주도권을 유지할 수 있기 때문이다. 이런 공존, 정치 발전엔 매우 유해하다."[5]

적대적 공생은 이전투구泥田鬪狗 위주와 반감反感의 정치를 심화시킨다. 유권자들은 누가 더 잘하고 낫느냐가 아니라, 누가 더 싫고 미운가 하는 기준에 따라 표를 던진다. 정책이나 이슈 중심의 세력은 물론 온건파와 중간파는 그런 적대적 공생의 와중에서 설 자리를 만들기 어려워진다.

그런데 왜 사이가 나쁜 두 세력이 서로 돕고 사는 적대적 공생 관계가 가능한 걸까? 그건 증오가 정치의 원동력이기 때문이다. 미국 역사가 헨리 브룩스 애덤스Henry Brooks Adams, 1838-1918는 "현실 정치는 무엇을 가장하든, 언제나 체계적인 증오를 조직화하는 데 달려 있다"고 했다.[6] 사실 정치는 '공격성 분출의 제도적 승화'로 탄생된 것인바, 정치의 원동력이 증오라는 건 매우 자연스러운 일인지도 모른다.[7]

우리는 편견과 증오를 극복해야 할 악덕으로 여기지만, 편견과 증오는 보편적인 인간 현상이다. 새뮤얼 헌팅턴Samuel P. Huntington, 1927-2008이 잘 지적했듯이, "사람은 이성만으로 살지 않는다. 자아를 규정하기 전까지는 자기 이익을 추구하면서 합리적으로 계산하고 행동할 수 없다. 이익 추구 정치는 정체성을 전제로 한다".[8] 바로 이 정체성 형성의 근간이 되는 것이 편견과 증오다. 로버트 파크Robert E. Park, 1864-1944는

적대적 공생

"친구와 적敵은 상호 관련되어 있다"며 다음과 같이 주장한다.

"친구 없는 세상을 생각할 수 없는 바와 마찬가지로 이러한 세상 속에서 적 없이 산다는 것은 불가능한 일인 것 같다. 왜냐하면 이 둘은 어떤 의미에서 또 어느 정도 상호 관련되어 있으며 따라서 우리가 우리 친구의 자질을 평가하는 바로 그 편견 때문에 우리 적의 미덕을 공정히 판단하는 일이 불가능하지는 않더라도 어렵게 되기 때문이다."⁹

카를 슈미트Carl Schmitt, 1888-1985는 정치성을 '친구와 적'을 구분하게 하는 것이라고 했고, 마이클 딥딘Michael Dibdin, 1947-2007의 소설 『죽은 늪』에서 베네치아의 민족주의 선동가는 "진정한 적敵이 없다면 진정한 친구도 있을 수 없다. 우리가 아닌 것을 증오하지 않는다면 우리 것도 사랑할 수 없다"고 했다.¹⁰ 정치심리학자 제롤드 포스트Jerold Post는 사람들이 적을 소중히 여기고 그들을 키우는 것은 그들이 없다면 자기 규정self-definition을 잃어버릴 위험에 처하기 때문이라고 했다.¹¹

앞서 미국의 매파와 소련의 매파 사이의 적대적 공생을 지적한 에델먼은 바로 그런 이유 때문에 저널리즘은 물론 학문의 세계에서 국가를 주된 분석의 단위로 삼는 것에 대해 근본적인 문제를 제기했다. 국가 내부의 주도권 다툼이나 권력투쟁이 국가적 적대 관계를 이용한다고 보았기 때문이다.

과거 미국과 소련처럼 두 나라가 적대 관계에 있을 때 어느 한쪽에서 적대감이 높아지면 다른 한쪽도 적대감이 높아지기 마련이다. 이에 따라 적대감이나 증오를 잘 마케팅하는 세력이 자국에서 더 많은 권력을 갖게 된다. 이런 내부 메커니즘을 외면한 채 두 나라가 각각 단일의 이해관계를 갖고 있는 것처럼 묘사하고 분석하는 건 잘못되었다는 것이다.

증오는 정치의 원동력이자 본질인바, 그걸 사라지게 만드는 건 영원히 가능하지 않다. 그건 인간의 본성을 바꾸는 일과 다를 바 없다. 우리가 할 수 있는 일은 증오의 양을 조절하는 것이다. 증오가 정치의 주요 동력과 콘텐츠가 되는 지금과 같은 '증오 시대'는 필연이거나 숙명은 아니다. 증오를 가급적 줄이는 방향으로 나아가면서 화합을 모색하는 건 얼마든지 가능한 일이다.

적대적 공생

왜 근린증오가
더 격렬할까?

사소한 차이에 대한 나르시시즘

"민주당의 탄핵언어 반복과 탄핵소추 주도에 대한 정치적 사회심리
학적 해석을 보자면 이는 전형적인 근친증오近親憎惡, 근린증오近隣憎惡
현상으로 볼 수 있다. 즉 동근同根 파괴 주체에 대한 절대 증오, 절대 절
멸주의의 정치적 표현이었던 것이다. '정치적 보복'이 아닌 정당한
'도덕적 응징'으로 인식, 정당과 부당의 문제로 의제하였던 것이다."¹

2004년 대통령 탄핵 사태에 대해 연세대학교 교수 박명림이 한
말이다. 아닌 게 아니라 근친증오近親憎惡와 근린증오近隣憎惡가 먼 관계
에 있던 사람들 사이에 나타나는 증오보다 무서운 법이다. 가족, 같은
조직, 민족 등과 같은 단위에서 내부 싸움이 벌어지면 다른 가족, 다른
조직, 다른 민족과 싸울 때보다 증오의 강도가 심해지는 것은 수많은

역사적 사례 등을 통해서 충분히 입증된 사실이다. 그런데 도대체 왜 그러는 걸까?

약 100년 전 지그문트 프로이트Sigmund Freud, 1856-1939는 '사소한 차이에 대한 나르시시즘narcissism of small differences'이란 답을 내놓았다. 아니 답이라기보다는 그런 현상에 대한 작명作名이라고 할 수 있는 이 개념은 프로이트가 1917년에 만든 말로, 서로 가까운 공동체들이 오히려 끊임없이 반목하고 서로를 경멸하는 현상을 가리킨다.[2]

'사소한 차이에 대한 나르시시즘'보다는 '사소한 차이에 대한 과도한 집착'이라는 번역이 이 현상을 이해하는 데에 도움이 될 것 같다.[3] 왜 그렇게 사소한 차이에 과도하게 집착하는 걸까? '이익 투쟁' 때문이다. 물질적이거나 상징적인 자원의 분배를 둘러싼 갈등과 투쟁은 서로 가까운 사이에서 벌어지기 마련이다. 유산 분배, 승진, 권력 장악은 가족, 같은 조직, 민족 내부에서 벌어지는 것이 아닌가 말이다. 그런 '이익 투쟁'에 따라붙는 것이 바로 '증오의 배설'과 '자아 존중감'이다. 로버트 스턴버그Robert J. Sternberg와 카린 스턴버그Karin Sternberg는 『우리는 어쩌다 적이 되었을까?』에서 다음과 같이 말한다.

"사람들은 대개 나와 내가 증오하는 사람들 사이에서 차이점을 찾아내고 그것을 최대한 부풀린다. 그 차이점이 증오를 정당화하는 데 도움이 되기 때문이다.……또한 자아 존중감이 위협받을 때, 사소한 차이점을 과장하여 자아 존중감을 회복하려는 성향이 높아진다."[4]

서로 비슷하면 큰 차이점을 찾기 어렵다. 그렇지만 증오는 비슷할수록 더욱 격렬해지는바, 증오의 정당화를 위해 사소한 차이점을 물고 늘어져야만 한다. 크리스토퍼 히친스Christopher Hitchens, 1949-2011는

"프로이트는 겉으로 보기에는 거의 똑같아 보이는 사람들 사이에서 가장 격렬하고 화해가 불가능한 다툼이 발생할 때가 많다고 지적했다"며 다음과 같이 말한다.

"스리랑카에서 분쟁을 벌이고 있는 타밀족과 신할리Sinhalese족은 외부인이 보기에 다른 점이 거의 눈에 띄지 않는다. 그러나 신할리족은 자기들이 서로 어떻게 다른지 알 수 있으며, 또한 그곳의 토박이인 타밀족들은 영국이 차를 수확할 일손을 확보하기 위해 나중에 남인도에서 수입해온 타밀족들과 자신이 어떻게 다른지 잘 알고 있다. 선동가들과 기회주의자들에게 분할이라는 방안이 그토록 유혹적인 것은 바로 분할 충동의 이러한 내밀성 때문이다."[5]

상당히 비슷하고 문화적으로 가까우며 경제적 수준도 비슷한 프랑스인과 독일인들이 오랫동안 서로 증오하면서 1914년과 1940년 두 차례나 서로를 파괴했던 것도 바로 '사소한 차이에 대한 나르시시즘'으로 설명할 수 있다.[6]

전 인구의 10분의 1을 죽인 동족상잔同族相殘, 6·25전쟁만큼 잔인한 전쟁이 또 있었을까? 이 전쟁은 "20세기의 그 어떤 전쟁보다도 민간인 희생 비율이 높은 '더러운 전쟁'이었다".[7] 이 전쟁은 "그 잔인성에 있어서는 20세기의 국제전이나 내전 과정에서 발생한 다른 어떤 학살을 능가하였"으며 "인간이 인간에게 얼마나 잔인해질 수 있는지를 보여준 전쟁 백화점이었으며, 인간의 존엄성이 얼마나 무참하게 파괴될 수 있는지를 보여준 살아 있는 인권 박물관이자 교과서였다".[8]

같은 인종 사이에서 나타나는 '사소한 차이에 대한 과도한 집착'의 좋은 사례는 한국-일본, 영국-아일랜드의 관계에서 찾아볼 수 있다. 일제는 효율적인 식민 통치를 위해 의도적으로 조선인들에게 열등의식을 심어주기 위해 광분했다. 백인들은 '인종주의'로 그런 효과를 얻었지만, 일본은 그 방법을 쓸 수 없었다. 조선인과 일본인은 얼핏 보면 구분할 수 없을 정도로 외양이 비슷했기 때문이다. 바로 이 점에서도 한국과 아일랜드는 비슷한 역사를 가졌다. 박지향은 『제국주의: 신화와 현실』에서 다음과 같이 말한다.

"따라서 외양상의 유사함을 넘어서는 차이를 발견해야 했다. 영국인들이 '하얀 검둥이', '하얀 침팬지'의 이미지로서의 아일랜드인을 만들어내었듯이 일본인도 '좀더 자세히 들여다보면 멍청해 보이고, 입은 열려 있고 눈에는 총기가 없으며 무언가 모자라는 것처럼 보이는' 조선인의 이미지를 만들어내었다. 일본인들은 조선인을 '옷을 잘 입은 아이누', '두 발로 서서 걷는 원숭이'라고 비하해서 불렀으며, '더럽고, 게으르고, 무지하고 비위생적이고, 냄새 나고, 심한 육체노동에는 적합하지만 복잡한 과제를 행할 능력은 없으며, 복종적이고, 따라서 어린애로 다루어져야 하는' 열등 인간으로 간주하였다. 역사적으로 조선인은 '글러먹은 민족'이고 '놀기 좋아하고, 게으름이 습속이 되어 있고, 혐오스런 풍속 습관을 가진 민족'으로 진단되었다."[9]

'사소한 차이에 대한 집착'은 일반적인 정치에서도 잘 나타난다. 미국 사회학자로 영국에서 활동하고 있는 리처드 세넷Richard Sennett, 1943-은 영국의 여야 정당들이 주요 정책에서 내용이 대단히 유사한 표준 플랫폼을 공유하는 이른바 '플랫폼 정치'를 하고 있다고 말한다. 그는 그런 상황에선 필연적으로 서로의 차이를 부각시킬 수 있는 수사법을 구사하는 '상징 부풀리기'가 이루어지는 가운데 정치는 프로

사소한 차이에 대한 나르시시즘

이트가 말한 '사소한 차이에 대한 집착'으로 전락할 수밖에 없다고 지적한다.[10]

정치의 전반적인 보수화 체제에선 큰 이슈를 놓고 싸울 일이 없어진다. 하지만 '싸움 없는 정치'는 생각할 수 없으므로 여야 정당들은 사소한 차이를 큰 것인 양 부풀리는 싸움을 하게 되는 것이다. 물론 한국 정치도 다를 바 없다. 정당들 간의 차이가 사소할수록 싸움은 더 격렬해지고 증오는 더 깊어진다. 그래야만 자신들의 존재 근거는 물론 존재감을 확인·확보할 수 있기 때문이다.

15

왜 권력을 누리던 사람이 권력을 잃으면 일찍 죽는가?

지위 신드롬

"노벨상 수상자로 발표되는 순간부터 모든 일의 전문가로 통하고 전 세계의 신문과 TV 방송국의 기자와 사진기자들의 표적이 되는 것은 노벨상의 전 세계적인 명성에 대한 찬사이다. 나 또한 평범한 감기에 대한 치료에서부터 존 F. 케네디의 서명이 담긴 편지의 시장 가치에 이르기까지 실로 다양한 문제에 대한 의견을 내놓을 것을 요청받았다. 두말할 필요도 없이, 특정 사람에 대한 타인의 관심은 그 사람을 우쭐하게 만들기도 하지만 그 사람을 타락시키기도 한다."[1]

1976년 노벨경제학상 수상자 밀턴 프리드먼Milton Friedman, 1912-2006 이 수상자 발표 후 8주간의 시간을 보낸 다음에 가진 수상 연설에서 한 말이다. 물론 '행복한 불평'이다. 그는 노벨상 수상자로서의 영예를 30년간 원 없이 만끽하다가 94세의 나이로 사망했다. 그의 장수는 예외인가? 그렇지 않다. 노벨상 수상자들이 장수한다는 것은 이미 충분히 입증된 사실이다.

지난 50년간의 노벨화학상과 노벨물리학상 기록을 분석한 결과, 실제로 노벨상을 수상한 사람들은 후보에만 그친 사람들보다 오래 산 것으로 나타났다.[2] 노벨상뿐만 아니라 세계적으로 권위 있는 상을 수상한 사람들은 모두 장수한다. 아카데미상 후보에 오른 배우 750명을 대상으로 한 연구에서도 수상자가 그렇지 않은 배우들보다 평균 4년을 오래 산 것으로 밝혀졌다.[3] 왜 그럴까?

영국 보건학자 마이클 마멋Michael Marmot, 1945-은 영국 정부의 고위 관료와 하급 관료가 서로 다른 건강 상태를 보인다는 점에 주목해 그 이유를 밝히는 연구에 착수했다. 그는 2004년에 출간한 『사회적 지위가 건강과 수명을 결정한다The Status Syndrome: How Your Social Standing Directly Affects Your Health and Life Expectancy』에서 사회계층의 지위가 더 높은 사람일수록 더 건강하다는 이른바 '지위 신드롬status syndrome'을 제시했다.

마멋은 미국 워싱턴 D.C.의 지하철을 잠깐 타보면 지위 신드롬을 금방 이해할 수 있다고 말한다. 워싱턴 도시 동남쪽에서부터 메릴랜드의 몽고메리 카운티까지 지하철을 타보면, 1.6킬로미터 움직일 때마다 사람들의 평균 수명이 약 1년 반씩 증가하며, 워싱턴 도심 끝에 사는 가난한 흑인들과 다른 쪽 끝에 사는 부유한 백인들의 평균수명 차이는 20년이라는 것이다.[4]

마멋은 그 이유에 대해 "계급이 낮을수록 삶에 대한 지배력과 전면적인 사회참여 기회를 가질 확률은 낮아진다. 자율권과 사회참여는 건강에 매우 중요하기 때문에 그것이 부족하면 건강의 악화를 초래한다"고 말한다.[5] 마멋은 자율권과 사회참여를 위한 기회 또는 자아실현을 위한 기회가 중요하다며, 자신의 책을 다음과 같은 호소로 끝맺는다.

"이런 기회를 갖는 것은 즐거운 일일 뿐 아니라, 매우 기본적인 욕구이기 때문에 만약 이런 요구가 좌절되면 건강이 나빠진다. 우리가 낮은 계급의 사람들에 대해 조직적으로 그런 욕구를 좌절시켜 왔다는 사실은 지위 신드롬이 문명화 사회의 하나의 오점이라는 것을 의미한다. 우리는 우리 자신과 주변 사람의 삶을 개선하기 위해 우리가 해야할 일뿐 아니라 어떻게 모두의 지배력과 참여의 기회를 개선하는 방향으로 사회 조직을 움직여 나아갈 것인지도 고려해야 한다.……사회에는 늘 불평등이 존재한다. 그러나 불평등이 건강에 끼치는 영향력의 크기는 우리가 통제할 수 있다. 왜 상황이 더 좋아지면 안 되는가? 그것은 바로 우리 모두를 위한 일이다."[6]

한국에서의 관련 연구 결과는 더욱 놀랍다. 2013년 김진영 고려대학교 교수팀이 『한국사회학』에 발표한 논문에 따르면, 학력은 물론 출신 대학교의 서열에 따라 건강 수준도 달라진다. 김 교수팀은 한국노동패널조사 자료 가운데 직업을 가진 만 25세 이상의 성인 남녀 5,306명을 대상으로 학력과 스스로 느끼는 건강 수준의 관계를 분석했는데, 4년제 대학 졸업자들 사이에서도 지방 사립대보다는 광역시 사립대, 광역시 또는 지방 국공립대, 수도권 대학 순으로 건강 수준이 높아지는 것을 확인할 수 있었다. 연구팀은 노동 정책을 통해 '학벌'에 따른 불평등을 줄이는 것이 건강 격차 역시 완화할 수 있다고 주장했다.[7]

이런 '지위 신드롬'은 정치인들이 권력을 잃으면 건강이 악화되어 일찍 죽는 반면, 권력을 계속 유지하면 건강한 건 물론 얼굴이 반짝반짝 빛나기까지 하는 현상을 설명해줄 수 있다. 한국에선 국회의원이 되는 순간 270가지의 특혜가 저절로 생겨나지만, 국회의원 배지를 달고 느끼는 가장 큰 보람은 역시 세상이 자신을 알아주는 맛이다. 한 전직 의원은 "배지를 달고 있으면 왠지 모를 광채가 나는 것 같고 배지 쪽에 계속 힘이 들어가더라" 면서 "낙선해서 배지를 떼니까 한없이 초라해 보이고 얼마 동안은 꿈속에 배지가 보이곤 했었다"고 말한다.[8]

정치에 발을 담갔던 한 변호사는 "변호사만 하던 때 나는 돈 많은 소시민이었다. 아무도 알아주지 않았다. 정치를 하고 나니 비로소 '사회참여 변호사'로 이름이 알려지더라. 지금은 정치를 안 하지만, 한 번 이름이 나니 변호사 영업에도 도움이 된다"고 했다. 한 전직 의원은 "의원일 때는 휴대전화 두 개에서 쉴 새 없이 전화벨이 울리다 낙선한 다음 날부터 휴대전화가 뚝 끊긴다. 제일 먼저 기자들의 전화가 끊어지는데, 그게 가장 서럽다"고 했다.[9]

국회의원 배지를 달면 생활 만족도도 크게 높아진다. 서울대학교 명예교수 한상진의 최근 연구에 따르면, 일반 국민의 생활만족도는 54.9퍼센트인 반면 국회의원의 생활 만족도는 89퍼센트나 되는 것으로 나타났다. 권력이 더 센 여당(94.4퍼센트)이 야당(82.4퍼센트)보다, 3선 이상(91.4퍼센트)이 초 · 재선(88퍼센트)보다 높았다.[10]

자, 권력이 이런 '살 맛'을 제공해주니, 어찌 건강이 좋아지지 않겠는가. 어디 건강뿐인가. 사랑을 나누기도 훨씬 쉬워진다. 여성이 높은 지위, 즉 강한 권력을 가진 남성을 선호하기 때문이다. 미국 국무

장관을 지낸 헨리 키신저Henry Kissinger, 1923-가 "권력은 최고의 최음제 Power is the ultimate aphrodisiac"라고 한 것도 바로 그런 이유 때문일 것이다.[11]

그런데 왜 권력을 추구하는 이들은 한결같이 자신이 사회를 위해 봉사하겠다고 말하는 걸까? 심지어 왜 자신을 스스로 '머슴'으로 비하하는 걸까? 현실과는 동떨어진 '공복公僕'이란 말은 왜 계속 쓰이는 걸까? 이상에 치우친 민주주의 교과서가 그런 풍토를 만드는 데 일조했다면, 그런 교과서는 다시 쓰여야 하는 건 아닐까?

우리는 선거가 '거짓말 잔치판'이라는 걸 잘 알고 있으면서도 이런 문화를 바꿀 생각도 않고 바꾸는 게 가능하다고 생각하지도 않는다. 그저 "그게 사람 사는 세상"이라는 체념의 지혜만 발휘할 뿐이다. 우리가 져야 할 책임은 없는가? 있다! 우리는 정치인들의 말을 믿지 않으면서도, 무슨 일이 생기면 이상적 당위와 원칙 위주로 정치인의 책임과 의무를 추상과 같이 묻는 일에 매우 익숙하다. 정치인들은 그저 재수 없는 '놈'만 당한다고 생각할 뿐이다.

어찌 보자면 서로 속고 속이는 게임 같다. 차라리 정치는 권력을 사랑하는 사람들의 생업이라는 전제에서 출발한다면, 오히려 더 나은 결과를 기대할 수 있지 않을까? 유권자들이 그런 사람들 중 정말로 사회를 위해 일해보려는 사람을 보게 되면 감격하는 동시에 그런 사람을 더 많이 찾아 키워주려는 노력을 하게 되지 않을까? 즉, 이상에서 출발해 냉소로 빠지느니 처음부터 냉소에서 출발해 이상에 접근해가는 역발상을 해볼 때도 되지 않았느냐는 것이다. 정치 교과서부터 현실을 반영하는 쪽으로 다시 쓰여야 한다.

16

왜 시험만 다가오면 머리가 아프거나 배가 아픈 수험생이 많은가?

자기 열등화 전략

〈히든싱어〉라는 프로그램이 꽤 재미있다. 가수가 출연해 5명의 모창 능력자들과 얼굴을 가린 채 노래를 불러 누가 진짜 가수인지를 100명의 판정단에게 평가받는 형식의 프로그램이다. 이 프로그램에 출연하는 가수들은 거의 예외 없이 자신의 목소리 상태가 좋지 않다거나 너무 오래된 노래라 자신이 그때와는 많이 달라졌다는 등 자신이 불리한 사정을 이야기한다. 왜 그럴까?

시험만 다가오면 머리가 아프거나 배가 아프다고 말하는 수험생이 많다. 시험이 다가와 도서관에서 공부를 억지로 하긴 하는데 자신도 없고 지겹기만 하던 차에 오랜만에 만난 친구와 저녁을 하다가 술을 많이 마셔서 시험을 망치고 말았다고 말하는 대학생도 많다. 모든 대학가들이 다 그런 건 아니지만, 시험 기간에 대학가 술집이 더 붐비기도 한다. 왜 그럴까?

인간은 자존심이 강한 동물이다. 물론 자존심이 없는 사람들도 적지 않겠지만 그건 다른 사람들에 비추어 비교적 그런 것일 뿐, 인간이라면 그 누구나 자존심을 지키고 싶어 한다. 이런 자존심에 대한 열망은 일어날 수도 있는 실패에 대한 변명거리를 미리 만들어놓는 생각이나 행동으로 이어진다. 남들에게 능력이 부족하다는 인상을 주지 않기 위해, 자신은 실력이 있지만 '피치 못할 사정 때문에' 결과가 나빴을 뿐이라고 변명하고 싶은 심리가 작동하는 것이다.[1]

그런 심리의 실천을 가리켜 '자기 열등화 전략self-handicapping strategy'이라고 한다. '자기 불구화 전략' 또는 '구실 만들기 전략'이라고도 한다. 자신의 자존심을 유지하기 위해 실패나 과오에 대한 자기 정당화 구실을 찾아내는 걸 말한다. 미국의 사회심리학자 에드워드 존스Edward E. Jones, 1927-1993와 스티븐 버글러스Steven Berglas가 1978년에 발표한 논문에서 처음으로 이론화한 것이다.

'자기 열등화 전략'과 비슷한 개념으로 '방어적 비관주의defensive pessimism'가 있다. 방어적 비관주의는 부정적 결과를 예상하고 그 결과가 발생하지 않도록 조치를 취하거나 다음 행동을 준비하는 심리적 전략을 말한다. 실패의 두려움에 대한 심리적 대응인 셈인데, 그 점에선 자기 열등화 전략과 같지만 그 내용은 전혀 다르다. 자기 열등화 전략은 일을 하기 전에 안 좋은 결과가 나올 것을 대비해 미리 구실을 마련하고, 이에 따라 최선의 노력을 다하지 않는 것이기 때문이다.[2]

자기 열등화 전략은 남들이 우리의 성과를 평가하려는 기준에 영향을 줌으로써 그들이 우리에게서 받는 인상을 관리하려는 수법이다. 즉 자기가 어떤 일을 하는 데 불리하게 작용하는 여건(핸디캡) 쪽으로 상대방의 주의를 이끌어서, 나중에 혹시 실패했을 경우 상대방이 그 실패를 가볍게 보도록 유도하는 것인데, 실패하면 얼마든지 이해할 수 있는 일이 되고 성공하면 훨씬 더 높은 평가를 받을 수 있다.

자기 열등화 전략엔 두 가지 유형이 있다. 말로만 하는 자기 열등화 전략claimed self-handicapping과 실제 행동으로 옮기는 자기 열등화 전략behavioral self-handicapping이다. 시험 공부에 태만한 학생이 있다고 가정해 보자. 장애 여건이 없는데도 있다고 거짓 주장을 한다면, 이는 전자의 경우지만, 후자는 술을 마신다든가 하는 방식으로 실제로 가시적인 장애 요인을 만들어낸다. 말로만 하는 자기 열등화 전략은 남녀 차이가 없지만, 행동으로 옮기는 자기 열등화 전략은 남성이 여성에 비해 많이 사용하는 것으로 나타났다.[3]

꼭 그렇게까지 해야 하는 걸까? 마틴 커빙턴Martin V. Covington은 '자기 가치 이론theory of self-worth'으로 그 이유를 설명한다. 학생들이 높은 성적을 받고자 하는 가장 큰 동기는 다른 사람들에게 똑똑해 보이고 가치 있는 인간으로 대접받고 싶은, 즉 긍정적인 셀프 이미지를 유지하기 위해서라는 것이다. 시험 한번으로 그런 이미지를 망치는 것이 두려워, 자기 열등화 전략을 구사한다는 이야기다.[4]

학생들만 자기 열등화 전략을 쓰는 게 아니다. 윌리엄 너스William Knaus는 『심리학, 미루는 습관을 바꾸다End Procrastination Now!』(2010)에서 이 전략은 회사에서 '미루기procrastination'에 자주 사용된다고 말한다. 상사가 구입 물품 가격을 낮춰보라는 지시를 내렸다고 가정해보

자. 너스는 다음과 같이 말한다.

"하지만 부하직원의 생각은 다르다. 어떻게 시도해볼 수는 있겠지만 전망은 밝지 않다. 가격 재협상에 실패할 경우 능력을 의심받을 상황이므로 이 직원은 상사가 비현실적인 계획을 세웠다고 말하며 돌아다닌다. 결국 자기방어적 주장을 내세우며 직원은 회의 날짜를 잡는 것도, 협상 준비를 하는 것도 게을리 하고 결국 예상대로 가격 재협상에 실패한다. 상사가 비현실적이라는 주장은 한층 강화된다."[5]

자존감이 강하거나 남들의 평가를 자기 정체성으로 삼는 사람일수록, 더 자기 열등화 전략을 쓴다. 이와 관련, 미국 스탠퍼드대학 심리학자 필립 짐바르도Phillip Zimbardo, 1933-는 이렇게 말한다. "자신의 행동이 정체성과 직결된다고 믿는 사람들이 있습니다. 이런 사람들은 '내가 하는 일을 비난하는 건 나를 비난하는 거야'라는 태도를 보이지요. 이들의 자기 중심성은 실패의 위험을 무릅쓸 순 없다는 뜻입니다. 그것은 곧 그들의 자아를 무너뜨리는 공격이기 때문입니다."[6]

스탠퍼드대학 경영대학원 교수 제프리 페퍼Jeffrey Pfeffer, 1946-는 『권력의 기술Power: Why Some People Have It and Others Don't』(2010)에서 많은 사람이 권력을 얻는 일에서 자기 열등화 전략을 쓴다고 개탄한다. 예컨대, 권력을 얻는 게 필요한 상황에서도 "파워 게임을 할 의사가 없다"는 점을 은근히 내비침으로써 실패했을 경우 상할 수 있는 자존감을 지키느라 바쁘다는 것이다. 그는 다음과 같이 말한다.

"자기 열등화로 인해 시도해보지도 않고 지레 포기하는 습성은 당신이 생각하고 있는 것보다 훨씬 더 뿌리 깊게 당신의 의식에 배어 있다. 수십 년 동안 권력을 주제로 학생들을 가르치다 보니, 나는 사람들이 권력을 가진 자가 되기 위해 노력하도록 만드는 것이 내가 할 일이자 가장 잘할 수 있는 일이라고 믿게 되었다. 사람들은 자아상이 좌절되고 방해받는 것을 두려워한다. 그러다 보니 권력을 확대하기 위해 할 수 있는 최선을 다하지 않는다."[7]

강력한 권력자가 되기 위해 노력해야 한다는 페퍼의 주장에 동의할 필요는 없지만, 자기 열등화 전략에 많은 문제가 있다는 건 분명하다. 그로 인해 치러야 할 희생이 만만치 않기에, 여러 전문가가 이 전략의 위험성을 경고한다. 가지고 있는 능력조차도 제대로 발휘할 수 없게 되어 결국은 변명만 늘어놓는 나약한 사람이 될 수 있다는 것이다.[8]

언젠가 테니스 선수 존 매켄로John McEnroe, 1959-는 미국 CBS-TV의 〈60분Sixty Minutes〉 인터뷰에서 자신의 성적이 다소 부진한 반면 경쟁자인 이반 렌들Ivan Lendl, 1960-이 두각을 드러내고 있는 사실을 어떻게 생각하느냐는 질문을 받았다. 그러자 그는 재능에서는 자신이 여전히 앞서며 렌들은 단지 열심히 기술을 연마해 순위가 자기보다 높아졌을 따름이라고 큰소리쳤다. 이에 대해 코넬대학 심리학자 토머스 길로비치Thomas Gilovich, 1954-는 다음과 같이 말한다.

"정말 희한한 자기연출 방식 아닌가! 그러면 우리는 열심히 했다는 이유로 렌들을 낮게 평가하고, 열심히 하지 않았기에 매켄로를 높이 평가해야 할까? 이런 식의 자기 내보이기, 즉 자기연출 전략이 흔하게 사용된다는 사실은 요즘 사회에서 인내와 노력의 가치가 얼마나 떨어졌는지를 뚜렷이 보여준다. 동시에, 굳은 의지와 끈질긴 노력보다 아름다운 외모나 매끈한 말솜씨, 타고난 운동감각을 더 높이 사는

자기 열등화 전략

사회의 미래에 대해 의문을 갖게 한다."[9]

　미국에선 공부를 하지 않는 척하면서 남몰래 파고드는 학생을 가리켜 '스니키 부커sneaky booker'라고 한다는데, 의외로 많은 학생이 누가 공부를 제일 적게 하고도(혹은 그렇다고 주장하면서) 높은 성적을 받는지 경쟁하는 것처럼 보인다.[10] 왜 그럴까? 왜 노력보다는 재능을 높게 평가하는 걸까? 사람이면 누구나 인생에서 자신의 위치를 받아들일 줄 알아야 한다는 태도 때문일까? 자신의 영웅이나 우상을 우리와는 다르게 태어난 초인超人이라고 생각하고 싶어 하는 심리가 버릇이 된 걸까?[11]

　많은 학부모가 "우리 아이는 머리는 좋은데 노력을 안 해서"라고 당당하게 말하는 것도 노력을 재능보다 낮게 보는 심리에서 비롯된 것이다. 그런 심리를 도저히 바꿀 수 없다면, 자기 열등화 전략을 쓰는 사람에게 "자기 열등화 전략 쓰지 마라"고 일갈하는 게 차선책일 수도 있겠다.[12]

　우리가 자기 열등화 전략과 관련해 사회적 차원에서 고민해볼 주제는 "한국 개혁 세력은 과연 이 전략에서 자유로운가" 하는 것이다. 2012년 대선 패배 직후 진보 진영은 이른바 '기울어진 운동장'이라는 변명을 내놓았다. 운동장이 진보 세력에 불리하게 기울어져 있기 때문에 공을 차는 선수로서는 상대편을 이기기가 어렵다는 것이다. 그렇다면 과거 두 번의 정권 창출은 어떻게 할 수 있었던 말일까? 이런 변명은 엄격한 자기성찰을 방해할 뿐만 아니라 자기 열등화 전략의 일상화를 초래할 수 있다는 점에서 위험하다. '기울어진 운동장론'은 쓰레기통에 버리고 자기 개혁을 위해 애쓰는 게 좋지 않을까?

왜 시험만 다가오면 머리가 아프거나 배가 아픈 수험생이 많은가?

17

왜 행복하게 오래 산 부부는
서로 얼굴이 닮아가는가?

카멜레온 효과

행복하게 오래 산 부부는 서로 얼굴이 닮아간다는 속설이 있다. 그냥 듣기 좋으라고 하는 말인가? 그렇지 않다. 충분한 과학적 근거가 있다. 1999년 뉴욕대학 심리학자 타냐 차트랜드Tanya L. Chartrand와 존 바르John Bargh가 발견한 '카멜레온 효과chameleon effect' 때문이다. 이들은 자신과 상호 작용하고 있는 상대방의 자세, 독특한 버릇, 얼굴 표정, 기타 행동을 무의식중에 흉내내는 현상을 가리켜 그런 이름을 붙였다.[1]

chameleon(카멜레온)은 그리스어 chamai(dwarfed)와 leon(lion) 의 합성어로 "dwarfed lion(작은 사자)" 이란 뜻이다. 왜 카멜레온을 '작은 사자'라고 했는지는 아무도 모르며, 단지 '상상력 과잉'에 의한 이름 붙이기의 결과로 추정할 뿐이다.[2] 카멜레온은 은유적으로 '변덕쟁이, 경박한 사람, 기회주의자'를 가리키는 말로 쓰이지만, '카멜레온 효과'에서 그 용법은 부정적인 게 아니다. 이와 관련, 김광웅은 다음과 같이 말한다.

"여성은 공감 능력을 지니고 있다. 이는 심리학 용어 '카멜레온 효과'와 통한다.……공감력이 뛰어난 사람을 '카멜레온 인간'이라고 부른다. 카멜레온처럼 색깔을 여러 가지로 바꾼다는 것이지, 일관성이 없어 나쁘다는 뜻이 아니다. 주위 환경에 맞게 적절히 대응하는 것, 무엇보다 그 변화에 관심을 갖고 있다는 것을 의미한다. 이런 능력은 여성이 훨씬 더 강하다."[3]

미국 시카고대학 심리학자 사이언 베일락Sian Beilock은 『부동의 심리학Choke』(2010)에서 흉내는 좋은 대인 관계의 초석이 될 수도 있으며, 파트너의 얼굴 표정을 흉내내는 것은 결혼 생활에도 도움이 된다고 말한다. 다른 사람의 감정적인 표현을 모방하면 상대방의 감정 상태를 이해하는 뇌의 능력이 높아지기 때문이라는 것이다.

"커플들이 나이가 들면서 서로 닮아가는 경우가 많은데 이는 함께 사는 오랜 세월 동안 상대방의 얼굴 표정을 흉내낸 결과 똑같은 얼굴 근육을 반복적으로 사용하면서 두 사람의 얼굴이 비슷해 보이기 때문이다. 파트너 가운데 한 명이 특정한 방식으로 미소를 지으면 다른 한 명도 그것을 따라할 가능성이 높아 동일한 패턴의 주름과 얼굴 근육 형태가 만들어지는 것이다. 공감은 행복한 결혼 생활의 열쇠이므로 오랜 기간 결혼 생활을 한 두 배우자가 남들보다 더 닮아 보인다면 상대방의 표정과 버릇을 계속 흉내냈기 때문이며 이는 다른 이들보다 더 행복하게 살았음을 의미하는 것이다."[4]

반면 사이가 좋지 않은 부부들은 서로 따라 하려는 동기가 약하기 때문에 닮지 않는다고 볼 수 있다. 실제로 한 연구에 따르면, 25년이 넘는 세월 동안 결혼 생활을 한 부부는 외모의 유사성이 증가했으며, 유사점이 많아진 부부일수록 결혼 생활이 더 행복한 것으로 드러났다.[5]

이런 원리는 부부 관계에만 해당되는 건 아니다. 한 실험에서 참가자들에게 여러 장의 사진을 주고 가장 매력적인 얼굴을 고르게 했더니 참가자들은 무의식적으로 자신의 닮은꼴을 골랐다고 한다. 이처럼 서로 비슷한 모습과 성격, 특징을 지닌 사람끼리 호감을 느끼는 것을 '유사성의 원리principle of similarity'라고 하며, 더 나아가 자신과 비슷한 사람과 결혼을 하는 경향을 가리켜 '동질혼同質婚: homogamy'이라고 한다.[6]

베일락은 카멜레온 효과를 행복론과 연결시킨다. "우리가 미소를 짓고 있을 때는 찌푸리고 있을 때에 비해 사람이나 사물을 좀더 우호적으로 판단하기 때문에, 면접관이 여러분을 긍정적으로 생각해주기를 바란다면 미소를 지어야 한다. '네가 웃으면 세상 만물도 너와 함께 웃는다'는 속담은 진실이다."[7]

애덤 갈린스키Adam D. Galinsky는 이런 카멜레온 효과는 인간이라는 종의 기원에 뿌리를 두고 있다고 말한다. 같이 생활하는 인간 무리의 크기가 확대되면서 누구를 믿을 수 있는지 알아내려면 주변 환경에서 신호를 찾아내야 했다는 것이다. "그런 신호를 찾기 위해 상대방과 잘 일치되는지를 무의식적으로 살펴보게 되고, 그렇게 하는 방법으로 상대의 행동패턴에 자신의 행동을 일치시켜보는 것이다."[8]

로렌스 로젠블룸Lawrence D. Rosenblum은 카멜레온 효과가 나타나는 가장 큰 이유는 모방의 사회적 중요성, 즉 다른 사람을 모방하거나 모방당함으로써 상호작용이 촉진되기 때문이라고 말한다.[9] "모방은 가장 성실한 아첨이다"는 격언도 바로 이런 근거에서 탄생한 것이다.[10] 이를 다음의 '유사 매력의 효과'에서 더 살펴보기로 하자.

카멜레온 효과

18

왜 모방은
가장 성실한 아첨인가?

유사 매력의 효과

카멜레온 효과를 뒤집으면, 우리가 비슷한 사람들은 가까이 하는 반면 다른 사람들은 멀리 하려는 경향, 즉 '유사 매력의 효과similar attraction effect'가 나타난다. 유유상종類類相從이라는 말처럼, 우리 인간은 의견, 성격, 배경, 라이프스타일, 복장, 이름 등 어떤 것이든 자신과 비슷한 사람을 좋아한다. 친구는 물론 애인을 찾을 때에도 그런 성향을 드러내는데, 이를 가리켜 '유사성 유인 원칙similarity-attraction principle'이라고 한다.[1]

이에 대한 반론도 있기는 하다. 유사성이 아닌 이른바 '상보성 complementarity'이 더 중요하다는 것이다. 팀 라헤이Tim Lahaye, 1926-는 『반대끼리 끌린다Opposites Attract』(1998)에서 "같은 기질을 가진 사람끼리는 거의 절대로 결혼에 이르지 못한다. 왜냐고? 같은 기질은 서로 밀어내기 때문에 끌리지 않는다"고 주장한다. 또 하빌 헨드릭스Harville Hendrix는 "우리 문화에서 가장 위대한 미신은 친화성compatibility이 관계의 토대라는 생각이다. 사실 친화성은 지루함의 토대다"고 단언한다. 그러나 여러 연구 결과에 따르면, 이들의 주장은 신화다. 약간의 진실은 있을망정, 일반적인 경우는 아니라는 것이다.[2]

여러 실험 결과, 작은 부탁을 했을 때 자신과 복장이 비슷한 사람을 도와줄 확률이 높은 것으로 나타났다. 설문조사를 할 때 조사자의 이름을 응답자의 이름과 비슷하게 바꿔 놓았더니 응답률이 거의 두 배로 높아졌다는 연구 결과도 있다. 로버트 그리어Robert Greer라는 이름을 가진 사람에게 설문 응답을 요청할 때는 요청자의 이름을 밥 그리거Bob Gregar, 신시아 존슨Cynthia Johnson에겐 신디 조핸슨Cindy Johanson으로 바꾸는 식으로 했더니 그런 놀라운 성과가 나타났다는 것이다.

한 보험회사의 보험 계약 기록을 분석한 결과, 고객들은 자신과 나이, 종교, 정치적 성향, 흡연 습관 등이 비슷한 영업 사원과 계약을 맺을 확률이 높은 것으로 밝혀졌다. 기업들은 이런 유사성 효과를 적극 활용한다. 사원들의 영업 훈련 프로그램에서 잠재 고객과의 유사성을 찾아보라고 하며, 고객의 자세, 분위기, 화법, 제스처를 그대로 따라 하라고 교육시킨다. 상대방의 호감을 끌어내기 위해 배경이나 관심사를 공유하거나 공유하는 척하라는 것이다.

고객과 같은 고향이라고 주장할 수 있으면 더할 나위 없이 좋겠지만, 그게 어려우면 그곳에서 산 적이 있다고만 해도 큰 효과를 발휘할 수 있다. 고객의 취미를 눈치챌 수 있다면 같은 취미라고 주장하는 것도 좋다. 따라서 여러 취미에 관한 기본 지식을 갖고 있어야 훌륭한 영업 사원이라고 할 수 있다. 아무리 사소한 것이라도 고객과의 유사성이 높아지면 성과도 올라간다는 건 거의 진리에 가까운 법칙으로 통용되고 있다.[3]

심리학자 칼 로저스Carl Rogers, 1902-1987는 '말 따라하기verbal mirroring'가 짧은 시간 내에 상대방과 유대감을 형성할 수 있는 매우 강력한 기법이라는 것을 실험을 통해 입증했다. 물론 '이소프락시스isopraxis', 즉 '신체 모방하기body echoing'도 유대감 형성에 큰 도움이 된다.[4]

네덜란드에서 실시된 어느 연구에서는 고객의 식사 주문을 그대로 따라서 말한 여종업원이 주문을 다른 말로 바꾸어 말한 여종업원보다 70퍼센트나 많은 팁을 받았고, 손님들은 종업원이 자신을 따라했을 때 저녁 식사에 대해 더 만족하는 것으로 나타났다.[5]

브라이언 트레이시Brian Tracy, 1944-는 『전략적 세일즈』(2012)에서 고객이 어떤 몸동작을 하면 5초를 기다려서 같은 몸동작을 따라하라고 권한다. "최고 세일즈맨들은 이러한 고객 몸동작 따라하기 기법을 종종 무의식적으로 사용한다. 그들의 판매 상담 모습을 비디오로 녹화해보면 한동안 고객의 동작을 따라하다가 그다음에는 고객을 리드해가는 듯이 보인다. 상담이 끝난 후에 그렇게 한 이유를 물어보면 거의 예외 없이 자신이 그렇게 했다는 사실 자체를 인식하지 못하고 있었다. 고객의 동작을 따라했던 것은 고객에 대해 극도로 민감하게 반응하는 그들의 자연스런 모습 중 하나였기 때문이다."[6]

이렇듯 상대방의 몸동작을 따라하는 걸 '반영 기법'이라고도 하는데, 이 기법을 쓸 때엔 과유불급過猶不及의 원칙을 꼭 지켜야 한다. 상대방이 자기 행동을 따라하고 있다는 사실을 의식하게 되면 호감이 짜증으로 변할 수 있으므로, 적당한 수준에서 상대방이 눈치채지 못하게 요령껏 하는 슬기가 필요하다. 트레이시는 세일즈맨들에게 친구와 가족들을 상대로 연습해서 이 반영 기법의 요령을 터득할 것을 권한다.[7]

그러나 그 어떤 장점에도 불구하고, '유사 매력의 효과'는 다양한 조직을 만들려는 시도에 심각한 타격을 줄 수 있다. 예컨대, 사원 채용 등에서 결정권을 가진 사람들이 알게 모르게 자신과 유사한 사람을 선호하기 때문이다. 이와 관련, 스탠퍼드대학 경영학 교수 로버트 서튼Robert I. Sutton, 1954-은 『역발상의 법칙Weird Ideas That Work』(2002)에서 자신을 불편하게 만드는 사람들, 심지어 자신이 싫어하는 사람들을 고용하라고 권한다. 만약 "그는 우리와 비슷한 사람이다"고 해서 지원자를 뽑으면, 이른바 '동질적 재생산homosocial reproduction'을 초래해 조직에서 요구하는 독창적인 인재를 만나지 못할 확률이 높아진다는 것이다.[8]

부부 사이에 나타나는 카멜레온 효과는 더할 나위 없이 바람직하겠지만, 공적 영역에서 '유사 매력의 효과'가 나타나는 건 재앙의 근원일 수도 있다. 특히 한국처럼 연고를 유사 매력의 근원으로 보는 나라에선 끼리끼리 뭉쳐 모든 이익과 이권을 독식하려 드는 연고 패거리가 기승을 부림으로써 온 나라를 갈등과 분열의 수렁으로 몰아갈 수 있다.

유사 매력의 효과

19

왜 슬픈 척하면
정말로 슬퍼지는가?

가정 원칙

우리 인간은 슬프기 때문에 울고, 무섭기 때문에 떤다. 당연하게 여겨지는 이 상식에 대해 미국 심리학자 윌리엄 제임스William James, 1842-1910는 이의를 제기하고 나섰다. "울기 때문에 슬프고, 떨기 때문에 무섭다"고 하는 것이 합리적인 설명이라는 것이다. 달리 말하자면, 감정은 순전히 몸에서 기원하는 본능적인 것이지 정신에서 기원하는 인지적인 것이 아니라는 이야기다. 이게 바로 제임스가 1884년에 발표한 '감정 이론theory of emotion'의 핵심 내용이다. 덴마크의 내과 의사이자 심리학자인 칼 랑게Karl Lange, 1834-1900도 1885년 이와 비슷한 이론을 독립적으로 발표했기 때문에, '제임스-랑게 이론James-Lange theory'이라고도 부른다.[1]

제임스는 이 이론의 연장선상에서 "As If principle"이라는 걸 제시했다. "어떤 성격을 원한다면 이미 그런 성격을 가지고 있는 사람처럼 행동하라"는 것이다. 이는 달리 말해 감정이 행동을 만들기보다는 오히려 행동이 감정을 만든다는 점을 강조하기 위한 것으로 볼 수 있다. 우리말로 바꾸기가 영 쉽지 않은데, 그간 '가정 원칙' 또는 '그런 척하기 원칙'으로 번역되어왔다.

시대를 앞서간 사람은 고난에 시달리기 십상인데, 제임스도 예외는 아니었다. 오늘날엔 감정이 행동을 만들고 행동도 감정을 만든다는 쌍방통행로가 널리 받아들여지고 있지만, 다른 통행로를 처음 제시한 제임스는 일부 심리학자들에게서 가혹한 비판에 시달려야만 했다. 영국 심리학자 리처드 와이즈먼Richard Wiseman, 1966-은 다음과 같이 말한다.

"제임스는 자신의 가설을 옹호하기 위해 노력했지만, 당시 보수적인 심리학계의 시선으로 볼 때 그의 이론은 지나치게 급진적인 주장이었다. 결국 제임스의 가설은 '시대를 너무 앞서간'이라는 꼬리표를 달고 창고에 처박히는 신세가 되고 말았다. 그리고 그렇게 60여 년이 흘렀다."[2]

와이즈먼은 제임스의 '가정 원칙'이 60여 년간 빛을 보지 못한 것처럼 말하지만, 꼭 그렇진 않다. 학계의 평가와 관계없이, 제임스의 이론은 미국의 대표적인 성공학 전도사들에 의해 1930년대부터 줄기차게 인용되었다. 행동이 감정을 만든다는 것이야말로, 성공학 전도사들이 바라 마지않던 성공학의 제1계명이었기 때문이다.

그래서 당대의 내로라하는 성공학 전도사들, 즉 데일 카네기Dale

Carnegie, 1888-1955, 나폴레온 힐Napoleon Hill, 1883-1970, 노먼 빈센트 필Norman Vincent Peale, 1898-1993 등은 사실상 제임스를 그들의 이론적 사부로 모셨다. 카네기는 1936년에 출간한 『인간관계론』에서 제임스의 말을 이렇게 인용한다.

"행동은 감정에 따라 일어나는 것처럼 보이지만 실제로 행동과 감정은 함께 발생한다. 따라서 더 직접적으로 의지의 통제하에 있는 행동을 조절하여 의지의 통제하에 있지 않은 감정을 간접적으로 조절할 수 있다. 그러므로 유쾌하지 않을 때, 저절로 유쾌해지는 최고의 방법은 유쾌한 마음을 먹고 이미 유쾌하다는 듯이 행동하고 말하는 것이다."[3]

힐 역시 1937년에 출간한 『놓치고 싶지 않은 나의 꿈 나의 인생』에서 제임스의 이 발언을 인용한 후, 다음과 같이 말한다.

"바꿔 말해 우리는 단지 결심한 것만으로는 우리들의 감정을 즉석에서 바꿀 수 없지만 행동을 바꿀 수는 있으며, 행동을 바꾸면 자동적으로 감정이 바뀐다. 행복해지려면 행복한 듯이 행동해야 한다, 새로운 사고를 통해 새로운 행동에 이를 수 있듯이 새로운 행동을 통해 새로운 사고에 이를 수 있다. 열정적인 사람이 돼라. 열정적이 되면 열정적으로 행동하게 된다. 미소를 지어라. 자신에게. 그리고 세상을 향해. 그러면 당신이 굳이 거기에 정신을 집중하지 않아도 저절로 나타날 내면의 기쁨과 열정을 체험할 것이다."[4]

또 필은 1967년에 출간한 『열정이 차이를 만든다』에서 다음과 같이 말한다.

"당신도 '그런 척하기' 원칙을 한번 시도해보라. 놀라운 힘과 효과를 느낄 것이다. 심한 열등감에 사로잡혀 수줍음을 많이 타는 소심한 사람이 있다고 가정해보자. 그가 외향적으로 변하려면 먼저 자신의 현재 모습이 아니라 앞으로 되고 싶은 모습을 상상해야 한다. 다시 말해, 자신이 스스럼없이 사람을 만나고 상황을 현명하게 다루는 확신에 찬 사람이라고 믿어야 한다는 것이다."[5]

이런 성공학 전도사들은 제임스의 이론을 "꿈꾼 대로 이루어진다"는 식의 극단으로까지 끌고 가 비판의 대상이 되기도 하지만, 이들이 과장은 저질렀을망정 사기를 친 건 아니다. 제임스의 이론을 이어받은 코넬대학 사회심리학자 대릴 벰Daryl Bem, 1938-은 한 걸음 더 나아가 행동이 감정뿐만 아니라 믿음까지도 바꾼다고 주장한다.

벰이 연구를 위해 주목한 사건은 1954년 5월 17일 연방대법원의 브라운 사건Brown v. Board of Education of Topeka 판결이었다. 이 판결에서 연방대법원은 흑인에 대한 그간의 '분리 평등' 원칙을 뒤집고 교육시설의 분리에 위헌 판결을 내렸다. 이 판결 10여 년 전인 1942년에 실시된 조사 자료에 따르면, 학교 통합 정책, 주거 통합 정책, 대중교통 통합 정책에 찬성한 백인들의 비율은 각각 30퍼센트, 35퍼센트, 44퍼센트 수준에 머물러 있었다. 그러나 연방대법원 판결 후 2년 뒤인 1956년 자료에서는 그 비율이 49퍼센트, 51퍼센트, 60퍼센트로 크게 증가했다.[6]

이 변화는 무엇을 의미하는 걸까? 이 물음에 이끌려 물리학도였던 벰은 자신의 전공을 사회심리학으로 바꾸었다. 그는 1960년 리드대학Reed College에서 물리학을 전공하고 MIT 대학원에 진학해서도 물리학을 전공하다가 중도에 사회심리학에 심취해 1964년 미시간대학에서 사회심리학으로 박사학위를 받았다. 그는 1967년부터 1970년 대 초반에 걸쳐 발전시킨 '자기 지각 이론self-perception theory'을 내놓았다. 페이지를 넘겨 자기 지각 이론에 대해 알아보자.

가정 원칙

20

왜 누군가를 사랑하려면
사랑하는 듯이 행동해야 하나?

자기 지각 이론

우리 인간은 타인의 행동을 보고 그 사람을 규정짓는 것처럼 자신의 행동을 보고 자신을 규정하는데, 이게 바로 '자기 지각self-perception'이다. 자기 지각 이론에 따르면, 우리의 많은 태도는 자신의 행동과 또는 행동이 일어나는 상황들에 대한 우리의 지각들에 근거한 것이다. 특별한 생각이나 계획 없이 어떤 행위를 한다면 행위자는 그 행위를 바탕으로 자신의 내적 특성을 추리해낸다는 것이다.[1]

예컨대, 어느 저녁 좋은 시간을 보내고 싶은 마음에 연극을 보러 가는 경우를 생각해보자. 연극을 꼭 보겠다는 생각은 없었다. 중요한 건 좋은 시간을 보내고 싶다는 것이었고, 어쩌다가 선택된 게 연극이었을 뿐이다. 그렇지만 연극을 보러 가는 자신의 모습을 보고 무의식적으로 이렇게 생각할 가능성이 높다. "지금 나는 연극을 보러 가고 있군. 그렇다면 영화보다 연극을 더 좋아하는 게 틀림없어." 그리고 이러한 생각은 연극에 대한 긍정적인 느낌으로 이어질 수 있다. 이와 관련, 리처드 와이즈먼Richard Wiseman, 1966-은 다음과 같이 말한다.

"이와 같은 확장된 형태의 가정 원칙을 통해 우리는 인종차별에 대한 대법원의 판결이 어떻게 사회적 인식에서 극적인 변화를 가져올 수 있었는지 이해할 수 있다. 대법원의 판결은 미국인들 스스로 차별 폐지를 지지하는 사람처럼 행동하도록 만들었다. 그리고 이는 다시 무의식적인 차원에서 '나는 차별 폐지를 지지하고 있군. 그러면 나는 분명 평등한 사회가 더 좋다고 믿고 있을 거야'라고 믿도록 만든다. 이러한 과정을 거쳐 미국인들은 인종차별에 대해 새롭고 긍정적인 인식을 갖게 되었다."[2]

자기 지각 이론을 연애에 활용해보는 건 어떨까? 드라마나 영화에선 아직은 연인 관계라고 할 수 없는 두 남녀가 우연한 기회에 신체 접촉이 일어날 때에 정적이 흐르면서 두 사람의 눈에서 불꽃이 튀는 듯한 모습이 그려지곤 한다. 이건 단지 픽션일 뿐일까? 친구도 아니고 연인도 아닌 모호한 관계를 발전시키고 싶다면, 상대방에게 연인이 할 만한 행동, 예컨대 스킨십을 경험하게 하면 어떤 일이 일어날까? 따귀를 맞을 정도의 관계가 아니라면 말이다. 이와 관련, 이남석은 다음과 같이 말한다.

"적극적인 스킨십을 여러 번 하면 '이런 것을 하는 것을 보니 내가 이 사람을 사랑하기는 했나 보구나' 하는 마음이 들 수도 있다.……자기 지각 이론의 적용 범위가 크지 않더라도 상대방과 어색한 사이로

남는 것이 싫다면 도전해볼 만하다. 법을 지키며 살았던 착한 사람도 잠깐의 실수로 법을 어기거나 남을 해친 경우 '난 원래 이런 놈이었구나' 하면서 좌절하는 식으로 자기 지각의 원리를 따르는 경향이 많으니 말이다."[3]

처음 만나는 남녀 사이, 즉 스피드 데이트에서도 행사 주관자가 분위기를 어떻게 끌고 가느냐에 따라 그 결과는 크게 달라질 수 있다. 와이즈먼은 스피드 데이트 실험에서 광고로 모집한 20쌍의 남녀에게 맞은편에 앉은 이성과 편안하게 이야기를 나누면서 상대방의 이름과 여러 정보를 알아보도록 했다. 다음으로 명찰과 펜을 나눠주고 서로 상대방의 이름표를 만들게 하면서, 그 명찰에는 상대방의 이름과 함께 그 사람에 대한 흥미로운 특징을 쓰도록 한 후, 그렇게 만든 이름표를 서로 교환하도록 했다.

연인들처럼 선물을 주고받게 함으로써 서로에 대한 매력을 높이기 위한 의도로 진행된 이 실험의 결과는 놀라웠다. 일반적인 스피드 데이트 행사에서 다시 만나는 커플은 20퍼센트에 불과했지만, 이렇게 분위기를 의도적으로 조작한 스피드 데이트에선 그 비율이 45퍼센트로 높아졌다. 이 실험 결과의 의미에 대해 와이즈먼은 다음과 같이 말한다.

"수백 년 동안 과학자들은 사랑의 신비를 풀기 위해 노력했다. 기존의 심리학 이론들은 사랑에 빠지면 가슴이 두근거리고 연인의 눈을 애타게 바라보게 된다고 말한다. 그러나 '가정 원칙'은 완전히 거꾸로 이야기한다. 즉, 사랑에 빠진 것처럼 행동을 하면 열정이 불타오르게 된다고 설명한다. 서로 모르는 사이인데도 손을 잡고 장난을 치다보면 갑자기 큐피드 화살을 맞게 된다. 그리고 첫 데이트의 흥분을 되살리는 활동을 하다보면, 오래된 연인도 다시 한 번 서로에게 강렬한 매력을 느끼게 된다.……사랑이 우리를 바꾸는 게 아니다. 우리가 행동을 바꿀 때 최고의 사랑이 우리를 찾아오는 것이다." [4]

그런 원리는 사회적 저항에도 그대로 적용된다. 우리는 그 어떤 생각과 의식이 있어야만 저항이나 투쟁을 한다고 생각하기 쉽지만, 아무런 생각과 의식이 없더라도 저항이나 투쟁 행위에 참여하면서 나중에 생각과 의식을 갖게 되기도 한다. 아프리카의 독립을 위해 투쟁한 프란츠 파농Frantz Fanon, 1925-1961은 투쟁적 행동을 통해 식민지의 민중이 새로운 인간으로 태어날 수 있는 가능성에 주목했다. "유럽 국가들의 오랜 식민 지배에 대한 아프리카인들의 공개적 저항은 아프리카인들로 하여금 더욱 자율적인 성격을 갖게 만들었다." [5]

미국 정치학자 머리 에덜먼Murray Edelman, 1919-2001은 파농이 말하는 폭력의 매개(또는 각성) 효과를 인용하면서 그와 같은 효과가 노동조합의 투쟁에서도 나타난다고 말한다. 즉, 노동 운동에 대한 아무런 문제의식이 없던 노동자가 노동조합의 투쟁에 행동으로 참여하면서 새로운 생각과 의식을 갖게 된다는 것이다. [6]

사실 이런 사례들은 우리 주변에서 쉽게 찾아볼 수 있다. 특정 정당이나 정치인을 열심히 지지하는 사람들 중에는 처음부터 특별한 이념이나 신념을 갖고 있었던 게 아니라 그 정당·정치인과 관련된 우연한 만남·참여·행동 등이 일어난 후에 이념이나 신념을 나중에 갖게 된 사람이 많다. 주변에 "어, 저 사람이 왜 저 정당·정치인을 지지하지?"라는 의문을 품게 만드는 사람이 있다면, 바로 그런 경우라고 보아도 무방하다.

　　물론 기회주의적인 사익을 추구하기 위해 그런 사람들도 있겠지만, 한국 특유의 정情 문화가 정치를 이념이나 노선보다는 '인간관계의 예술'로 변질시키고 있다는 건 분명하다. 이게 인간관계보다는 공식적인 가치의 실현에 근거를 둔 정치 개혁을 어렵게 만드는 이유가 되기도 한다.

21

왜 한국은 '스펙 공화국' · '성형 공화국'이 되었는가?

후광 효과

"해외 어학연수, 봉사활동, 교환학생, 인턴 경험 등이 입사 지원자들의 천편일률적인 스펙이 되다시피하면서 차별화를 위해 '스펙 관리'를 종합적으로 해주는 학원을 찾고 있는 것이다. 한 설문조사 결과 구직자의 37%가 취업 사교육을 받는 것으로 나타났다.……인터넷 지원으로 지원자가 크게 늘어나다 보니 1차 서류전형에서 스펙을 보지 않을 수 없다고 실토하는 인사 담당자들도 있다. 기업의 채용 문화가 달라졌다는 확신을 주지 못하면 '스펙 공화국'에서 벗어나기란 요원하다고 할 것이다."[1]

「'스펙 공화국' 면하려면 기업 채용 방식 바꿔야」라는 『서울신문』(2012년 10월 27일) 사설 내용이다. 스펙은 부모의 소득 수준이 높을수록 화려하다. 2013년 6월 3일 한국직업능력개발원 연구위원 오호영이 발표한 「부모의 소득 계층과 자녀의 취업 스펙」 보고서에 따르면, 부모의 소득이 월 200만 원 미만일 경우 자녀의 평균 토익 점수는 676점으로 월 700만 원 이상인 부모의 자녀(804점)와 128점의 차이를 보였다. 또 부모의 소득이 월 200만 원 미만인 경우 어학연수 경험이 있는 대졸자는 10퍼센트 수준에 그쳤지만, 월 700만 원 이상은 3명 중 1명(32퍼센트)이 어학연수를 다녀왔다. 오호영은 "대기업과 공기업들이 돈으로 쌓는 스펙이 아닌 업무 수행 능력에 기반한 평가 시스템을 마련해야 한다"고 말했다.[2]

구직자의 학력과 경력을 뜻하는 '스펙'은 자동차나 기계장치의 세부 사항을 가리키는 specifications에서 나온 말이지만 정작 영미권에서는 쓰지 않는 콩글리쉬Konglish 표현이다. 현지인들은 기계나 상품의 제원을 가리키는 말로 복수형 'specs'를 쓰지만 학력이나 경력의 의미로 쓰진 않는다. 영미권에서 career build-up 혹은 CV buildup curriculum vitae(이력서)이라고 부르는 것을 우리는 '스펙'으로 대체해 쓰고 있는 셈이다.[3]

스펙은 '초콜릿의 겉 포장지일 뿐'이라는 주장도 있지만,[4] 초콜릿을 맛을 본 후에 살 순 없는지라 겉 포장지의 위력이 만만치 않다. 스펙은 구직을 할 때는 물론이고 구직 후에도 평생을 따라 다닌다. 스펙의 부작용이 커지자 일부 기업이 스펙을 밝히면 불이익을 주겠다는 희한한 방식을 들고 나왔지만, 스펙을 없애는 게 정말 가능한 건지도 의문이거니와 설사 가능하다고 하더라도 그건 오히려 대학 간판이 결정적 역할을 하게 만드는 개악改惡일 뿐이라고 보는 사람이 많다.[5] 하

후광 효과

긴 대학 간판이야말로 가장 굵직한 스펙이 아닌가.

왜 한국은 '스펙 공화국'이 되었을까? 유난히 '후광 효과後光效果: halo effect'가 강한 사회이기 때문이다. 심리기획자 이명수는 「후광 효과가 판치는 사회」라는 칼럼에서 이렇게 말한다. "동서끼리 모였을 때 좀더 출세하고 돈 많은 이의 말발이 자녀 교육, 정치 성향, 삶의 가치관 등 모든 영역에서 우위에 서는 것처럼 돈과 성공이 일정 규모 이상이면 다른 것은 묻지도 따지지도 않는다. 개별적 인간은 휘발되고 돈과 성공이 모든 것의 잣대가 된다.……스펙이 좋으면 모든 게 끝이다. 한줌의 의심조차 하지 않는다.……후광 효과가 아니라 인간의 개별성을 바탕으로 묻고 따질 수 있어야 한다. 후광 효과에 의존하는 사회는 신기루 사회다. 결국 무너진다."[6]

후광 효과는 어떤 사람에 대해 판단할 때, 그 사람이 가진 하나의 혹은 일부의 긍정적이거나 부정적 특성을 가지고 이와는 아무런 논리적 관계가 없는 그 사람의 다른 부분들을 혹은 나머지 전부에 대해 긍정적 또는 부정적으로 일반화하는 경향 혹은 현상을 뜻한다. 미국 심리학자 에드워드 손다이크Edward Thorndike, 1874-1949가 1920년에 발표한 논문 「심리적 평가에서 나타나는 규칙적 오류The Constant Error in Psychological Ratings」에서 처음 제시한 개념이다.[7]

손다이크는 제1차 세계대전 중 미군에서 상사의 부하 평가 방식을 연구하다가 깜짝 놀랄 만한 결과를 얻었다. '탁월한 군인'이라 생각되는 일부 사병들은 모든 면에서 높게 평가된 반면, 평균 이하라 생각되는 사병들은 모든 면에서 낮게 평가된 것이다! 사람이 잘하는 일도 있고 못하는 일도 있는 법이지, 어떻게 모든 걸 잘하거나 모든 걸

못할 수가 있단 말인가. 손다이크는 평가자들이 어떤 군인이 미남이고 품행이 바르면 다른 일들도 잘할 거라고 생각하는 경향이 있다는 걸 발견하고, 이걸 '후광 효과'로 불렀다.

후광 효과는 사람들이 심리적으로 일관된 그림을 그려내고 유지해 '인지 부조화cognitive dissonance'를 줄이는 방식인 동시에 직접 평가하기 어려운 것들을 추론하는 데 사용하는 경험 법칙이다. 후광 효과를 기업 경영과 연계시켜 연구한 경영학자 필 로젠츠바이크Phil Rosenzweig는 『후광 효과The Halo Effect』(2007)에서 다음과 같이 말한다.

"우리는 적절하고 확실하고 객관적인 듯한 정보를 이해한 다음, 다소 애매한 특성들을 추론하는 경향이 있다. 예를 들면 우리는 신제품의 품질을 잘 모른다. 하지만 그것이 평판이 좋고 널리 알려진 기업의 제품이라면, 우리는 품질이 좋을 것이라 추론한다. 브랜드 구축도 바로 이것 때문이다. 후광 효과를 창출해 고객들이 제품이나 서비스를 우호적으로 생각하게끔 만드는 것이다."[8]

후광 효과의 대표적 사례로 자주 거론되는 것이 바로 외모다. 면접, 세일즈, 선거, 재판 등에서 외모가 매력적인 사람이 훨씬 더 유리하다는 것이 수많은 연구 결과에 의해 입증되었다. 심지어 사기를 치는 데에도 매력적인 외모가 도움이 되는바, 사기꾼들 중에 매력적인 외모를 가진 자가 많은 것도 우연이 아니다.[9]

프린스턴대학 심리학자 알렉산더 토도로프Alexander Todorov는 2000년, 2002년, 2004년 각 주 상원의원 선거의 당선자와 낙선자의 흑백사진을 학생들에게 보여주고 어느 후보가 경쟁력 있어 보이는지 선택하게 했다. 학생들은 사진을 1초만 보고도 선택을 했는데, 이들의

후광 효과

선택은 실제 선거 결과와 72퍼센트 일치한 것으로 나타났다.[10]

구직자들에게 외모는 매우 중요한 스펙이다. 2012년 10월 KTV 가 전국 10대 이상 남녀 700명을 대상으로 조사한 결과 응답자의 70퍼센트가 '외모가 사회생활에서 경쟁력으로 작용한다'고 답했다. 외모 지상주의의 원인에 대해서는 '남의 눈을 의식하는 문화'(38퍼센트) 때문이란 대답이 가장 많았다. 인구 대비 성형수술 비율이 세계 1위를 기록한 건 물론이고 해마다 수능시험이 끝나면 성형외과 병원들이 수험생 특별할인을 내세우는 마케팅을 펼칠 정도로 한국이 세계가 알아주는 '성형 공화국'이 된 것도 바로 그런 이유 때문이다.[11]

후광 효과에 현실적 근거가 전혀 없는 건 아니다. 예컨대, 매력적인 사람들은 그들의 자존심이 계속해서 고양되어온 나머지 자신감을 갖게 되었을 것이고 그에 따른 긍정적 특성들을 개발해왔을 것이다. 매력적인 사람들이 더 많은 사교 기술을 갖고 있다는 걸 밝힌 연구 결과도 나와 있다.[12]

그러나 대부분의 경우는 근거도 박약하며 매우 해로운 결과를 낳기 십상이다. 한 연구에선 똑같은 내용의 시험 답안지라도 아주 잘 쓴 글씨의 답안지가 악필 답안지에 비해 훨씬 더 높은 점수를 받은 것으로 나타났으며, 똑같은 내용의 글인데도 남자 이름과 여자 이름 두 가지로 해서 평가하게 했을 때 남자 이름으로 제출된 글이 훨씬 더 높은 점수를 받은 것으로 나타났다. 그래서 영국의 일부 대학에선 시험 답안지에 이름을 쓰지 않고 학번만 써서 제출하게 하고 있다.[13]

일부 처세술 책은 사람들은 첫인상만으로 사람을 판단하는 경향이 있다며 "특정 분야에서 당신의 '후광'을 드러내라"고 권한다. 그렇게 하면 다른 사람은 그 후광을 보고 다른 분야에서도 그 사람이 모두 뛰어난 인재라고 생각한다는 것이다. "당신을 비추는 후광이 가진 색이 당신에 대한 평가를 좌우한다. 그러므로 당신의 몸값을 올리고 싶다면 되도록 당신의 후광을 밝게 빛나게 하라." [14]

후광 효과는 주로 긍정적인 측면에 많이 쓰이기 때문에, 부정적인 측면의 경우엔 '부정적 후광 효과negative halo effect', '역후광 효과reverse halo effect' 또는 '악마 효과devil effect'라는 말이 쓰이기도 한다. 2011년 5월 3일 영국의 『가디언』은 「우고 차베스의 역후광 효과Hugo Chávez's reverse-halo effect」라는 기사에서 베네수엘라 대통령으로 '중남미 반미·좌파 기수'였던 우고 차베스Hugo Chavez, 1954-2013와 관련, "지도자가 악마 비슷하게 묘사되면 균형되게 공과를 평가하는 일이 불가능해진다"고 말했다. [15]

리처드 니스벳Richard Nisbett, 1941-과 티머시 윌슨Timothy Wilson이 1977년에 발표한 논문은 우리가 이론적으로는 후광 효과를 잘 이해하고 있을지라도 그것이 현실에서 실제로 일어날 때에는 제대로 파악하지 못한다는 점을 보여주었다. [16] 그래서 효과가 있는 게 아닐까? 뻔히 알고도 속는다는 말이 있는데, 후광 효과가 바로 그런 경우일 게다.

한국인들의 삶을 피폐하게 만들고 있는 주범이라 할 입시 전쟁과 그에 따른 사교육비 문제는 사실상 학벌이라는 후광 효과를 얻기 위한 전쟁이라고 해도 과언이 아니다. 앞서 이명수는 후광 효과에 의존하는 사회는 신기루 사회라 결국 무너진다고 했지만, 그럴 것 같진 않다. 차라리 무너진다면 다행이겠지만, 그런 다행스런 일은 일어나지 않을 가능성이 높다. 전 국민이 후광 효과를 얻기 위한 전쟁에 임하기 위해 바치는 물적·정신적 투입물은 각 단계별로 후광 효과 기득권 세력을 만들어내는바, 이들이 기존 체제의 유지를 강렬히 원할 것이기 때문이다.

22

왜 20만 원짜리 LG트윈스
'유광 점퍼'가 9,800원에 팔렸는가?

후광 반사 효과

"자신과 문화 · 지역이 같은 팀을 응원하는 것은, 자신이 다른 사람보다 '낫다'는 것을 증명하려는 것이다. 자신이 응원하는 팀은 바로 '자신'을 의미한다. 응원하는 팀이 이기면 '자신'도 이긴다."[1]

러시아 출신의 미국 과학 작가 아이작 아시모프Issac Asimov, 1920-1992의 말이다. 특정 팀을 응원하는 것은 단순한 재미나 엔터테인먼트가 아니라 자신의 사회적 자아를 보호하기 위한 행위라는 이야기다. 이와 관련, 스페인 발렌시아대학과 네덜란드 암스테르담대학 공동연구팀은 2010년 남아공 월드컵 결승전을 전후해 흥미로운 연구를 했다.

결승에 오른 스페인과 네덜란드는 치열한 연장 승부를 펼쳤는데, 결국 연장 후반 11분(종료 4분 전) 안드레스 이니에스타Andres Iniesta의 결승골로 스페인이 극적으로 우승컵을 가져갔다. 연구팀은 경기 당일 스페인 축구팬들의 테스토스테론과 코르티솔 분비량이 각각 29퍼센트, 52퍼센트 상승했다고 밝혔다. 테스토스테론은 사회적 지위를 유지하거나 얻으려는 심리적 상황에서 많이 분비되고, 코르티솔은 스트레스를 조절하는 호르몬이다. 즉 "혹시 오늘 지진 않을까. 그래서 나의 사회적 지위도 함께 추락하진 않을까"란 불안감이 생리적 변화를 일으켰다는 것이다.[2]

특정 팀 응원이 그렇게 중요한 의미를 갖는 것이라면, 팀의 승리나 패배에 대해 반응하는 것도 크게 다를 것이다. 로버트 치알디니 Robert Cialdini, 1945-의 연구에 따르면, 승리를 거둔 팀의 팬들은 "우리가 이겼다! 우리가 이겼다!"고 외친다. "선수들이 이겼다! ○○팀이 이겼다!"라고 외치는 경우는 거의 없다. 반면 패배했을 땐 '우리'라는 말을 쓰지 않는다. 자신이 응원했던 팀과 거리두기를 하면서 "그들이 졌다"고 말한다. 선거 역시 마찬가지다. 자신이 지지한 후보나 정당이 승리하면 "우리가 이겼다"고 하지만, 패배하면 "그들이 졌다"라고 말한다.[3]

승리했을 때 나타나는 이런 현상을 가리켜 '후광 반사 효과basking in reflected glory'라고 한다. '반사된 영광 누리기', '투영된 영광의 향유'라고도 한다. 영어에선 Basking in reflected glory를 줄여서 BIRGing이라고 부른다. 반면 패배했을 때 나타나는 현상은 '반사된 실패 차단하기CORF: Cutting Off Reflected Failure' 또는 '암광 차단 효과'라고 부른다.[4]

특정 팀이 승리를 거두면 사람들은 승리의 영광을 나누기 위해 그

팀의 로고가 새겨진 옷을 더 많이 입으며, 팀 홈페이지 방문자 수도 훨씬 늘어난다. 반면 응원하던 팀이 패배하면 나눌 영광이 없어질 뿐만 아니라 수치스럽다는 이유로 그 팀과의 거리두기가 일어난다.

재질이 번쩍거리는 필름이라 '유광有光 점퍼'란 별명이 붙은 LG트윈스의 '유광 점퍼'는 2013년 LG트윈스가 12년 만에 포스트시즌에 진출하면서 값이 폭등했다. 유광 점퍼의 정가는 선수용 19만 5,000원, 일반인용 9만 8,000원인데, 재고가 바닥나면서 웃돈이 붙어 한때 인터넷 거래에서 20만 원까지 올랐다. 그러나 팬들의 기대와 달리 플레이오프전에서 패하면서 LG의 가을 야구가 4전戰 만에 끝나자, 유광 점퍼의 가치도 폭락했다. 중고 장터엔 매물이 헐값으로 쏟아져나왔다.

LG 팬 김 모(30) 씨는 새 제품을 구할 수 없어 중고 장터를 며칠씩 들락거리다 간신히 20만 원을 주고 산 유광 점퍼를 9,800원에 팔아 치웠다. 그는 판매 게시글에 "꼴도 보기 싫어 그냥 불사르고 싶은데, 만 원에 가져가실 분 찾습니다"라며 "오늘 안 팔리면 불광지구대 태극기에다가 같이 걸어놓을 테니까 가져갈 분은 가져가세요"라고 적었다. 유광 점퍼를 매물로 내놓는 팬들의 게시글은 '반사된 실패 차단하기'의 비정함을 잘 보여준다. 'LG 팬인 게 쪽팔려서 직거래 안 하고 택배로 보낸다", "한 번 입은 S사이즈, 부르는 대로 가격을 맞춰 드린다", "게임 보고 8등분으로 찢어버렸는데요, 꿰매서 쓰실 분 사세요."[5]

미국엔 자동차에 "우리 아이는 우등생이랍니다My child is an honor student"라는 스티커를 붙이고 다니는 사람이 많은데, 이 또한 후광 반사 효과를 누리기 위한 것으로 볼 수 있다.[6] 한국에서 자녀 교육을 위해 지나칠 정도로 극성을 부리는 학부모 역시 자식을 위해서라고 말

후광 반사 효과

은 하지만, 실은 후광 반사 효과를 누리기 위한 이기심이 우선이라고 보는 게 옳을지도 모른다.

후광 반사 효과를 누리기 위한 사람들의 열망은 생일 조작의 수준으로까지 나아갔다. 1년 중 가장 중요하거나 영광스러운 날에 후광 반사를 누리기 위해 생일을 속이는 사람이 의외로 많다. 캘리포니아대학 교수 앨버트 해리슨Albert Harrison이 저명인사 9,000명 이상을 대상으로 조사한 연구에선 독립기념일(7월 4일), 크리스마스(12월 25일), 새해 첫날(1월 1일)에 태어난 사람들이 그 날을 기준으로 3일 전후에 태어난 사람들보다 훨씬 많았다. 이것은 확률상 100분의 1에 해당하는 일이라는 것을 감안컨대, 생일을 조작한 경우가 많았다는 걸 시사한다.

예컨대, 재즈 음악가 루이 암스트롱Louis Armstrong, 1901-1971은 자신이 미국의 독립기념일인 7월 4일에 태어났다고 주장했지만, 실제로는 8월 4일에 태어난 것으로 밝혀졌다. 또 브로드웨이 뮤지컬의 창시자인 조지 코헨George M. Cohan, 1878-1942은 7월 3일생이었지만, 당시 차별을 받던 아일랜드계였던 부모가 자신들의 애국심을 증명하는 데에 열정적이었던 나머지 그의 생일을 7월 4일이라고 말하고 다녔다.

프랑스의 심리학자이자 점성술 학자인 미셸 고클랭Michel Gauquelin, 1928-1991은 1955년 19세기 프랑스 인명사전에 올라 있는 1만 6,000명의 별자리표를 만들었는데, 그들이 태어날 때 특정 행성(화성)이 지평선 위에 떠 있었던 경우가 많았다는 사실을 확인했다. 이는 50년간 이른바 '화성 효과Mars effect'로 불리며 점성술에 회의적이었던 학자들을 당황스럽게 만들었는데, 2002년 제프리 딘Geoffrey Dean이 그 비밀을 밝혀냈다. 자식의 출세를 너무도 바랐던 귀족 부모들이 자식들의 출생 일자를 점성술적인 견지에서 상서로운 날로 바꿔 신고한 것이다![7]

일부 처세술 책들은 후광 반사 효과를 적극적으로 누리라고 권한다. "자신을 초라하게 만드는 사람과는 어울리지 마라.……성공을 향해서 매진하는 동안에는 능력이 뛰어난 사람들과 어울려라. 하지만 일단 성공하고 나면 당신을 빛내줄 사람들만 곁에 두어라."[8]

꼭 그렇게까지 하면서 세상을 살아야 하는 걸까? 치알디니는 "'후광 반사 효과'를 누리려는 성향은 모든 사람이 어느 정도 갖고 있지만, 이런 성향을 극단적으로 밀고 나가는 사람들에게는 뭔가 특별한 면이 있는 듯하다"며 다음과 같이 말한다.

"그 사람들은 단순한 스포츠 광팬이 아니라 성격에 숨겨진 결함이 있는 사람들이다. 바로 자존감 부족이다. 자신의 가치에 대한 확신이 없는 탓에 자신이 직접 뭔가를 달성하는 상황이 아니라 다른 사람이 달성한 일에 자신을 연관 짓는 데서 성취감을 느낀다. 우리 문화권에는 이런 종류의 사람이 아주 많다. 끊임없이 저명인사의 이름을 팔고 다니는 사람이 가장 대표적이다.……형태는 달라도 그런 사람들의 행동에는 공통적인 특징이 있다. 슬프게도 자신이 아닌 다른 사람한테서 성취감을 발견하려는 것이다."[9]

그러나 그런 일은 아무리 슬퍼도 남에게 피해를 주는 일은 없거나 드물다. 심각한 문제는 정치적 지지에서 나타난다. 정치적 지지를 자신의 자존감과 성취감의 기회나 도구로 이용하려는 사람들은 광적인 지지 활동을 펴는데, 이게 자주 정치를 극단으로 몰고 가 양극화시키는 주요 이유가 된다.

후광 반사 효과

입시 전쟁도 마찬가지다. "당신은 상위권 엄마의 기쁨을 아느냐" 는 어느 학습지 광고 슬로건처럼, 자식의 명문대 진학을 자신의 자존 감과 성취감의 기회나 도구로 이용하려는 학부모가 많다. 그래서 공 개적으론 "이대론 안 된다"는 말이 외쳐지지만 내심 "이대로 가야 한 다"고 생각하는 이들이 더 많은 게 현실이며, 또 그래서 지금과 같은 입시 전쟁은 앞으로도 지속될 가능성이 높다.

23

왜 매년 5,000명이
양악 성형수술을 하는가?

초두 효과

엄청난 고통과 더불어 부작용이 따르는데도 한국인이 최근 가장 선호하는 성형은 '양악 성형수술'이다. 양악전문병원들이 추측하는 바로는 우리나라의 한 해 양악수술은 평균 5,000건에 이른다.[1] 왜 한국인들은 양악수술을 감행하는 모험에 뛰어드는 걸까? 포털사이트에 뜨는 다음과 같은 기사 제목들에 그 답이 있지 않을까?

「첫인상 망치는 안면비대칭, 양악수술로 치료한다」, 「첫인상, 양악수술로 작은 얼굴부터?」, 「비호감 첫인상, 양악수술로 바꿀 수 있다」, 「양악수술, 첫인상 망치는 돌출 입을 넣어준다?」, 「양악수술, 첫인상 좋은 외모로 바꿔준다」, 「첫인상 좋지 않은 주걱턱, 양악수술로 변신」, 「양악수술, 퍼펙트한 첫인상을 만들어준다?」, 「양악수술, 세련된 이미지로 좋은 첫인상 준다」, 「양악수술, 좋은 첫인상 만든다」.

물론 한국인들만 첫인상에 죽고 사는 건 아니다. 앞서 '후광 효과'에서 보았듯이, 이는 모든 인간에 공통된 현상이다. 이렇듯 첫인상에 큰 영향을 받는 걸 '첫인상 효과'라고 하지만, 그 원조는 '초두 효과初頭效果, primacy effect'다. '첫머리 효과'라고도 한다. 초두 효과란 먼저 제시된 정보가 나중에 들어온 정보보다 전반적인 인상 형성에 더욱 강력한 영향을 미치는 것을 말한다. '첫인상 효과'도 이 초두 효과의 한 사례라 할 수 있다. 처음 제시된 정보가 나중에 들어오는 정보의 처리 지침이 되고 전반적인 맥락을 제공하는 것은 첫인상의 '맥락 효과context effect'라고 한다.[2]

심리학자 솔로몬 아시Solomon E. Asch, 1907-1996는 1946년 실험에서 피험자에게 어떤 사람을 묘사하는 여섯 가지 형용사를 듣고 그 사람을 평가해보라고 했다. 한쪽 피험자들은 "영리하다, 부지런하다, 충동적이다, 비판적이다, 고집불통이다, 시기심이 강하다"라는 말을 듣고 평가했으며, 다른 피험자들은 "시기심이 강하다, 고집불통이다, 비판적이다, 충동적이다, 부지런하다, 영리하다"로 순서가 바뀐 형용사 목록을 들었다.

그다음에 모든 피험자는 해당 인물의 평가서를 작성했다. 예컨대, 그 사람이 얼마나 행복할 것 같은가, 얼마나 사교적인가 등의 항목을 평가하는 식이었다. 긍정적 형용사로 시작하는 첫 번째 목록을 들은 피험자들은 부정적인 형용사로 시작하는 두 번째 목록을 들은 피험자들보다 평가 대상을 훨씬 좋게 보았다. 나중 것보다 처음 것에 더 큰 영향을 받았다는 의미에서 이를 초두 효과로 부른 것이다. 영국 심리학자 스튜어트 서덜랜드Stuart Sutherland, 1927-1998는 『비합리성의 심리학Irrationality』(1992)에서 초두 효과는 두 가지로 설명할 수 있다며 다음과 같이 말한다.

"피험자들은 첫 단어를 들을 때부터 마음속으로 평가 대상을 그려나가기 시작했을 것이다. 그다음에 그들은 그 그림에 들어맞는 이차적 결과로 단어들을 만들어내려고 했다. 평가 대상이 영리하고 근면하다는 말을 들은 사람은 그다음에 오는 '충동적이다'까지도 자발성을 나타낸다고 보고 좋게 여겼을 것이다. 하지만 시기심이 강하고 고집불통이란 말을 먼저 들은 피험자들은 '충동적이다'를 생각 없이 무모하게 행동한다는 뜻으로 받아들였을 것이다. 또 다른 설명은 사람들이 자료에 몰두하면서 차츰 주의력이 흩어지기 시작하므로 처음에 등장하는 것이 나중 것보다 더 큰 영향을 행사한다는 것이다."[3]

2013년 10월 돌싱(돌아온 싱글의 준말)만의 소셜데이팅 울림은 돌싱 남녀 968명(남 635명, 여 333명)을 대상으로 '첫 만남 후 마음에 들지 않는 상대가 계속 연락을 해온다면?'에 대해 설문조사를 실시한 결과, 돌싱 남성은 '몇 번 더 만나본다(34.5퍼센트)'를 가장 많이 선택했으나, 여성은 '단호히 거절한다(35.1퍼센트)'를 1위로 꼽아 남녀 간 큰 차이를 나타냈다고 밝혔다. 설문에 대한 전체적인 반응을 살펴보아도 거절 의사와 관련된 답변, 즉 무시하거나 거절한다를 선택한 돌싱 남성은 38.7퍼센트에 불과했던 것에 비해 여성은 57.6퍼센트에 달해 극명한 차이를 보였다.

회사 관계자는 이에 대해 "돌싱 여성의 경우 이성과 관계에서 한 번 아픔을 받았기 때문에 첫 만남에서 상대방이 자신의 기준에 어긋

초두 효과

난 부분이 있으면 추후 맞춰갈 수 있을까를 생각하기보단 거기서 인연을 매듭지으려는 경향이 있다"며 "그렇기 때문에 남성은 초두 효과가 미혼에 비해 크게 작용하는 만큼 첫 만남에 앞서 사전에 철저한 준비로 상대방에게 좋은 인상을 심어주기 위한 노력이 필요하다"고 말했다.⁴

세계적인 남녀 데이트 주선 업체인 '잇츠 저스트 런치It's Just Lunch(점심만 먹어요)'는 오히려 그런 초두 효과를 배제한 영업 전략으로 성공을 거두었다. 사람들이 첫인상만 보고 성급한 결론을 내리지 않게끔 도운 것이 성공의 비결이었다는 것이다. 이와 관련, 이 업체의 창업자인 아이린 라코타는 다음과 같이 말한다.

"저희는 고객들에게 사진을 보여주지 않습니다. 앞으로도 그러지 않을 거고요. 고객들, 특히 남자 분들은 항상 사진을 요구하는데, 저희가 거절하면 '왜 사진을 보여주지 않는 거죠?'라며 난리가 납니다. 그러나 사진을 본다고 해서 가치 있는 정보를 알 수는 없어요. 관계의 가장 중요한 두 가지 요소는 서로 얼마나 잘 맞고 잘 이해하느냐인데, 그런 면에서 사진은 전혀 도움이 되지 않아요. 살아 있는 사람을 만나 냄새를 맡고 느껴야 알지, 그렇지 않고는 정말 무엇이 중요한지 전혀 감을 잡을 수 없습니다. 뿐만 아니라, 요즘은 사진을 보정하는 경우도 많아서 실물을 봐도 같은 사람인지 모를 정도니까요."⁵

그렇다. 첫인상에 너무 죽고 살 일은 아니다. 초두 효과의 원리가 매년 5,000명이 양악 성형수술을 하는 근거로 활용된다는 건 우리 인간이 눈부신 문명의 발전에도 불구하고 여전히 본능에 좌우되는 동물일 수밖에 없는 한계를 말해주는 것 같아 씁쓸하다. 우리의 빨리빨리 문화는 초두 효과를 극대화시키는 경향이 있는데, 그런 점에서 보자면 한국의 양악 성형수술 붐은 빨리빨리 문화의 부작용이라고 할 수 있겠다.

초두 효과

24

왜 우리는 "사람이 끝이
좋아야 한다"고 하는가?

최신 효과

여러 실험 결과, 사람들에게 낱말이나 숫자 목록을 기억하라고 하면, 흔히 처음과 맨 마지막 것을 기억하는 것으로 나타났다. 이처럼 처음 항목을 잘 기억하는 경향은 초두 효과라고 하지만, 맨 마지막 것을 잘 기억하는 경향을 가리켜 '최신 효과recency effect'라고 한다. 처음 항목은 암기를 통해 장기 기억 속으로 옮겨지고, 마지막 항목은 여전히 단기 기억 속에 머물러 있기 때문에 나타나는 현상인데, 이런 기억 패턴을 '서열 위치 효과serial position effect'라고 한다.¹

회사에서 업적 평가를 할 때 전체 기간의 실적을 평가하기보다는 최근의 실적이나 능력에 집중해 평가하는 것도 최신 효과다. 시장이 호황이더라도 주가 하락과 공황을 예언하는 정보가 등장하면 최신 효과로 인해 투자자들은 앞으로 닥칠 위험을 과대평가해 원금 손실을 두려워한 나머지 이익도 없고 오히려 손해인 원금 보장 상품에 투자하며, 반대로 주가가 상승할 것이라는 정보를 접하게 되면 기회를 과대평가하고 위험을 과소평가하는 경향이 있다.[2]

투자회사인 ING그룹은 투자자들이 흔히 범하기 쉬운 편견 중의 하나로 최신 효과로 인한 최근성 편견을 들었다. "인간은 보통 최근에 일어난 일이나 경험을 과거의 것보다 훨씬 중요하게 여긴다. 펀드 투자를 할 때가 꼭 이렇다. 펀드를 고를 때 장기 성과보다는 최근 1개월, 3개월, 6개월 등 성과를 중요시한다. 그러나 자동차는 백미러를 보고 운전하는 게 아니듯 과거 성과가 미래 성과를 보장해주지 않는다. 오히려 유행 펀드로 갈아탔다가 이후 수익률이 꺾이는 경우가 태반이다."[3]

초두 효과나 최신 효과를 극복하려면 어떻게 해야 할까? 롤프 도벨리Rolf Dobelli, 1966-는 신입사원 면접 등과 같이 사람에 대한 평가를 할 때엔 이런 방법이 있다며 자신의 경험담을 털어놓는다. "나는 지원자들과 면담을 할 때 5분마다 점수를 매기고 나중에 가서 평균 점수를 계산한다. 그렇게 해서 나는 '중간 인상' 역시 첫인상이나 마지막 인상과 마찬가지로 동일한 영향력을 갖도록 노력한다."[4] 그러나 이 방법에 대해선 "앓느니 죽겠다"고 말하는 사람이 많을 것 같다.

2013년 1월 『중앙일보』 논설위원 이정재는 앞서 소개한 솔로몬 애시Solomon E. Asch, 1907-1996의 실험에 빗대 "A=성장, 복지, 분배, 반값 등록금, 경제민주화 B=경제민주화, 반값 등록금, 분배, 복지, 성장"라는 문항을 만든 후, A와 B 중 어느 쪽이 진보인지라는 질문을 던졌다.

최신 효과

그는 "대부분 B를 고르게 된다. A와 B의 내용은 똑같다. 단지 순서만 뒤집었다. 그런데도 받아들이는 쪽은 A와 B를 구분한다"며 다음과 같이 주장했다.

"근혜노믹스의 첫인상은 어떤가. 보수의 언어로 가득 채워지고 있다.……지금이라도 순서를 바꿔야 한다. 근혜노믹스의 첫머리에 경제민주화를 갖다 놔야 한다. 그래야 진보의 언어로 말하고 진보의 문법으로 소통이 가능해진다. 지난 대선을 잠시만 돌아봐도 알 수 있다. 대선 공약 이슈 1순위는 단연 경제민주화였다. 진보 쪽 여론이 강한 트위터 등 각종 소셜네트워크 조사 결과, 언급 횟수가 2·3위인 비정규직이나 반값 등록금 이슈를 두 배 차이 넘게 따돌릴 정도였다. 그뿐이랴. 중소기업·소상공인이 가장 아픈 '손톱 밑 가시'로 꼽은 것도 '경제민주화'였다."[5]

일반적으로 태도 형성엔 초두 효과가 크게 작용하고, 회상(즉, 메시지 내용의 기억)엔 최신 효과가 크게 작용하는 것으로 알려져 있다. 그래서 광고 등 마케팅 활동에선 여러 개의 정보를 차례로 제시하는 경우 자사 브랜드의 호의적 태도 형성에 매우 중요한 정보는 처음에 제시하고, 브랜드 명처럼 반드시 기억해주길 바라는 정보는 끝에 제시하는 것이 바람직스럽다고 한다.[6]

우리는 흔히 '유종의 미'를 거둬야 한다거나 "사람이 끝이 좋아야 한다"는 말을 즐겨 하지만, 어디 끝만 중요하겠는가? 시작도 중요하다. 즉, 알파와 오메가alpha and omega가 다 좋아야 인간관계는 물론 전반적인 세상살이에서 복을 누릴 수 있다.

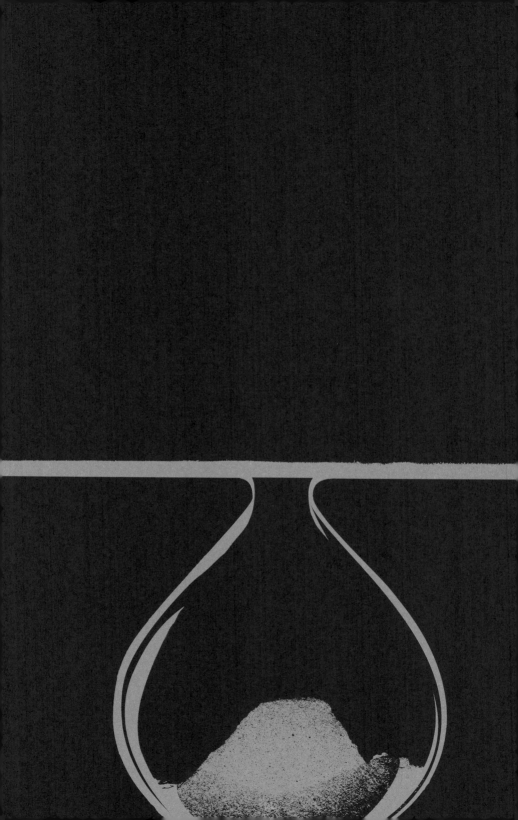

25

왜 여성이 남성보다 우울증에
많이 빠지는가?

학습된 무력감

우울증은 여성이 남성보다 많이 걸리는 질환이다. 국가에 따라 다르긴 하지만, 여자가 남자보다 우울증 비율이 2배 높은 것으로 알려져 있다. 왜 그럴까? 미국 펜실베이니아대학의 긍정심리학자 마틴 셀리그먼Martin E. P. Seligman, 1942-은 생물학적 차이, 유전적 차이, 성 역할의 부담 등은 설득력이 떨어진다며, 학습된 무력감, 행동보다는 생각에 잠기는 반추, 마른 몸매를 추구하는 현상 등 3가지 이유를 제시한다. 여기선 '학습된 무력감learned helplessness'에 대해서만 살펴보자. 셀리그먼은 다음과 같이 말한다.

"소년들의 행동은 그들의 부모나 선생님에 의해 칭찬이나 비판을 받지만, 여자 아이들의 행동은 그저 무시될 때가 많다. 소년들은 독립

심과 행동을, 소녀들은 수동성과 의타심을 교육받는다. 여성들은 성장한 후에도 아내와 어머니의 역할을 하찮게 보는 문화적 환경 속에 내던져진다. 일의 세계에 진입할 때도 여성은 남성보다 성과에 대한 공로를 제대로 인정받지 못한다.……이 모든 것을 극복하고 탁월한 능력을 발휘하여 힘 있는 위치로 승격된다 해도, 그녀는 그 자리에 어울리지 않는 존재로 비춰진다. 학습된 무기력은 곳곳에서 그 실체를 드러내고 있으며, 이는 믿을 만한 우울증 유발 요인이다."[1]

'학습된 무력감' 또는 '학습된 무기력'이라는 개념은 1967년 펜실베이니아대학에서 이루어진 셀리그먼의 실험에서 비롯되었다. 각 8마리씩 구성된 세 집단의 개들에게 전기충격을 피하기 위해 상자의 한쪽에서 다른 쪽으로 작은 장애물들을 뛰어넘도록 하는 실험이었다. 첫 번째 집단은 한 번도 그런 훈련을 받아본 적이 없었고, 두 번째 집단은 이미 다른 상황에서 다른 방식으로 충격을 피하는 법을 배웠으며, 세 번째 집단은 다른 상황에서 어떤 방법으로도 피할 수 없는 일련의 충격들을 받은 적이 있었다.

어떤 결과가 나왔을까? 첫 번째와 두 번째 집단의 개들은 모두 장애물을 뛰어넘었지만, 두 번째 집단의 개들은 이미 전에 배운 것을 일부 적용해 첫 번째 집단의 개들보다 약간 빨리 배운 것으로 나타났다. 반면 세 번째 집단의 개들은 대부분 충격을 피하려는 시도조차 하지 않았기 때문에 아무것도 배우지 못했으며, 상당히 수동적이 되어 납작 엎드린 채 실험을 끝내는 자비를 베풀 때까지 충격을 받아들였다. 어떤 시도도 필요 없음을 배운 나머지 자신들의 운명을 통제하는 데 무력해진 것이다. 이게 바로 '학습된 무력감'이다.[2]

학습된 무력감

셀리그먼의 실험에서 사람이든 동물이든 통제 불능의 사건을 접했을 때 8명(8마리) 중 5명(5마리)만 무력해지고, 나머지 약 3분의 1은 무력하게 만들 수 없었다. 그리고 약 10분의 1은 처음부터 무력했기에 아무것도 할 필요가 없었다. 결코 무력해지지 않는 사람들은 누구일까? 그런 궁금증을 가진 셀리그먼은 그들은 그런 사건을 일시적이고 통제 가능하며 국소적이고 자신의 잘못이 아니라고 생각하는 사람들이라는 것을 알아차렸기 때문에 '학습된 낙관주의learned optimism' 에 관심을 갖게 되었다.[3]

셀리그먼이 대학원을 다녔던 1960년대엔 스키너B. F. Skinner, 1904-1990의 행동주의behaviorism가 막바지에 도달했을 때였다. 동물이 무력감을 학습한다는 생각은 행동주의의 논지와 주장에 정면으로 도전하는 것이었기에 이단적이었지만, 그는 그런 난관을 뚫고 무력감은 학습될 수 있다는 것을 밝혀냈고, 이어 낙관주의도 학습될 수 있다고 주장했다.[4] 그는 '학습된 무력감' 과 '설명양식explanatory style' 은 밀접하게 관련되어 있다며 다음과 같이 말한다.

"설명양식이란 왜 이러저러한 일들이 일어났는지 스스로에게 설명하는 습관적인 방식이다. 이것은 학습된 무기력을 크게 좌우하는 역할을 한다. 낙관적인 설명양식은 무기력을 없애고 비관적인 설명양식은 무기력을 퍼뜨린다. 일상 속에서 실패나 중대한 패배에 직면할 때, 과연 얼마나 무기력에 빠져들지 또는 다시 기운을 차릴지는 본인 스스로가 사태를 설명하는 방식에 달렸다. 설명양식이란 '마음속 세상' 을 비추는 거울과도 같은 것이다."[5]

학생이 영어 시간에 어떤 나쁜 경험들을 하게 되면 "나는 절대 영어를 잘할 수 없어!"라고 하거나, 일부 사람들과의 인간관계가 나빠지면 "나는 어떤 사람과도 우호적인 관계를 형성할 수 없을 거야"라고 미리 자포자기하는 것도 바로 학습된 무력감이다.[6]

　타인의 성공이 곧 나의 실패를 의미할 정도로 지나치게 경쟁적인 상황에서 공부하는 학생들은 이기든 지든 양쪽 모두 무력감에 시달릴 수 있다. 만족감은 자신의 노력에 대한 평가가 아니라 오직 승리를 했을 때에만 찾아오기 때문이다.[7] 정신과 의사 이호분은 이 시대 대다수 아이들은 '학습된 무력감'에 시달리고 있다고 말한다.

　"즉 아무것도 잘할 수 없다는 무력감을 반복해서 경험하여 이를 학습하고 있다. 아이들은 특성에 따라 잘할 수 있는 일이 다르다. '이것만은 정말 자신 있어' 할 만한 것 하나씩만이라도 만들어주자. 그게 비록 하찮아 보이는 일일지라도. 뭔가를 잘할 수 있다는 '유능감'을 갖게 해 무력감에서 벗어나도록 도와주자."[8]

　요새 젊은 세대를 '학습화된 무기력의 세대'라 칭한 연세대학교 문화인류학과 교수 조한혜정은 "한국 아이들은 어려서부터 '제도에서 낙오되면 끝이다'란 공포스러운 말을 일상적으로 들으며 자란다"며 "그 결과 학생들은 제도가 인정하는 안전한 목표만을 추구하는 '학습화된 무기력'을 갖게 된다"고 말한다. 시험 문제는 잘 풀지만 정작 자신이 맞닥뜨린 현실의 문제를 해결하는 데는 무력하며, 부당한 대우를 받아도 감정을 표출하거나 의견을 표현할 수 없다는 것이다. 그는 이런 대학생들을 '초합리적 바보'라고 지칭하면서 '학교라는 제도를 벗어난' 교육이 필요하다고 주장한다.[9]

　2013년 11월 전 국회의원으로 북한 문제 전문가인 정옥임은 "평양이나 교외 상황, 압록강이나 두만강 국경의 상황만 보고 단정할 순 없지만 최근 상황을 볼 때 '김일성 유일주의'에 빠져 있던 북한 인민들의 생각이 많이 바뀌어 가고 있는 것 같다"며, "주민들의 학습된 무력감이 희석되는 시기고, 정권 입장에서는 대외적으로 강경해질 수밖에 없다"고 진단했다.[10]

인지과학자 도널드 노먼Donald Norman, 1935-은 『디자인과 인간심리 The Psychology of Everyday Things』(1988)에서 '가르쳐진 무력감taught helplessness'이라는 개념을 제시했다. "과학기술이나 수학에 대한 공포증도 일종의 학습된 무력감에서 생긴 것일까? 아주 쉬워 보이는 상황에서의 실패 경험이 공학적인 제품이나 수학 문제에 일반화될 수 있을까? 그럴지도 모른다. 실상은, 생활용품의 디자인 자체가(그리고 수학 교과과정 자체가) 무력감을 일으키도록 되어 있는 것 같다. 우리는 이러한 현상을 '가르쳐진 무력감'이라고 부를 수 있다."[11]

이른바 '무력감의 사회화the socialization of powerlessness'라는 말도 있다. 시민들이 능동적 시민으로서 갖춰야 할 덕목 대신 포기, 체념, 냉소주의를 습관적으로 갖게 되는 걸 말한다. 그렇게 되는 가장 큰 이유는 직장, 작업장에서의 경험에서 비롯되며, 이는 정치 발전에 치명적인 것으로 간주된다.[12] 그래서 산업민주주의industrial democracy의 핵심 과제는 '작업환경의 권위 구조authority structure of work environment'를 중시하면서 일터에서 참여를 통해 민주주의 훈련을 하는 것이다.[13]

2013년 6월 앤디 얍Andy Yap MIT 교수 연구팀은 출세한 사람들이 누리는 운동장 같은 사무실, 비싼 승용차의 널찍한 좌석 등은 그들로 하여금 더 많은 힘을 가진 것처럼 느끼게 함으로써 더 많은 부정직한 행동을 불러오는 반면, 돈도 없고 권력도 없는 사람은 일상생활의 모든 공간이 좁다 보니 축 처진 웅크린 자세를 갖게 되고, 이는 스트레스와 더불어 학습된 무력감을 가져온다고 주장했다.[14]

　문화심리학자 김정운은 「금지禁止를 금지하라!」라는 칼럼에서 "진짜 심각한 문제는 금지가 반복되고 지속될 때 생긴다. 처음에는 심리적으로 저항하고 분노하던 사람들이 어느 순간부터 금지에 익숙해지기 시작한다. 나중에는 외적 금지가 없어도 스스로 금지하고 체념하는 '학습된 무기력learned helplessness'에 빠지게 된다. 세상에 금지를 내면화하고 체념하는 것처럼 무서운 질병은 없다"며 다음과 같이 말한다.

　"먹고살 만해진 한국 사회가 경계해야 하는 것도 바로 이 집단적 '학습된 무기력'이다. 절대 빈곤 시대, 분단 상황을 견뎌오며 너무나 많은 '금지'를 겪어왔다. 도대체 한국처럼 안 되는 것투성이의 나라가 지구상에 어디 있었던가? 그래도 끊임없이 저항하고 소리지르며 부딪쳤기에 여기까지 올 수 있었다. '금지에 대한 끊임없는 저항'이야말로 한국의 문화심리학적 특징이다. '조용한 아침의 나라'는 순 '개뻥'이다. 아무튼 나는 끊임없이 금지에 시비를 거는 '시끄러운 한국'이 좋다. 금지를 허許하는 순간 주체가 된 삶은 바로 끝이기 때문이다."[15]

　대중의 '정치로부터의 도피'도 '학습된 무력감' 탓으로 볼 수 있다.[16] 정치와 언론이 제 역할을 다하지 못하는 가운데 사회 변화의 약속이 지켜지지 않는 걸 수없이 경험한 유권자들은 정치를 정치인들만의 이권 산업으로 간주하면서 정치와 공공 생활에서 발을 빼게 된다. 이를 가리켜 정치 냉소주의니 혐오주의니 하고 말하지만, 그 이면엔 학습된 무력감이 자리 잡고 있는 것이다.

왜 어떤 환자들은 가짜 약을 먹고도
병이 낫는가?

플라세보 효과

약효가 전혀 없는 가짜 약을 진짜 약으로 가장해 환자에게 복용토록
했을 때 환자의 병세가 호전되는 심리적 효과를 가리켜 '플라세보 효
과placebo effect'라고 한다. 플라세보는 라틴어로 "I shall please(나는 당
신을 만족시켜 줄 것입니다)"란 뜻이다.

　'플라세보'는 원래 14세기 때 돈을 받고 죽은 자를 위해 통곡을
해주는 '대곡꾼'을 의미했는데, 1785년 발간된 『신의학사전New Medical
Dictionary』의 기타 의료행위 항목에 지금과 같은 의미로 처음 수록되었
다. 1955년 치과 의사 헨리 비처Henry K. Beecher, 1904-1976가 출간한 『강력
한 플라세보The Powerful Placebo』 이후 널리 쓰이는 말이 되었다. 플라세
보 효과는 '위약僞藥 효과', '속임 약 효과', '가짜 약 효과'라고도 하는

데, 비단 약뿐만 아니라 레이저와 같은 기술, '가짜 수술sham surgery', 기타 허위 정보에 근거한 처리나 대응까지도 포함한다.[1]

「전문가들도 놀라는 플라세보의 강력한 효과Placebos Prove So Powerful Even Experts Are Surprised」. 『뉴욕타임스』 1998년 10월 13일자 기사 제목이다. 이 기사는 가짜 발모제가 머리카락을 자라게 하고, 가짜 수술이 무릎의 부기를 가라앉히고, 아스피린이나 코데인 등 위약이 진짜 약의 50~60퍼센트에 달하는 진통 효과를 낼 수 있다는 실험 결과 등 다양한 사례들을 소개했다.[2]

그 밖에도 흥미로운 뉴스거리에 굶주린 신문을 충족시켜 줄 만한 연구 사례는 무수히 많다. 두통이나 고혈압, 불안 그리고 다른 경미한 통증을 갖고 있었던 사람들의 3분의 1이 위약 효과로 인해 자신들의 증상이 감소되었다고 보고한 연구 결과가 있으며, 또 다른 연구에선 위약을 투여 받은 후 만족스러운 효과가 있었다고 보고한 환자의 비율이 우울 정신병에서는 29퍼센트, 십이지장궤양에서는 36퍼센트, 편두통에서는 29퍼센트, 역류성 식도염에서는 36퍼센트인 것으로 나타났다.

위약에 중독된 나머지 자신들의 건강 상태를 유지하기 위해 더 많은 위약을 요구하는 사람들도 있다. 또 위장 외과수술(절개를 한 것처럼 보이지만 실제로 절개한 것은 아닌 수술)을 받은 일단의 퇴행성관절염 환자들이 실제로 관절염 수술을 받은 환자들 못지않게 통증이 완화된 사례도 있다. 그래서 미국에선 거의 50퍼센트에 달하는 의사들이 의도적으로 위약을 처방한다는 조사 결과도 있으며, 값비싼 위약이 값싼 것보다 통증을 많이 완화시키는 것으로 나타났다.

플라세보 효과는 제약사들이 약품 가격을 매길 때에 중요한 고려 요소가 된다. 사람들은 값싼 상품은 효과가 좋지 않을 것이라고 생각하는 경향이 있는바, 약품의 값을 싸게 매기면 실제로 효과가 떨어지기 때문이다. 감기나 독감에 걸린 경우 비관론자들은 회복하는 데 8일이 걸린 반면 낙관론자들은 평균 4일 만에 회복했다는 연구도 있다. 제약업계에서는 신약 검증 실험을 할 때마다 크나큰 골치를 앓는다. 플라세보 효과 때문에 제대로 검증을 하기가 어렵기 때문이다.[3]

이와 관련, 코넬대학 심리학자 토머스 길로비치Thomas Gilovich, 1954-는 이렇게 말한다. "신체는 스스로 치유하는 능력을 가지고 있기 때문에, 의학적 도움을 찾는 많은 사람들은 비록 의사가 아무 도움도 되지 않는 행위를 하더라도 긍정적 결과를 경험하게 된다. 따라서 기본적으로 성공률이 매우 높은 경우에는 아무런 가치도 없는 치료법조차도 효과적인 것으로 나타날 수 있다."[4]

만일 의사가 보살펴 준다고 믿으면 환자는 더욱 성실히 치료에 임하는데, 이런 인간관계의 신뢰가 치료 효과를 높여준다고 볼 수 있다. 그래서 미국 예일대학 의대 교수 하워드 스피로Howard Spiro는 "플라세보 효과는 공동체 의식의 힘, 즉 개인이 노력만으로도 다른 사람에게 도움이 될 수 있다는 기적을 확인시켜 준다"고 말한다.[5]

플라세보 효과의 상당 부분은 단순한 시간 경과에 의한 효과, 즉 '자발적 완화spontaneous remission'라는 주장도 있다. 관절염과 동맥경화처럼, 아무리 심각한 질병도 악화와 완화의 주기를 갖고 있다는 것이다.[6] 그렇지만 많은 심리학자는 플라세보 효과를 뇌라는 기관이 기대와 예상을 기반으로 반응하는 시스템이라는 '기대 이론expectancy theory'

으로 설명한다.[7]

성형외과 의사 출신으로 '마음의 성형수술'이 필요하다는 깨달음에 의해 성공학 전도사로 변신한 맥스웰 몰츠Maxwell Maltz, 1889-1975는 더 적극적인 해석을 내린다. "플라세보 효과를 오직 암시 효과에 불과하다고 치부해버리는 것으로는 아무것도 설명하지 못한다. 보다 합리적인 결론은 '약물' 복용이 기대를 일으키고, 마음속에 건강이라는 목표 이미지가 만들어지며, 그 목표를 성취하기 위해 몸 자체의 치유 기능을 활용해서 창조적인 메커니즘이 작동한다는 것이다."[8]

그런 메커니즘을 정치에 활용하는 걸 가리켜 '플라세보 정치'라고 한다. 독일 도르트문트대학의 정치학 교수 토마스 마이어Thomas Meyer, 1943-는 "정치인들은 미디어가 뉴스를 선택하고 보도하는 '미디어의 논리'를 배워 자신의 정치를 '미디어의 룰'에 따라 연출하고 있어 정치가 '미디어화mediatize'하는 현상이 확산되고 있다"며 "정치인들이 미디어의 무대에 신속히 등장할 수 있는 '미디어의 룰'을 잘 알고 있기 때문에 진지한 정치나 정책을 제시하는 것이 아니라 '플라세보 정치placebo politics(유사 정치)'로 기울어지고 있다는 데에 문제가 있다"고 주장한다.

마이어는 로널드 레이건Ronald W. Reagan, 1911-2004 전 미 대통령의 사례를 들어 플라세보 정치를 설명했다. 레이건 전 대통령은 교육 예산을 크게 줄였던 인물이지만, 당시 그는 학교를 찾아가 교사와 학생들과 이야기를 나누었다. 이때 미디어가 전달한 것은 '학교 문제로 깊이 고심하는 정치인'의 이미지였다는 것이다.[9] 레이건의 이런 '플라세보 정치'와 관련, 미국에서는 "대통령은 목사가 아니다Presidents Are Not

Pastors"는 주장까지 나왔다.[10]

신현정은 "나와 같은 무신론자에게 성경 「요한복음」 11장 40절의 '믿으면 하나님의 영광을 보리라'는 표현은 바로 가짜 약 효과를 나타내는 것이겠다. 물론 기독교 신자에게는 진정한 믿음이겠지만 말이다"라고 말한다.[11] 실제로 부흥회에서 복음 전도사의 설교를 듣고 환자들이 병이 치유되거나 치유된 것처럼 느끼는 것은 플라세보 효과가 발생하기 때문이다.[12] 이렇게 되면 플라세보 효과는 점점 더 종교에 근접하는 건 아닐까?

왜 어떤 환자들은 가짜 약을 먹고도 병이 낫는가?

27

왜 어느 선원은 고장 난 영상 19도의 냉동고 안에서 얼어 죽었나?

노세보 효과

"노세보 효과는 잘 안 될 것이라고 부정적으로 생각하고 그 결과가 비극적으로 나타나는 현상을 가리킨다. 작동이 멈춘 영상 19도의 냉동고 안에서 얼어 죽은 선원을 예로 들 수 있다. '곧 얼어 죽을 것이다' 라는 선원의 마음과 두려움이 실제로 그의 몸을 얼어붙게 만들고 죽음으로 몰아간 것이다." [1]

잠재소통 전문가인 엘든 테일러Eldon Taylor의 말이다. 별로 믿기지 않는 이야기지만, 설마 거짓말을 했겠는가. 노세보nocebo는 라틴어로 "I shall harm(나는 당신에게 해를 줄 것입니다)"이란 뜻으로, 1961년 월터 케네디Walter Kennedy가 플라세보placebo의 반대 경우로 처음 쓴 말이다. [2]

호주의 원주민들은 주술사의 저주를 받으면 시름시름 앓다가 며칠 뒤에 숨을 거두었는데, 1942년 미국 생리학자 월터 캐넌Walter B. Cannon, 1871-1945은 이러한 현상에 '부두 죽음voodoo death'이라는 이름을 붙였다. 부두는 서인도 제도에 있는 아이티의 원시종교인데, 부두교의 주술사에게서 저주를 받고 죽은 사람들이 적지 않은 것으로 알려졌다. 이처럼 주술사의 저주가 효과를 발휘하는 것도 노세보 효과라고 부른다.[3]

설탕을 구토제로 알고 먹은 입원 환자의 80퍼센트가 실제로 구토 증상을 일으킨 것, 우울증 환자들이 자신의 건강에 대해 부정적인 기대감을 갖기 때문에 심장질환에 걸릴 확률이 월등히 높아지는 것, 많은 의대생이 자신이 공부하고 있는 질병의 증상을 보이기 시작하는 것 등도 모두 노세보 효과다.[4]

하버드대학 심리학자 엘렌 랭어Ellen Langer, 1947-는 노세보 효과의 대표적 예로 '암 진단'을 들었다. "암 진단에 있어 미국인들이 가지고 있는 가장 일반적인 사고방식은 암이 곧 죽음을 의미한다는 확신이다. 암으로 진단받은 사람은 암이 아직 신체 기능에 아무런 영향을 미치지 않고 있다고 해도 본인을 건강한 사람으로 여기는 데 큰 어려움을 겪는다. 하지만 그와 동시에 아직 암 진단을 받지 않아 스스로 건강하다고 여기며 돌아다니는 사람들도 있다. '악성 종양으로 진단받은' 환자들은 실제 병의 진행 과정과 상관없이 쇠약해질 수 있는데, 이는 죽음에 대한 단순한 예상만으로도 죽음이 촉진될 수 있음을 나타낸다."[5]

노세보 효과와 관련, 하버드대학 의대 교수 허버트 벤슨Herbert

Benson, 1935-은 30년간의 임상 경험을 바탕으로 저술한 『자연치유의 비밀』이라는 책에서 인간이 자신을 절망의 이미지로 받아들이면, 몸에도 장애가 나타난다고 밝혔다.[6]

노세보 효과 역시 플라세보 효과처럼 임상 실험으로 확인되었다. 수천 명 환자를 대상으로 실시한 15개의 노세보 효과 실험에서 25퍼센트의 환자가 피로, 우울증, 성 기능 장애 따위의 부작용을 나타냈다. 그래서 노세보 효과는 의사들이 환자에게 부정적 영향을 미치는 언행을 삼가야 할 주요 이유가 된다.[7]

이런 이치를 정치에 적용시킨다면, 정치적 플라세보 효과나 정치적 노세보 효과도 가능하겠다. 루마니아 태생의 프랑스 사회심리학자 세르주 모스코비치Serge Moscovici, 1925-는 『군중의 시대』(1981)에서 지도자의 카리스마를 정치적 플라세보 효과로 간주한다. "카리스마는 그 재능을 지닌 사람과 접촉하는 사람들에게서 바라는 효과를 낳는다.……과학의 진보에도 불구하고, 우리들은 인간이 인간에 대해서 약藥이며, 약 중에서도 만병통치약이라는 것을 끊임없이 보아왔다."[8]

일본 총리 아베 신조가 2014년 1월 22일 다보스 포럼에서 중국과 일본의 갈등을 제1차 세계대전 당시 영국과 독일의 관계에 비유하면서 "우발적으로, 혹은 부주의로 인해 양국의 충돌이나 분쟁이 발생할 수도 있다"고 한 것은 정치적 노세보 효과를 낳을 수 있다는 점에서 많은 비판을 받았다.

주로 밝은 이야기를 하는 정치를 할 것인가, 아니면 주로 어두운 이야기를 하는 정치를 할 것인가? 물론 양자택일할 문제는 아니다. 상황에 따라서 밝은 이야기가 필요할 수도 있고 어두운 이야기가 필요할 수도 있다. 아니면 영국의 윈스턴 처칠Winston Churchill, 1874-1965처럼 두 가지, 즉 '이성적 비관'과 '감성적 낙관'을 결합할 수도 있겠다. 독일군이 파리를 향해 파죽지세로 돌격하던 1940년 5월 13일 처칠은 총리 취임 연설에서 이렇게 말했다. "내가 국민에게 드릴 수 있는 것은 피와 노고와 눈물과 땀밖에 없습니다I have nothing to offer but blood, toil, tears and sweat."

국가적으로 비극적 사태가 일어났을 때 지도자급 인사들이 국민에게 '피와 노고와 눈물과 땀'을 바치겠다는 결연한 의지를 표현하는 것 이상 좋은 위로가 없으리라. 그 점에서 보자면, 세월호 참사에 대한 일부 여권 인사들의 몰지각한 언행은 개탄을 금할 수 없다. 어느 여당 의원은 자신의 페이스북에 "북괴 지령에 놀아나는 좌파단체들이 참사를 틈타 국가 전복 작전을 펼칠 것"이라는 내용의 글을 올렸다는데, 그는 그런 정치적 노세보 효과가 나타나기를 원한 걸까? 그래야 자신의 존재가 빛나고 위상이 높아진다고 생각한 걸까? 여야를 막론하고 세상의 주목을 받기 위해 과도한 독설과 궤변을 서슴지 않는 정치인들을 가리켜 '노세보 정치인'이라고 부르는 것도 가능하겠다.

28

왜 좋아하는 사람의 곁에 자주 얼씬거리면 데이트 가능성이 높아지나?

단순 노출 효과

"한 번 보고 두 번 보고 자꾸만 보고 싶네." 이 노래 가사는 어떤 사람이나 사물을 보면 볼수록 호감을 느끼게 되는 '단순 노출 효과mere exposure effect'의 핵심을 잘 말해주고 있다. 폴란드 출신 미국 사회심리학자인 로버트 자욘스Robert Zajonc, 1923-2008가 1960년대에 실시한 연구에서 보여주었듯이, 우리가 특정한 사물이나 아이디어에 대해 처음부터 호감이나 중립적인 감정을 가지고 있었다는 전제하에서 그것이 많이 노출될수록 호감은 점점 커진다. 그래서 '친숙성 원리familiarity principle'라고도 한다.

단순 노출 효과를 '에펠탑 효과Eiffel Tower Effect'라고도 하는데, 여기엔 이런 사연이 있다. 1889년 3월 31일 프랑스대혁명 100주년을 기넘해서 파리에서 개최된 만국박람회 조직위원회의 요청으로 완성된 알렉상드르 구스타브 에펠Alexandre Gustave Eiffel, 1832-1923의 에펠탑은 320.75미터의 높이로 강철 대들보에 의한 건물이라는 건축의 신시대를 선언하는 동시에 강철의 무한한 잠재력을 과시했다. 오늘날 에펠탑은 프랑스와 파리의 대표적 상징물로 전 세계 각국의 관광객을 끌어들이는 '효자' 노릇을 톡톡히 하고 있지만, 처음부터 프랑스인들의 사랑을 받은 건 아니다.

당시 파리는 5·6층짜리 고풍스러운 고딕 양식 건물로 이루어진 도시였는데, 파리 시민들과 예술가들은 300미터의 흉측한 철탑은 도시와 어울리지 않는다는 이유에서 에펠탑의 건립을 거세게 반대했다. 1887년 2월 14일 파리의 작가, 화가, 조각가, 건축가들은 「예술가의 항의」라는 글을 발표했으며, 작가 기 드 모파상Guy de Maupassant, 1850-1893은 에펠탑이 완공되면 파리를 떠나겠다는 글을 쓰기도 했다. 결국 프랑스 정부는 '20년 후 철거'라는 타협 카드를 내밀고서야 건설을 추진할 수 있었다. 그러나 에펠탑이 완공된 후 시민들이 매일 보게 되면서 생각도 점점 달라져 나중엔 호감으로 바뀌었으며, '20년 후 철거'를 할 필요도 없었다.[1]

자이온스는 1968년의 한 연구에서 중국어를 해독하지 못하는 사람들에게 한자를 한 번에서 스물다섯 번까지 보여주고, 그것이 무슨 뜻인지 짐작해보라고 했다. 문자는 더 자주 노출될수록 '말馬', '병病' 등의 뜻보다 '행복'처럼 긍정적인 뜻으로 짐작되었다는 사실이 드러났다. 이런 단순 노출 효과는 우리 삶 속의 여러 현상을 설명해준다. 예컨대 어렸을 때 먹었던 간식을 엄마처럼 만들어주는 사람을 찾기가

그토록 어려운 것도 바로 단순 노출 효과 때문이다.[2]

"내가 왜 좋지?", "그냥!" 단순 노출을 통한 선호의 형성은 대상에 대해 인지적으로 숙고한 결과이기보다 감정적으로 친숙하다거나 좋다는 반응에 해당하기 때문에 왜 그 대상을 좋아하는지에 대해 고민하지 않으며, 따라서 그 이유를 답하기도 어렵다.[3]

특정 대상을 단순하게 보는 것뿐 아니라, 대상이나 사건에 대해서 단순히 생각해보는 것만으로도 단순 노출 효과와 유사한 효과가 발생할 수 있는데, 이를 가리켜 '단순 생각 효과mere thought effect' 라고 한다. 예컨대, "당신은 이 문제(서비스나 제품)를 어떻게 생각하시나요?" 라는 질문을 광고 · 홍보 요원을 통해서 반복적으로 들으면 해당 문제(서비스나 제품)가 더 중요하게 생각되어 더 적극적으로 반응하게 된다는 것이다. 그러나 후속 연구에 따르면 대상에 대해 생각할 시간이 너무 많이 주어지면, 오히려 태도에 대한 근거와 생각이 고갈되어 자신의 근거에 대한 자신감이 감소되어 단순 생각 효과가 희석되는 결과가 발생한다.[4]

많은 사람이 사진에 찍힌 자신의 얼굴이 이상하다고 느끼는 경우가 있는데, 그 이유는 거울에서 매일 보던 자신과 다르기 때문이다. 얼굴의 좌우가 정확히 대칭인 사람은 많지 않은데, 거울은 사람의 얼굴을 반대로 보여준다. 이 점에 착안한 심리학자들은 실험 참가자의 사진을 두 종류로 준비해 반응을 살폈다. 하나는 실험 참가자를 제외한 세상 모든 사람이 보는 얼굴, 다른 하나는 실험 참가자 자신이 거울을 통해 보는 얼굴이었다. 실험 참가자들은 좌우가 뒤바뀐 거울 속의 얼굴을, 친구나 가족들은 좌우가 뒤바뀌지 않은 실제 얼굴을 더 선호했

다. 물론 이 또한 단순 노출 효과라 할 수 있다.[5]

　광고는 많은 경우 단순 노출 효과에 크게 의존한다. 이명천·김요한은 "화장지나 비누 같은 일용품이나 간단한 식료품 같은 저관여low involvement 제품은 구매의 중요성이 그리 크지 않고, 잘못 구매해도 리스크가 적은 편이다. 따라서 구매 전에 소비자가 특정 브랜드의 특징을 경쟁 브랜드와 꼼꼼히 비교한 후 구매의사를 결정하는 경우가 많지 않다. 그냥 제품의 구매시점에서 평소에 자주 보고 익숙한 브랜드이기 때문에 별 생각 없이 구매한다"며 다음과 같이 말한다.

　"예를 들어 치통 때문에 약국에 간 소비자는 어떤 약을 원하느냐는 약사의 물음에 모든 브랜드의 특징을 생각해본 뒤에 한 브랜드를 택하지 않는다. 평소에 TV에서 자주 보던 '두통, 치통, 생리통엔 ×
×'라는 광고 메시지 때문에 익숙한 브랜드를 말한다. 다시 말해 가격이 상대적으로 저렴하고 구매결정이 자신과 관련이 적고 중요하지 않은 저관여 제품은 자세한 제품 특징을 광고에서 알리는 것은 그리 효과적인 전략이 아니다. 오히려 자주 반복을 통해 친근함을 형성하게 하는 것이 더 효과적이다.……TV 광고나 라디오 광고에서 익숙한 음악을 배경음악으로 사용하는 것도 단순 노출 효과를 이용하는 사례라 할 수 있다."[6]

　정치 프로파간다가 끊임없는 반복을 그 생명으로 삼는 것도 바로 단순 노출 효과를 겨냥한 것임은 두말할 나위가 없다. 아돌프 히틀러Adolp Hitler, 1889-1945의 선전 기본 원칙 가운데 하나도 "충분히 자주 반복하면 조만간 믿게 된다는 사실을 알 것"이었다.[7] 올더스 헉슬리Aldous Huxley, 1894-1963의 『멋진 신세계Brave New World』(1932)에서 청년들을 지배하는 구호 중 가장 중요한 것은 "오늘 즐길 수 있는 것을 절대로 내일로 미루지 말라"인데, 이 구호는 '14세 때부터 16세 반이 될 때까지 매주 2번씩 그리고 매번 200번씩 반복해' 그들에게 철저하게 주입된다.[8]

스탠퍼드대학 경영대학원 교수 제프리 페퍼Jeffrey Pfeffer, 1946-는 『권력의 기술Power』(2010)에서 "간단히 말해 '기억된다'는 말과 '선택된다'는 말은 동의어다"며 "생각도 나지 않는 사람을 선택할 수는 없는 노릇이다"고 말한다.[9] 선택의 가능성을 높이기 위해선 자꾸 얼굴을 보여야만 한다. 영업 사원이 매번 거절을 당하면서도 계속 고객을 찾아 인사를 드리는 것이나, 사랑의 열병에 빠진 남자가 짝사랑하는 여자의 근처에 계속 얼씬거리는 것도 단순 노출 효과를 겨냥한 것이다. 우리가 오래된 업무 방식에 익숙해져 호감을 느낌으로써 새롭고 혁신적인 업무 방식을 거부하거나, 많은 투자자가 자신이 애용하는 제품이나 용역을 생산하는 기업의 주식에 많이 투자한다면, 이 또한 단순 노출 효과라고 할 수 있다. 이런 경우, '단순 친숙 효과mere familiarity effect'라는 말도 쓰인다.[10]

그러나 상대방에게 부담을 준다면, 이는 단순 노출로 보기 어렵다. 계속 고객을 찾는 영업 사원이 단순 노출의 수준을 넘어 고객을 설득하려는 시도를 한다면 이는 역효과를 내기 십상이다. 학생들에게 어떤 주제를 설득시키는 실험을 한 존 카치오포John Cacioppo, 1951-의 연구 결과에 따르면, 가장 설득 효과가 높았던 것은 세 번째의 시도였으며, 이후의 시도는 역효과를 내는 것으로 나타났다. 즉, 지나친 반복은 오히려 설득 효과를 떨어뜨린다는 것이다.[11]

화장지나 비누 같은 일용품이나 간단한 식료품 같은 저관여low involvement 제품이 아니라 사람들의 몰입의 대상이 되는 '고관여 상황 high involvement situation'이 될수록 내용이 반복되면 이른바 '마모 효과 wear-out effect'가 생겨 오히려 부작용을 유발한다. 그래서 광고에선 기본적인 메시지는 동일하게 유지하면서 광고의 형식만 바꾸는 '장식 변형cosmetic variation'을 쓰는데, 맥도날드 햄버거 광고가 같은 텔레비전 광고를 일주일 이상 보여주지 않는 것도 바로 그런 이유 때문이다.[12]

가까이 있을수록 서로 친해지는 것을 '근접성 효과proximity effect'라고 하는데, 가까이 있어야 단순 노출도 많아질 것이므로 이는 단순 노출 효과의 사촌쯤 된다고 할 수 있겠다. 이민규는 자신이 아는 어떤 사람은 근접성 효과를 활용해 연애에 성공했다고 말한다.

"그는 학기 초 한 여학생에게 한눈에 반했다. 그 뒤 그는 강의 때마다 항상 그 여학생 부근에 자리를 잡았다. 단지 부근에 앉아 가끔 눈인사를 나눌 뿐 말을 걸지는 않았다. 그러다가 학기 말쯤 우연히 마주친 자리에서 시간을 내달라고 부탁해 데이트 신청을 했다. 그리고 승낙을 받아냈다. 물론 우연을 가장한 의도적 만남이었다. 학기 초에 만나자마자 데이트를 신청했더라면 십중팔구 실패했으리라는 것이 그의 이야기다."[13]

그러나 이 전략을 쓰려는 사람이 주의해야 할 게 하나 있다. 철저하게 자연스러움을 가장해야지, 의도를 들키면 오히려 역효과를 낼 수 있다는 점이다. 스토커 비슷하게 보일 수도 있다. 그러니 여학생 부근에 앉더라도 좀 거리를 두는 게 좋다. 성급하게 굴다간 오히려 일을 그르친다.

29

왜 선거 캠페인에서 흑색선전이
효과를 발휘할 수 있을까?

수면자 효과

단순 노출의 긍정적 효과는 어디까지나 단순 노출일 경우에 한정된다. 일부 연구에 따르면, 우리가 어떤 사람에 대해 더 많은 것을 발견하기 시작하는 순간, 그들이 우리와 다른 점부터 파악하고, 그 결과 그 사람을 좋아하지 않게 된다. "타인은 지옥이다"는 장 폴 사르트르Jean-Paul Sartre, 1905-1980의 말, "생선과 손님은 3일이면 냄새를 풍기게 된다"는 벤저민 프랭클린Benjamin Franklin, 1706-1790의 말이 충분한 근거가 있는 셈이다.[1]

단순 노출 효과와 관련해 또 하나 유념할 점은 효과의 발생 시기와 관련된 것이다. 에펠탑은 좀 예외지만, 일반적으로 단순 노출 효과는 우리가 특정한 사물이나 아이디어에 대해 처음부터 호감이나 중립적인 감정을 가지고 있었다는 것을 전제로 한다. 그런데 소비자들이 어떤 제품에 대한 광고를 처음 접했을 때 싫어하더라도 자주 반복해서 보면, 나중에 마트에 가서는 싫어했던 감정은 잊어버리고 친숙한 인지도만 남아 그 제품을 사는 경우가 있다. 이를 처음에는 잠자고 있던 효과가 나중에는 깨어난다는 의미에서 '수면자 효과sleeper effect' 또는 '잠복 효과'라고 한다. 이에 대해 이명천·김요한은 다음과 같이 말한다.

"실제로 TV에서 방영되는 많은 저관여 제품 광고들을 보면, 때론 유치하고 '내가 만들어도 저것보다는 잘 만들 수 있겠다'라는 생각이 드는 것들도 있다. 과연 국내의 대표적인 광고 전문가들이 비싼 비용을 들여가며 그 정도밖에 만들지 못하는 것일까? 아니면 반복하는 동안 기억하기 쉽게 일부러 그렇게 만든 것일까? 단정할 수는 없지만, 때로는 일부러 그렇게 만드는 경우도 있다. 대신 자주 반복하며 소비자의 기억 속에 들어가기 위한 것이다. 그렇게 익숙하고 친근해질수록 호감도 생기며 실제 구매에도 영향을 미치기 때문이다."[2]

수면자 효과에 관해 가장 많이 인용되는 설명은 '해리 단서 가설dissociative cue hypothesis'이다. 출처에 대한 신빙성과 같은 설득 단서cue가 메시지에서 해리解離(풀려서 떨어짐)되는 경향이 있다는 것이다.[3]

우디 앨런Woody Allen, 1935-의 영화 〈슬리퍼Sleeper〉(1973)에서 주인공은 아주 오랜 잠에서 깨어나 나빴던 모든 점이 다시 좋아졌음을 발견하게 된다지만,[4] 수면자 효과에서 주인공은 잠을 자고 나면 메시지의 출처는 까먹고 메시지만 기억하게 된다. 즉, 수면자 효과는 정보원과 메시지 간의 관계가 시간이 지남에 따라 사라진다는 것을 의미한다.

우리는 어떤 메시지에 대해선 잘 기억하더라도 "어, 누군가에게 들었는데"라거나 "어, 어디선가 들었는데"라고 말할 때가 많다. 이른바 '출처 기억source memory'이 부실한 것이다. 어떤 말을 누가 했느냐가 중요한 법인데, 그런 정보원과 메시지 간의 연계가 망각되면 사람들은 긍정적인 정보원의 메시지에 대해서는 전보다 덜 수용적으로 되고 부정적인 정보원의 메시지에 대해서는 좀더 수용적으로 변하는 것이다.[5]

유아기에 강하게 애착을 가졌던 일들이 우연이나 비극적인 사건을 거치면서 잊혔다가 몇 십 년이 지난 뒤 기억이 환하게 되살아나기도 하는데, 이 또한 수면자 효과로 볼 수 있다.[6] 그런가 하면 독일 나치 친위부대를 연구한 존 슈타이너John M. Steiner는 폭력을 저지르게 하는 어떤 인격적인 성향, 즉 어떤 한 개인 안에 존재하지만 겉으로 드러나진 않고 어떤 특정하고 적절한 조건들 아래서만 나타나는 성향을 가리키는 말로 '슬리퍼'라는 개념을 썼다.[7]

'수면자 효과'라는 말을 만들고 최초의 실험을 실시한 예일대학의 사회심리학자 칼 호블랜드Carl Hovland, 1912-1961는 1940년대 후반 미군에 징집된 사람들을 대상으로 육군에서 만든 제2차 세계대전 당시 연합군을 지지하는 내용의 프로파간다 영화를 보여준 다음 5일이 지난 후와 9주일이 지난 후 각각 메시지와 관련된 태도를 측정했다. 5일이 지났을 때에는 영화를 안 본 집단과의 태도상 차이를 발견할 수 없었으나 9주일이 지난 후에는 영화를 본 집단의 태도가 영화를 안 본 집단의 태도보다 호의적으로 나타났다.

이는 정보처리적 관점에서 설명할 수 있다. 메시지는 기억 속에 다른 생각들과 연관되어 저장되기 때문에 비교적 기억하기가 쉬운 반면, 정보 원천은 그렇지 못하기 때문에 시간이 지나면 잊어버릴 가능성이 높다. 즉, 노골적인 전쟁 프로파간다 영화라고 하는 인식은 사라지고 그 영화의 내용만 남은 것이다.[8]

각종 음모론이 질긴 생명력을 자랑하는 것도 수면자 효과로 설명할 수 있다. 예컨대, 달 착륙이 사기라는 주장의 시발점은 누군가가 재미로 만든 패러디 영상이었지만, 세월이 흐르면서 이 출처와 관련된 사실은 잊혀버리고 '달 착륙이 사기'라는 주장만 남아 일부 사람들에겐 제법 그럴듯한 이야기로 받아들여지는 것이다.[9]

선거 캠페인에서 흑색선전이 효과를 발휘할 수 있는 이유도 바로 여기에 있다. 이와 관련된 한 연구에서, 신문 기사의 제목을 네 종류로 구분해 사람들의 반응을 살펴보았다. 'A 후보, 마피아단과 연계', 'B 후보, 가짜 자선단체와 관련 있나?', 'C 후보, 은행 횡령과 무관', 'D 후보, 우리 시에 도착'이라는 네 가지 제목 중에서, A가 D보다 부정적으로 평가되는 것은 당연한 결과지만, 가장 흥미로운 점은 B와 C도 A만큼은 아니지만 D보다는 확실히 부정적으로 평가되었다는 사실이다.[10] 신문은 명예훼손 등의 면책을 위해 기사 제목을 의문형 형식으로 달지만, 독자들에겐 그런 의문 자체가 부정적인 영향을 미치는 것이다. 이에 대해 나은영은 다음과 같이 말한다.

"'믿거나 말거나' 어떤 후보에 대한 좋지 않은 사실을 누군가 퍼뜨리면, 사람들이 처음에는 그 정보가 신빙성 없는 소스source에서 나왔다고 생각하여 별로 태도 변화를 일으키지 않다가, 나중에 처음 정보원의 신빙성 수준을 잊고 내용만 머릿속에 남아 뒤늦게 그 후보에 대해 좋지 않은 쪽으로 태도 변화가 일어날 수 있다.……이는 사람의 머릿속에 일단 부정적인 내용이 입력되면 어떤 식으로든 효과가 나타남을 의미한다. 무조건 믿기 전에 먼저 사실 확인을 할 필요가 있음을 일깨워주는 결과라 할 수 있다."[11]

텔레비전 토론에서 상대 후보를 궁지에 몰아넣기 위해 사실과 다른 주장을 하는 것도 넓은 의미의 수면자 효과를 노린 수법으로 볼 수 있다. 1984년 미국 대선에서 로널드 레이건Ronald Reagan, 1911-2004 진영의 홍보 참모였던 피터 틸리Peter Tilly는 그 이치를 다음과 같이 설명한 바 있다.

"텔레비전 토론에서는 무엇이든 사실 여부에 관계없이 말할 수 있다. 8천만 유권자가 지켜보고 있지 않은가? 만약 신문기자가 거짓말을 한 후보의 오류를 지적한 기사를 나중에 쓴다 하더라도 그걸 읽은 사람이 얼마나 되겠는가? 2백 명? 2천 명? 2만 명?"[12]

선거에서 흑색선전이 감소하는 게 아니라 오히려 늘고 있는 현상은 흑색선전을 하는 측이 그런 효과의 유혹을 받기 때문이다. 한국 검찰이 2002년부터 치러진 세 차례 지방선거에서 선거 범죄로 당선 무효 처분을 받은 당선자 250명을 분석한 결과 금품 선거 사범이 162명(64.8퍼센트)으로 가장 많았고, SNS 등을 이용한 흑색선전 사범이 55명(22퍼센트)으로 뒤를 이은 것으로 나타났다. 검찰은 돈에 의존한 표 매수보다는 말을 이용한 상대 후보 비방 등의 불법 선거가 증가하고 있다고 분석했다.[13]

롤프 도벨리Rolf Dobelli, 1966-는 정보 조작에 놀아날 수 있는 수면자 효과에 맞서기 위한 세 가지 방법을 제시한다. 첫째, 비록 좋은 의도로 주어진 조언들이라고 해도 당신이 요구한 것이 아니라면 받아들이지 마라. 둘째, 광고로 심각하게 오염된 정보들에서 가능하면 멀리 떨어져 있어라. 셋째, 자주 접하는 주장들이 있다면 그 모든 것을 출처가 어디인지를 상기하도록 노력하라.[14]

다 좋은 말이긴 하지만, 현실적으론 지키기 어려운 것들이다. 무엇보다도 피하기 어려운 생활환경이 되어버린 인터넷과 SNS는 메시지의 무한 전파를 가능케 함으로써 메시지 출처의 가치를 현저히 떨어뜨려 흑색선전의 수면자 효과를 높이는 결정적 요인이 되고 있기 때문이다. 특히 SNS 흑색선전은 공정 선거를 위협하는 최대의 적으로 떠오르고 있어, 이에 대한 논의가 활발하게 이루어지고 있는 중이다.

30

왜 나이 들수록
시간은 빨리 흐르는가?

시간 압축 효과

"어린 시절에 살던 동네를 어른이 돼서 찾아가보면 거리들이 옛날에 생각했던 것보다 좁아 보인다. 또한 옛날에는 그 거리들이 한없이 길게 보였는데, 지금은 몇 걸음 걷지도 않아 그 거리의 끝에 도달하고 만다. 골목길, 정원, 광장, 공원 등 모든 것이 옛날에 비해 절반으로 줄어버린 것 같다. 심지어 교실도 옛날보다 작아 보인다. 옛날에 비해 몸집이 똑같은 선생님들이 그 교실에 들어갈 수 있다는 것이 기적처럼 느껴질 정도다."[1]

한 번이라도 오랜만에 자신이 다니던 초등학교를 찾아본 사람이라면 위 말에 전적으로 공감할 것이다. 그리고 잠시나마 기억이라는 게 참 묘하다고 느끼게 되리라. 세월의 문제는 곧 기억의 문제다. 네

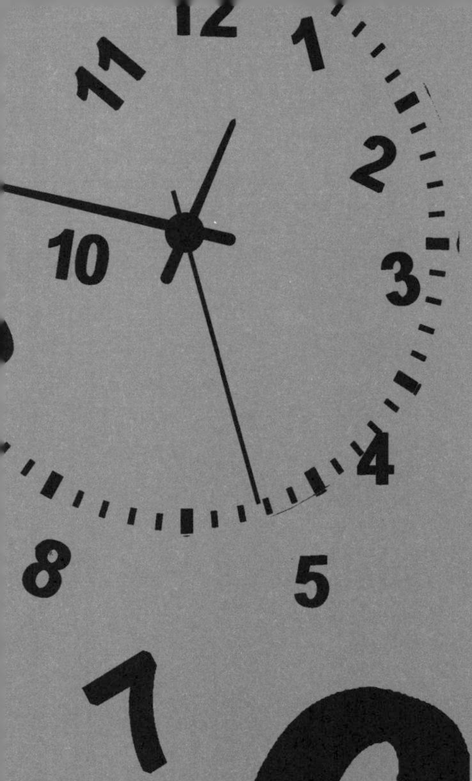

6

덜란드 심리학자 다우베 드라이스마Douwe Draaisma가 쓴 『나이 들수록 왜 시간은 빨리 흐르는가Why Life Speeds Up As You Get Older』(2001)가 주로 기억의 문제를 다루고 있는 건 당연한 일이라 하겠다.

중년이 넘어간 사람들의 입에서 자주 튀어나오는 말이 있다. "아니, 왜 이렇게 시간이 빨리 가지?" 이 물음엔 이미 상식이 된 답이 있다. "시간은 10대엔 시속 10킬로미터, 20대엔 20킬로미터, 30대엔 30킬로미터, 40대엔 40킬로미터, 50대엔 50킬로미터, 60대엔 60킬로미터로 달린다." 그런데 왜 그렇지?

1877년 프랑스의 철학자 폴 자네Paul Janet, 1823-1899는 사람의 인생 중 어떤 기간의 길이에 대한 느낌은 그 사람 인생의 길이와 관련되어 있다는 가설을 제시했다. 10세의 아이는 1년을 인생의 10분의 1로 느끼고, 50세의 사람은 50분의 1로 느낀다는 것이다.[2] 이 가설은 시원한 설명을 제공해주진 않는다. 미국 심리학자 윌리엄 제임스William James, 1842-1910의 다음과 같은 설명이 더 그럴듯하다.

"어렸을 때 사람들은 항상 주관적으로든 객관적으로든 완전히 새로운 경험을 할 수 있다. 불안감은 생생하고, 기억은 강렬하다. 그때에 대한 우리의 기억 속에는 빠르게 움직이면서 아주 재미있는 여행을 했을 때의 기억처럼 복잡하게 얽히고설킨 여러 가지 일들이 길고 자세하게 기록되어 있다. 그러나 해가 갈수록 이런 경험들 중 일부가 자동적인 일상으로 변해 사람들이 거의 의식하지 못하게 되고, 하루 또는 일주일 동안 일어났던 일들이 알맹이 없이 기억 속으로 섞여 들어간다. 그래서 한 해의 기억이 점점 공허해져서 붕괴해버린다."[3]

듣고 보니 그렇다. 나이를 먹을수록 새로운 경험은 줄어들기 마런이다. 그러니 기억할 만한 것도 사라지고, 시간이라는 열차는 기억이라는 정거장을 경유하지 않은 채 마구 내달릴 게 아닌가 말이다. 이를 가리켜 '시간 압축 효과time-compression effect'라고 한다.

미국 스탠퍼드대학 심리학과 교수 로버트 오른스타인Robert Ornstein, 1942-은 16세기 풍속화가인 피터르 브뤼헐Pieter Bruegel, 1525-1569의 동판화 〈연금술사〉를 실험 참가자들에게 15초 동안 보여준 뒤, 다시 15초 동안 단조로운 사각형 그림을 보게 하는 실험을 했다. 참가자들에게 각각의 그림을 얼마나 본 것 같으냐고 물어보았을 때, 이미지 정보의 양이 많은 브뤼헐의 그림을 더 오랫동안 본 것 같다고 응답한 사람이 많았다. 이 실험의 의미에 대해 이남석은 다음과 같이 말한다.

"흔히 나이가 들면 하루하루 비슷한 일상으로 보내는 것이 지겹다고 말하는 동시에 시간이 빨리 간다고 한다.……기억 속에서 가져올 만한 정보가 적기 때문이다. 만약 나이가 들어도 계속 색다른 경험을 하고 집중해서 처리할 일을 많이 한다면 다르게 말할 것이다. 혹은 메모나 사진 등으로 현재에 벌어지는 일들을 정리해 나중에 기억으로 떠올릴 만한 것을 많이 갖게 된다면, 지나간 시간을 되살리기 쉽기 때문에 시간이 덧없이 빨리 지나간다는 말을 쉽게 하지 않을 것이다."[4]

드라이스마는 좀 다른 관점에서 시간 압축 효과가 일어나는 세 가지 이유를 제시한다.

첫째, '망원경 효과telescoping effect'다. '망원경 편향telescoping bias'이라고도 한다. 망원경으로 물체를 볼 때 실제 물체와의 거리보다 훨씬 가깝게 느끼는 것처럼, 사람들은 대개 자기가 겪은 일들을 실제보다 최근의 일로 기억한다. 현재와 가까운 일처럼 인식하는 효과로 인해 시간적인 거리가 축소되고, 따라서 시간이 빨리 흐르는 것처럼 느낄 수밖에 없다는 것이다.

둘째, '회상 효과'다. 사람들은 기억 속의 사건이 일어난 날짜를 알아내려 할 때 발생 시기가 잘 알려져 있는 사건들을 표식으로 이용한다. 나이 든 사람들이 즐겨 쓰는 "내가 처음으로 무슨 일을 했을 때"라는 표현이 그걸 잘 말해준다. 그런데 나이 들수록 이런 표식이 줄어든다. 표식이 줄면 기억도 줄고 그만큼 시간의 흐름이 빠르게 느껴질 것이다

셋째, '생리시계 효과'다. 나이가 들수록 도파민 분비가 줄어 중뇌에 자리한 인체시계가 느려진다. 미국 신경학자 피터 맹건Peter Mangan은 실험을 통해 나이에 따라 시간에 대한 감지가 다르게 나타나는 것을 알아냈다. 9~24세, 45~50세, 60~70세 연령대별로 3분을 마음속으로 헤아리게 했더니 재미있는 결과가 나타났다. 20세 전후의 젊은이들은 3분을 3초 이내에서 정확히 알아맞혔지만 중년층은 3분16초, 60세 이상은 3분40초를 3분이라고 말했다고 한다. 생리시계가 느려지니 실제 시간은 빨리 흐르는 것처럼 느껴지리라.[5]

유정식은 『착각하는 CEO』에서 시간 압축 효과의 의미를 기업 경영에 접목시켰다. 그는 "잘나가던 노키아는 왜 뒤처졌나?"라는 질문을 던지면서 이렇게 말한다. "인간이 나이를 먹을수록 시간이 빨리 가는 것 같다고 느낀다면, 인간으로 구성된 기업이 경험하는 환경의 변화 속도 역시 그러하리라 추측할 수 있다. 그래서 노쇠한 기업이 환경의 변화 속도에 대응하려고 나름의 전략을 세운 뒤 '이 정도면 됐다' 싶어 실행에 옮기려고 할 때면 이미 그 정도의 변화는 경과한 지 오래

이기 십상이다."[6]

　나이 들수록 시간은 빨리 흐른다고 하지만, 나라에 따라 차이는
있다. 한국처럼 초고속 압축 성장을 이룬 나라에선 '속도 경쟁'이 다
른 나라들에 비해 훨씬 치열하기 때문에 노인이 되는 속도도 빨라 시
간의 속도 감각을 더욱 빠르게 만든다. 경로敬老 사상이 제법 살아 있
는 것 같지만, 오히려 그 대가는 가혹하다. 사회 전 분야에 걸쳐 조로早
老를 강요한다. 신문이고 방송이고 한국처럼 '젊은 기자', '젊은 앵커'
가 판치는 나라는 없다.

　외국인들은 늘 그 점을 신기하게 생각한다. 캐나다인으로 장안대
학교 영어과 교수인 매튜 클레먼트는 「너무 일찍 늙는 한국인」이라는
칼럼에서 "연예인들 얘기를 할 때면 '벌써 30대, 혹은 40대……'라는
말을 많이 듣게 된다. 40대의 여가수가 섹시 의상을 입고 나서면 그야
말로 '사건'이 된다. 그 가수 나이가 몇인데……라는 말을 들으면서
이런 생각이 들었다. 왜 한국인들은 남보다 더 일찍 늙는 걸까"라고
묻는다.

　"로비의 안내데스크 등에서 나이가 많은 여성, 혹은 남성이 앉아
있는 경우를 본 적이 있는가. 이런 일이야말로 나이와 상관없이 누구
나 가능한 일이 아닌가. 뉴스를 전달하는 아나운서나 승무원도 나이
와 상관없는 일인 것 같다. '이 나이에 이런 옷을 어떻게 입어'라든가,
'그런 짓을 어떻게 해, 내 나이가 몇인데……'라는 말을 들으면서 답
답했던 적이 한두 번이 아니다. 스포츠카를 몰아도 되는 나이, 짧은 스
커트를 입을 수 있는 나이, B-boy 댄스를 배울 수 있는 나이……. 나
는 궁금하다. 도대체 누가, 왜, 나이에 대한 특별한 선입견을 만들어서

그 모든 것을 막고 제한하는지."[7]

말이야 바른 말이지만, 한국처럼 노인을 공경하는 척 하면서 실제로는 박대하는 나라도 드물 것이다. 노인 문제는 사실상 계급의 문제이기도 하다. 누가 대통령이나 재벌 회장을 나이 많다고 차별하는가? 권력 없고 돈 없는 노인만 서러울 뿐이다. 노인이 박대 받는 세상에선 노인의 시간이 빨리 흐르는 게 꼭 나쁜 것만은 아니겠지만, 사회적으로 노인 박대는 자해自害다. 한국은 이미 고령화 사회로 접어들었기 때문이다.

통계청 발표에 의하면 2013년 우리나라 65세 이상 고령 인구는 613만 7,702명으로 전체 인구의 12.2퍼센트를 차지했으며, 2025년 1,000만 명을 넘어선 뒤 2050년 1,799만 1,052명을 기록, 전체 인구의 37.4퍼센트에 이를 것으로 보인다. 고령화 속도도 세계에서 가장 빠른 편에 속해, 노인의 노동력을 활용하고 그들의 사회참여를 보장할 수 있는 새로운 사회 디자인을 하지 않으면 나라가 흔들릴 정도다.

나이 들수록 시간이 빨리 흐르는 건 '시간 압축 효과' 때문이라지만, 국민적 차원에서 보자면 우리가 이룩한 세계 초유의 압축 성장이 비슷한 효과를 내고 있는 건 아닐까? 정신없이 앞만 보고 달리느라 세상을 너무 빠른 속도로 살아온 탓에 안전을 돌볼 겨를도 없었고, 그래서 세월호 참사와 같은 비극적 사태를 맞이하게 된 건 아닐까? 뒤늦게나마 여기저기서 '느리게 살기'의 장점을 예찬하는 목소리가 터져나오는 건 반가운 일이다. 그렇지만, 그간 누려온 물질주의적 삶을 어느 정도 포기하겠다는 각오조차 없이 느리게 살겠다는 건 심리적 수명을 연장하려는 또 다른 탐욕은 아닌지 모르겠다.

31

왜 날이 갈수록
인맥이 더 중요해지는가?

여섯 단계의 분리

미국 하버드대학의 사회심리학 교수 스탠리 밀그램Stanley Milgram, 1933-1984은 1967년 일종의 연쇄 편지 형식의 편지를 네브래스카주의 오마하에 살고 있는 160명에게 무작위로 보내는 실험을 실시했다. 그 소포에는 보스턴에서 일하는 한 증권 중개인의 이름이 들어 있었는데, 밀그램은 이 편지를 받은 사람들에게, 그 편지를 중개인과 가까운 사람에게 전달할 수 있다고 생각하는 사람에게 보내달라고 부탁했다. 그 편지를 받은 사람은 자기 생각에 중개인과 더 가까운 위치에 있을 것 같은 사람들에게 계속 편지를 보내면서 이 편지는 미국 전역 여기저기를 돌아다니게 되었다.

이 편지가 목적지에 도착하기까지 몇 단계나 거칠 것 같으냐고 물어보았을 때 사람들은 대개 수백 단계라고 짐작했다. 그러나 마침내 편지가 그 중개인에게 도착했을 때 절반 정도는 겨우 여섯 단계를 거친 것으로 나타났다. 이 결과가 너무 놀라워 이른바 '여섯 단계의 분리 six degrees of separation'라는 용어가 만들어지게 되었다. 이런 유형의 실험을 가리켜 '작은 세상 실험small-world experiment'이라고 한다.

여섯 단계의 힘엔 그럴 만한 수학적 근거가 있다. 우리 모두 각자 100명의 친구를 갖고 있다고 가정할 경우, 1단계에서 100명은 2단계에서 1만 명(100×100), 3단계에서 100만 명(1만×100), 4단계에서 1억 명(100만×100), 5단계에서 100억 명(1억×100)으로 늘어난다.[1]

밀그램이 '여섯 단계의 분리'라는 개념의 원조는 아니다. 무선 전신의 대부인 굴리엘모 마르코니Guglielmo Marconi, 1874-1937가 1909년 노벨상 수상 연설에서 언급한 '작은 세상' 개념에 영감을 얻은 헝가리의 작가 프리제시 카린시Frigyes Karinthy, 1887-1938가 1929년 『연쇄Chains』라는 작품에서 처음 언급했다. '여섯 단계의 분리'는 1990년 존 궤어John Guare, 1938-가 쓴 동명의 희곡에 등장해 널리 알려졌는데, 연극의 등장인물은 자신의 딸에게 다음과 같이 말한다.

"여섯 다리만 건너면 이 세상 사람은 다 알게 돼. 여섯 단계의 분리라고 하는 것이지. 이 말은 우리와 지구상 그 어떤 인물이라도 거리는 여섯 단계란 말이지. 미국의 대통령이든 베니스의 곤돌라 사공이든……대단한 인물뿐 아니라 누구나 그렇다니까. 열대우림의 원주민이든 티에라델푸에고 제도(남미 남단의 군도)의 원주민이든 에스키모인이든 여섯 사람만 붙잡고 늘어지면 지구상 누구와도 연결되지."[2]

이 연극은 1993년 할리우드 배우 윌 스미스Will Smith, 1968-가 주연한 동명의 영화로 만들어졌다. '여섯 단계의 분리'의 인기는 대학에도 번져 1994년부터 미국 대학 캠퍼스에서는 '케빈 베이컨의 6단계Six degrees of Kevin Bacon'라는 게임이 크게 유행했다. 이는 유명인들의 인맥을 추정해 영화배우 케빈 베이컨Kevin Bacon, 1958-에게 도달할 수 있는 가장 빠른 경로를 찾는 게임이다. 이 게임에서도 대부분의 할리우드 배우들은 여섯 단계 이내에 케빈 베이컨과 연결됨으로써 '할리우드 영화계'라는 사회가 생각보다 좁은 사회라는 걸 말해주었다. 이와 관련, 톰 지그프리드Tom Siegfried는 현대과학은 프랜시스 베이컨이 아닌, 케빈 베이컨에게 감사해야 한다며 다음과 같이 말한다.

"영화배우 네트워크에서 베이컨의 역할에 착안한 수학자들은 통계물리학을 사용해서 갖가지 네트워크의 성질들을 새롭게 밝혀내기 시작했다. 특히 새로운 '베이컨' 과학은 통계물리학자들을 사회네트워크 연구로 끌어들였다. 그들은 이 새로운 방법을 써서 집합적인 인간행동의 수수께끼를 공략하기 시작했다."[3]

물리학자에서 사회학자로 변신한 던컨 왓츠Duncan J. Watts, 1971-는 1998년 '여섯 단계의 분리' 개념의 네트워크 모델을 제시했고, 2001년엔 밀그램의 실험을 인터넷에서 재현하는 데에 성공함으로써 '여섯 단계의 분리' 개념을 더욱 발전시켰다. 2006년에는 〈여섯 단계Six Degrees〉라는 텔레비전 드라마까지 나왔으며, '케빈 베이컨의 6단계 게임' 덕분에 적잖은 광고 모델 수입까지 올린 베이컨은 2007년 1월 네트워크 포 굿, AOL, 『엔터테인먼트위클리』 등의 후원으로 SixDegree.org라는 온라인 자선단체를 출범시켰다.[4]

정재승은 "교통과 통신 수단의 발달과 인터넷의 등장, 자유로운 교류와 무역, 해외여행은 반지름 6,400킬로미터의 거대한 지구를 점점 '좁은 세상'으로 만들고 있다"며 다음과 같이 말한다.

"이제 우리는 한때 전국의 중고등학생들이 '행운의 편지'에 시달려야 했던 이유와 피라미드식 기업이 그토록 거대해질 수 있었던 이유를 이해할 수 있게 됐다. 또 연예인에 관한 고약한 유언비어가 어떻게 그 진원지도 모른 채 사실인 양 계속 퍼져갈 수 있는지와 여배우의 은밀한 홈 비디오가 어떻게 수개월 만에 전국에 배포될 수 있었는지도 짐작할 수 있게 됐다.……지금 우리는 위험할 정도로 작은 세상에 살고 있는 것이다."[5]

그렇기 때문에 인맥의 중요성은 더욱 커졌다. 실리콘밸리의 성공담이 잘 말해주듯이, 기술 발달로 인해 승자 독식 경제가 강화되면서 치솟은 학벌 프리미엄이 사실상 인맥 프리미엄으로 작용하고 있기 때문이다. 전반적으로 대학 교육의 임금 프리미엄은 떨어지고 있다지만,[6] 이는 이미 옛날이야기다. 적어도 2000년대 들어 대졸자의 임금 프리미엄은 상승세를 보였으며, 특히 인맥 만들기에 가장 유리한 명문대학의 가치는 하늘 높은 줄 모르고 치솟고 있다.[7]

스탠퍼드대학 경제학자 캐럴라인 혹스비Caroline Hoxby, 1966-는 세계화가 그런 경향을 심화시키고 있다고 본다. 글로벌화로 전 세계의 인재들이 미국의 명문대학을 노리는 경향이 강해지면서 명문대 입학 경쟁이 더욱 치열해졌다는 것이다.[8] 이와 관련, 클린턴 행정부에서 노동부 장관을 지낸 경제학자 로버트 라이시Robert B. Reich, 1946-는 다음과 같이 말한다.

"진실을 말하자면, 직장을 구하는 데에 있어 대학 교육이 갖는 진정한 가치는 대학에서 배운 것보다는 대학에서 만난 사람과 더 큰 관계가 있다. 재학 중에 여름방학 아르바이트를 구할 때나 첫 직장을 얻을 때, 그리고 나중에 사업상 고객을 만들 때 친구의 부모는 그 부모의 친구들이 필요한 사람을 소개해줄 것이다. 동창회가 잘 조직된 학교를 다니면 더 앞서나갈 수 있다. 명문대학이라면 인맥의 가치는 더 높을 것이다. 아이비리그 대학의 교육이 다른 곳보다 뛰어난 점이 있다면, 웅장한 도서관이나 교수들의 능력보다는 대학에서 얻게 되는 인맥 쪽일 것이다."⁹

사실 엘리트일수록 더욱 '작은 세계'를 형성하고 있다. 2001년 미시간대학 경영대학원 교수 제럴드 데이비스Gerald Davis의 연구에 따르면, 『포천Fortune』이 선정한 1,000대 기업의 이사 6,724명은 평균 4.6개의 고리면 누구와도 서로 연결이 되었으며, 813개 이사회의 분리 단계는 3.7개였다. 데이비스는 이런 결론을 내렸다. "미국의 기업 사회는 서로를 잘 알거나 같은 사람을 잘 알고 있는 개인들의 네트워크에 의해 관리되고 있다."¹⁰

돈 탭스콧Don Tapscott은 『디지털 네이티브Grown Up Digital: How the Net Generation is Changing Your World』(2008)에서 "6명을 거치면 모두가 아는 사이라는 이론에 작별을 고하자"고 주장한다. 인터넷의 발달로 6명까지 거쳐야 할 필요가 없어졌다는 것이다. "지금은 두 사람 정도만 거치면 되지 않을까? 아니면 세 사람?" 그러면서 그는 '새로운 친구법New Law of Friends'을 제안한다. "지구상에서는 몇 명을 거치면 아는 사람을 만나게 될지, 그 숫자는 네트워크의 규모와 반비례해서 달라진다."¹¹

페이스북에선 4.74단계만 거치면 서로 아는 사람과 만날 수 있다지만(2011년 조사), 연줄사회인 한국에서 '작은 세상'은 더욱 작아진다. 2003년 연세대학교 사회발전연구소가 한국 사회의 연결망을 조사한 결과 한국인은 전혀 알지 못하는 사람과 3.6단계만 거치면 연결되는 것으로 나타났다.[12] 한국적 특성은 이런 연결망이 이론으로만 머무르는 게 아니라 늘 상시적으로 활용되고 있다는 데에 있다.

2011년 11월 14일 국책연구기관인 한국개발연구원KDI이 발표한 「인적네트워크의 노동시장 효과 분석」 보고서를 보면, 2003년부터 2007년 사이 일자리를 구한 표본집단 6,165명 중 3,477명(56.4퍼센트)이 친구나 친척, 가족 등 인맥을 이용해 취업했다. 공채 중심으로 사람을 뽑을 것 같은 대기업도 예외는 아니었다. 종업원 1,000명 이상 기업에서도 인맥 채용(47.3퍼센트)이 공채(32.9퍼센트) 규모를 크게 앞질렀다.[13]

이처럼 인맥을 이용한 취업은 부정부패인가, 아니면 능력인가? 2004년 11월 취업정보 포털사이트 인크루트가 직장인 1,514명을 대상으로 실시한 설문조사 결과를 보면, 대상자의 83.8퍼센트가 "인맥은 능력"으로 여기고 있으며, 인맥을 통해 취업에 성공한 적이 있다는 답은 36.9퍼센트인 것으로 나타났다. 조사 대상의 절반 이상(51.4퍼센트)은 인맥을 통해 평균 2.2번 취업 부탁을 한 적이 있었고, 인맥을 통해 취업 제의를 받아본 이들도 65.8퍼센트에 이르렀다. 이 조사에 따르면, 인맥을 통해 입사하더라도, 주변의 시선은 따갑지 않았다. "편견 없이 대해준다"는 답변이 75.8퍼센트로 가장 높았고, "능력을 인정하지 않고 폄하"하는 경우는 10.0퍼센트에 그쳤다. 오히려 "연줄을

같이 타자며 친근하게 대하는 경우"(4.1퍼센트)도 있었다.[14]

이런 조사 결과를 응답자들의 진심이라고 믿기는 어렵다. 대세로 여겨지는 현실에 대한 순응 또는 체념을 표현한 것으로 보는 게 옳지 않을까? 인맥은 '위장 계급'이다. 사실상의 계급이지만 계급의 문제를 인간관계의 문제로 돌림으로써 사회적 불평등에 대한 불만과 저항을 무력화시키는 효과가 있다. 명문대학은 '좋은 인맥 공장'으로서 그 기능이 강화되면서 기존 체제를 떠받치는 이념 기구로서 그 위상을 공고히 하게 된다.

32

왜 '7가지 습관'을 외치는
책이 많은가?

밀러의 법칙

미국의 자기계발 전문가 스티븐 코비Stephen R. Covey, 1932-2012의 『성공하
는 사람들의 7가지 습관The Seven Habits of Highly Effective People』(1989)이 세
계적인 베스트셀러가 된 이후 '7가지 습관'을 외치는 책들이 무더기로
쏟아져나왔다. 코비의 책을 영 마땅치 않게 보는 하와이대학 심리학자
폴 페어솔Paul Pearsall은 "제목에 숫자가 들어 있는 책은 의심하라"고 했
지만,[1] 수많은 책이 다음과 같이 '7가지 습관'을 제목으로 외치고 있다.

성공하는 10대들의 7가지 습관, 성공하는 아이들의 7가지 습관,
멋진 영리더를 위한 7가지 습관, 공부 잘하는 아이의 7가지 습관, 똑똑
한 아이를 둔 부모들의 7가지 습관, 두뇌를 깨우는 7가지 습관, 성공하
는 한국인의 7가지 습관, 한국 알부자들의 7가지 습관, 인생의 기적을

낳는 7가지 생활 습관, 인생을 성공으로 이끄는 7가지 생활 습관, 성공하는 사람들의 7가지 관찰 습관, 성공한 사람들이 버린 7가지 습관, 성공한 기업의 7가지 자기파괴 습관, 위대한 기업의 7가지 경영 습관, 탁월한 소그룹 리더의 7가지 습관, 성공하는 직장인의 7가지 언어 습관, 직장인의 7가지 공부 습관, 당당한 신입사원의 7가지 습관, 공신들의 7가지 습관, 성공하는 가족들의 7가지 습관, 영어 못하는 사람들의 7가지 습관, 20대 여성이 성공하고 행복할 수 있는 7가지 좋은 습관, 사람들이 나를 좋아하게 만드는 7가지 습관, 사랑을 잘하는 사람들의 7가지 습관, 건강한 사람들의 7가지 습관, 장수한 사람들의 7가지 건강 습관, 평생 건강을 책임지는 7가지 거룩한 습관, 내 몸을 살리는 7가지 습관, 암을 이겨내는 사람들의 7가지 습관, 암을 이긴 7가지 습관, 성공하는 사역자의 7가지 습관, 행복한 차세대 크리스천을 위한 7가지 습관 등등.

왜 하필 '7가지 습관'일까? 하버드대학의 심리학자 조지 밀러 George Miller, 1920-2012가 약 60년 전에 그 이유를 제시했다.[2] 밀러는 1956년에 발표한 「마법의 숫자 7±2: 정보처리 능력의 한계The Magical Number Seven, Plus or Minus Two: Some Limits on Our Capacity for Processing Information」라는 논문에서 왜 7이 '마법의 숫자'인지를 증명하는 실험을 소개했다.

사람들에게 잠깐 다양한 크기의 형태를 보여주고 그것들을 크기 순으로 숫자를 매기라고 했을 때, 서로 다른 크기를 7개까지는 상당히 정확하게 평가했지만, 그 이상의 개수를 보여줄 때는 실수할 가능성이 점점 높아진 것으로 나타났다. 7개가 넘어서면 일관된 지각의 오류가 나타났으며, 이는 다른 종류의 실험들에서도 일관되게 나타나는 양상을 보였다. 이를 가리켜 '밀러의 법칙Miller's Law' 또는 '7의 법칙'이라고 한다.[3]

우리 인간은 제한된 기억 용량으로 인해 한 번에 일곱 단위의 수 이상을 다룰 수 없거나 다루기 어렵다. 좋은 습관을 갖게 하는 것도 7개 정도가 적당하지, 그 이상을 넘어서면 아예 시도할 엄두조차 내기 어렵다고 느낀다. '7가지 습관'을 외치는 책이 많은 것은 물론 기억해둘 필요가 있는 목록에 가장 많이 쓰이는 숫자가 일곱 자리인 것도 이 때문이다. 7음계, 일곱 자리 전화번호, 세계 7대 불가사의, 일곱 장으로 승패를 겨루는 세븐 카드 포커 게임, 백설공주와 일곱 난쟁이, 7대 미덕, 7대 악덕 등등. 7로 이루어진 것은 무수히 많다. 밀러는 일주일이 7일로 이루어진 것도 기억 용량의 한계 때문이라고 추측하기도 했다.[4]

스탠퍼드대학의 바바 시브Baba Shiv 교수 연구팀이 기억력 실험에 참여한 두 집단의 사람들 앞에 초콜릿 케이크 한 덩어리와 과일 샐러드 한 접시 가운데 하나를 선택할 수 있게 했더니, 놀라운 결과가 나타났다. 일곱 자리 숫자를 기억해야 했던 사람들은 57퍼센트가 케이크를 선택한 반면, 두 자리 숫자를 기억해야 했던 사람들은 37퍼센트만 케이크를 선택했다. 힘든 기억력 과제를 맡은 사람들은 뇌가 산만해져 유혹을 이기지 못하고 칼로리가 높은 디저트를 선택한 것이다. 로이 바우마이스터Roy Baumeister는 이 결과를 뒷받침하는 실험 결과를 내놓았는데, 그것은 인간의 의지력이 혈당량과 놀라운 상관관계에 있다는 것이다.[5]

'밀러의 법칙'은 여러 분야에 적용되고 있다. 마케팅 전문가 잭 트라우트Jack Trout와 알 리스Al Ries는 『포지셔닝Positioning』(2000)에서 다음과 같이 말한다.

"누군가에게 특정 상품 범주를 정해주고 거기서 그가 기억하고 있는 브랜드명을 열거해보라고 해보라. 일곱 개 이상을 열거하는 사람은 매우 드물 것이다. 이는 관심도가 높은 범주라 해도 마찬가지다. 관심도가 낮은 상품 범주일 경우 대부분의 소비자는 기껏해야 한두 가지 브랜드명밖에는 나열할 수 없을 것이다.……한 신문에서 실시한 조사 결과에 따르면, 미국인 100명당 80명 정도는 정부 내각의 각료 이름을 한 사람도 듣지 못했다. 24세의 한 음악가는 이렇게 답했다고 한다. '부통령 이름이 뭐더라?'"[6]

또 사회학자 윌리엄 구디William J. Goode는 어떤 특정한 분야(심지어 자기 자신이 속한 분야)에 대해서 개개인이 투자하거나 관심을 가지는 것은 제한되어 있다며, 다음과 같이 말한다.

"대부분의 사람들은 몇 안 되는 야구선수, 과학자, 바텐더, 조각가, 정치가들의 이름만 알아도 만족한다. 여럿이 모여서 하는 평범한 대화들은 이 주제들 중 어느 것에 대해서도 오래 계속되지 않으며, 모든 사람들이 각 주제들에 대해서 평가하는 말을 조금씩만 해도 만족한다. 만약 모든 사람들이 각 활동 분야에서 전혀 다른 '영웅들'을 동경하고 있었다면, 그들은 적절한 대화 또는 만족스런 대화를 나누지 못했을 것이다. 몇 안 되는 최고 실력자들에 대한 합의 자체가 친구들 사이의 사적인 대화에서는 기쁨의 근원이다."[7]

할리우드엔 투자를 받고 싶으면 시나리오를 단 일곱 단어로 설명할 수 있어야 한다는 '일곱 단어 원칙7 Words Rule'이 있다고 한다. 광고인 박웅현은 논문을 쓰거나 광고를 만들 때에도 이 원칙이 필요하다며, "내가 말하고 싶은 게 일곱 단어로 정리되지 않는 건 아직 내 생각이 정리되지 않았다"는 걸 뜻한다고 말한다.[8]

또 미국 조지메이슨대학 역사학자 리처드 솅크먼Richard Shenkman은 『우리는 얼마나 어리석은가?: 미국 유권자에 대한 진실Just How Stupid Are We?: Facing the Truth About the American Voter』(2008)에서 이렇게 말한다. "만일 어떤 생각을 단 한 줄의 범퍼 스티커에 담을 수 없다면, 그 생각으로 많은 지지를 끌어내리라는 희망은 접어야 마땅하다."[9]

늘 그렇지만, 앎과 실천은 별개다. '밀러의 법칙'에 대해선 모르는 사람이 거의 없을 정도로 널리 알려져 있지만, 많은 사람이 이를 아는 것으로만 끝낼 뿐 자신의 일에 적용은 하지 않고 있다. 이에 대해 유정식은 『착각하는 CEO』(2013)에서 다음과 같이 개탄한다.

"매직 넘버 7이란 개념이 인간의 인지 한계를 규정하는 일종의 법칙으로 자리 잡았건만, 여전히 대다수의 기업들은 많은 지표를 측정할수록 조직을 더 잘 관리할 수 있고 상세한 지침을 하달해야 직원들이 일사불란하게 업무를 수행할 수 있다는 미신에서 아직도 벗어나지 못하고 있다. 이처럼 회사의 중대한 의사결정 과정을 직원들에게 숨기려 하거나, 한 번에 떠올릴 수조차 없는 여러 개의 평가 지표가 난무하게끔 한다는 것은 회사가 직원들을 신뢰하지 않으며 직원들을 아무것도 모르는 어린아이로 간주한다는 뜻이다."[10]

기억 용량의 한계가 일곱 자리라는 건 과장된 것이라는 연구 결과도 있다. 밀러의 견해가 지나치게 낙관적이었다는 것이다. 예컨대, 호주 심리학자 존 스웰러John Sweller는 1999년에 출간한 『기술영역에서의 교육적 디자인Instructional Design in Technical Areas』에서 "우리는 주어진 시간에 두 개에서 네 개까지의 요소 정도를 처리할 수 있을 뿐이며, 실제로 가능한 숫자는 범위 내 최대치보다는 아마도 최저치에 머물 것"이라고 했다. 작업 기억에 저장할 수 있는 이 요소들은 "반복을 통해 기억을 되살리지 않는 한" 빨리 사라진다는 것이다.[11]

우리가 7개 이상 또는 2~4개 이상을 기억하기 힘들어하는 건 사회적 차원에서도 큰 의미를 갖는다. 로버트 프랭크Robert H. Frank와 필립 쿡Philip J. Cook은 『이긴 자가 전부 가지는 사회The Winner-Take-All Society: Why the Few at the Top Get So Much More Than the Rest of Us』(1995)에서 "어떤 승자 독점 시장들은 구매자 측에서 발생하는 인지적 한계 cognitive limitations 때문에 생겨난다"고 말한다.[12]

많은 재화 시장에서, 우리는 수많은 비슷비슷한 경쟁 제품들을 외우고 있을 수가 없으며, 또 일부러 외우려고도 하지 않기 때문에 상위 2~3개 브랜드의 독과점 현상이 일어나며, 이는 결국 경제 전반의 독과점으로 이어진다는 것이다. '1천만 관객 신드롬'으로 대변되는 한국 대중문화의 지독한 쏠림 현상이나 'SKY 신드롬'으로 대변되는 학벌 서열주의 등도 바로 그런 '인지적 한계'와 무관치 않다. 이는 결국 극심한 빈부 격차로 이어질 것인바, 사실 이게 바로 '밀러의 법칙'이 야기할 수 있는 가장 놀랍고도 무서운 결과가 아닐까?

33

왜 점쟁이를 찾는
사람이 많은가?

바넘 효과

"21세기인 지금도 한국의 기업가들은 중요한 결정을 앞두고 주술에 의존한다." 소설가 김영하가 2013년 10월 20일 『뉴욕타임스』에 기고한 「최고경영자CEO들이 미신을 받아들일 때」라는 칼럼에서 한 말이다. 그는 일반인들도 졸업이나 결혼, 사업 문제 등 인생의 중요한 단계에서 점쟁이들에게 의존하는 일이 많으며, 한국인 다수가 눈, 코, 이마 모양 등에 따라 운명이 달라진다는 골상학을 믿고 있다고 말했다.[1] 이 칼럼에 대해 『매일경제』 기자 노원명은 「김영하 작가에게」라는 반론에서 이렇게 반박했다.

"기업 출입 경험으로 감히 말하자면 CEO 중에 오직 점쟁이 말을 믿고 투자하는 얼간이는 없다. 자기 결정에 대한 확신을 얻기 위해 개인 취향으로 점을 보는 경우는 있다. 모든 결정은 실패 가능성을 내포하며 그 결정이 잘못됐다 해서 점 탓으로 돌리지도 않는다. 점은 굳이 말하자면 취향과 문화의 문제인 것이다. 이를 국제적인 웃음거리로 희화화하는 것은 좀 지나치다. 어쩌면 문화사대주의일 수도 있다."[2]

김영하의 칼럼에 논란의 소지가 있긴 하지만, 한국 사회에 점쟁이를 찾는 사람이 많다는 건 부인하기 어렵다. 대학수학능력시험 시즌만 되면 유명 점집들이 문전성시門前成市를 이루고, 검색 포털사이트에서 '수능 부적'을 입력하면 부적을 판다는 쇼핑몰·카페·블로그 수천 건이 떠오르는 걸 어찌 달리 이해할 수 있으랴.[3]

물론 점을 보는 것은 위안과 희망을 얻기 위해 재미 삼아 하는 오락일 뿐이라고 볼 수도 있겠지만,[4] 자못 진지하고 심각한 자세로 점을 보는 사람도 많다. 왜 그럴까? 점쟁이의 모호한 말이 꽤 그럴듯하게 들리기 때문이다. 백수십 년 전 미국에서 모호할수록 그럴듯하게 들리는 이치를 드라마틱하게 구현해 보인 이가 있었으니, 그가 바로 '서커스의 제왕'으로 불린 P. T. 바넘P. T. Barnum, 1810~1891이다.

'흥행의 천재'이자 '야바위의 왕자'로도 불린 바넘은 "지금 이 순간에도 속기 위해 태어나는 사람들이 있다There's a sucker born every minute" 고 했다.[5] 그는 "대부분의 사람을 대부분의 시간 동안 속일 수 있다"고 했으며, "사람들은 기만당하기를 좋아한다"고도 했다.[6] 그는 이런 말도 남겼다. "미국 대중의 취향을 과소평가해서 손해 본 사람은 아무도 없다Nobody ever lost a dollar by underestimating the taste of the American public."[7] "군중만큼 군중을 끌어들이는 것은 없다."[8]

바넘은 "모든 사람들을 위한 즐길거리를 갖고 있다We've got

something for everyone"고 주장했는데, 바로 이 말에 근거해 '바넘 효과 Barnum effect'라는 말이 탄생했다. 1956년 심리학자 폴 밀Paul Meehl, 1920-2003이 붙인 이름이다. 근거가 매우 희박한데도 일단 믿고 보자 하는 대중의 심리 상태를 가리키는 말로도 쓰이지만,[9] 사람들이 보편적으로 가지고 있는 성격이나 심리적 특징을 자신만의 특성으로 여기는 심리적 경향을 가리키는 말로 더 많이 쓰인다.

바넘은 서커스에서 관람객들의 성격을 알아맞히는 묘기를 선보였다. 그가 속임수를 쓴다고 생각한 사람들은 자원해 무대로 나갔는데, 바넘은 조금도 주눅이 들거나 당황하지 않고 그 사람의 성격을 맞춰 사람들을 놀라게 만들었다.[10]

그게 어떻게 가능했을까? 사람들은 보통 막연하고 일반적인 특성을 자신의 성격으로 묘사하면, 다른 사람들에게도 그러한 특성이 있는지는 생각하지 않고, 자신만이 가지고 있는 독특한 특성으로 믿으려는 경향이 있다. 이러한 경향은 자신에게 유리하거나 좋은 것일수록 강해지는데, 이처럼 착각에 의해 주관적으로 끌어다 붙이거나 정당화하는 경향을 '주관적 정당화subjective validation'라고 한다. 1948년 미국 심리학자 버트럼 포러Bertram R. Forer, 1914-2000가 성격 진단 실험을 통해 처음으로 증명한 까닭에 '포러 효과Forer effect'라고도 한다. 포러는 자신이 가르치는 학생들을 대상으로 각각의 성격 테스트를 한 뒤, 그 결과와는 상관없이 신문 점성술 난의 내용 일부만을 고쳐서 학생들에게 나누어주었다. 다음과 같은 내용이었다.

"당신은 남들에게서 사랑과 존경을 받고 싶어 하는 강한 욕구가 있습니다. 당신은 때때로 외향적이고 상냥하며 사교적이지만 어떤 때는 내향적이고 신중하며 수줍어합니다. 당신의 내면에는 아직 활용하지 않은 큰 에너지가 잠재해 있습니다. 성격상의 단점이 조금 있긴 하지만 그 단점들을 보상하는 장점도 지니고 있습니다. 당신은 어느 정도의 변화와 다양성을 선호하고, 속박과 제약을 싫어합니다. 당신은 주관이 뚜렷한 사람이라는 데 자부심을 갖고 있으며, 납득할 만한 증거 없이는 다른 사람의 의견을 받아들이지 않습니다. 당신은 자신을 비판적으로 보는 경향이 있는 반면 한편으로 비현실적인 꿈도 지니고 있습니다."[11]

포러는 이 테스트 결과가 자신의 성격과 맞는지 맞지 않는지를 학생들이 평가하도록 했다. 자신이 받은 테스트 결과가 자신에게만 적용되는 것으로 착각한 학생들은 대부분 자신의 성격과 잘 맞는다고 대답했다. 포러가 학생들의 성격 진단 결과로 나누어준 위와 같은 내용은, 대부분의 사람들이 가지고 있는 보편적인 특성을 기술한 것이다. 포러는 실험을 통해 보편적 특성을 개개인에게 적용할 때 사람들이 어떻게 반응하는지를 알아보고, 그 결과로 바넘 효과를 증명한 것이다.

최인철은 사람들이 이런 성격 기술문 안에 교묘하게 숨겨져 있는 모순을 알아채지 못하기 때문에 바넘 효과가 발생한다고 말한다. 즉, "외향적이지만 내성적이다"라는 주장 속에 담겨진 모순을 자연스럽게 받아들이기 때문이며, 그럴 수밖에 없는 것이 이런 유형의 주장은 어떤 경우에도 들어맞으며 처음부터 틀릴 구석이 없는, 전문 용어로 말하자면 '반증 가능성falsifiability'이 없기 때문이라는 것이다.[12]

리처드 니스벳Richard E. Nisbett, 1941-은 동양인이 서양인에 비해 바넘 효과에 더 취약할 것이라고 주장한다. 동양인들은 타협에 의한 해결책과 종합적인 주장을 선호하며 서로 상충되는 것처럼 보이는 두 개의 모순된 주장을 자연스럽게 모두 수용하는 경향이 있기 때문이라는 것이다. 이는 한국인과 미국인을 대상으로 한 최인철의 실험을 통해 입증되었다.[13]

바넘 효과를 보완해주는 또 하나의 효과가 있으니, 그건 바로 '아첨 효과flattery effect'다. 사람들은 자신이 특별한 능력을 지니고 있다거나 독립적으로 사고한다는 식의 긍정적 진술은 무조건 믿으려는 경향이 강하다. 실제로 점성술 실험 결과 자신에 대해 긍정적인 내용을 접한 사람들이 훨씬 더 점성술을 신봉하는 것으로 나타났다.[14]

바넘 효과에 관한 한, 정치인은 점쟁이라고 해도 과언이 아니다. 그들은 이해관계가 상충하는 유권자들을 모두 만족시키기 위해 상호 모순되는 말을 모호하게 희석시켜 말하는 재주를 갖고 있기 때문이다. 예컨대, 이런 식이다. "노사 모두가 권리를 인정받게 하기 위해, 국가에 의지하도록 부추기는 일 없이 어려움에 처한 사람들을 지원하기 위해 우리는 뒤를 돌아보고 앞으로 나아갈 용기를 가져야 합니다."[15]

'바넘 효과'는 사람들이 점성술, 점, '필적 감정graphology(글씨로 사람의 성격을 알아내는 것)', 기타 각종 성격 테스트 등을 믿는 것을 설명할 때에 도움이 되는 이론이다. 사람들이 의학적으로 반론을 하더라도 혈액형과 성격의 관계를 믿는 것도 설명할 수 있다. 무슨 일에 대한 판단을 할 때 여러모로 많은 고민을 하는 것은 A형만이 아니라 대부분의 사람들이 그렇다. 거꾸로 아무리 A형의 얌전한 사람도 과감한 행동을 할 때가 있는 법이다. 그렇지만 사람들은 A형은 어떻다는 확

신을 버리지 않는다.[16]

소영현은 혈액형 분류법이 근거 없는 믿음이며 그저 만들어낸 이야기일 뿐이라고 말하는 것은 정당하지 않다고 주장한다. 혈액형 분류법의 내부가 아니라 그것을 부르는 시대적 환경, 즉 불안이 증폭되는 사회적 상황으로 눈을 돌려야 한다는 것이다.[17]

혈액형 분류법이든 그 어떤 유형의 점이나 미신이든, 그것이 날이 갈수록 살벌해지고 각박해지는 세상에 대한 통제감을 갖게 함으로써 마음의 평안과 위로를 가져다주는 데에 조금이라도 도움이 된다면 무엇을 망설이고 두려워하랴. 따지고 보면, 점술업은 오늘날 비대해진 힐링 산업의 원조가 아닌가. 사람들이 보편적으로 가지고 있는 성격이나 심리적 특징을 자신만의 특성으로 여기는 심리적 경향은 대중사회에서 '졸卒'의 위치를 가진 익명의 존재로 머무를 수밖에 없는 사람들이 자신의 존재감을 누리고 싶어 하는 강렬한 열망과 맞닿아 있는 셈이다.

34

왜 로미오와 줄리엣은
사랑에 목숨을 걸었을까?

부메랑 효과

우리 인간은 자기 신념이 도전받으면 오히려 더욱더 자기가 옳다고 확신하는 경향이 있다. 미국 예일대학에서 기혼 여성을 대상으로 실시한 연구를 살펴보자. 이 연구에 참여한 여성들은 모두 다 강경하게 피임 정보를 널리 알려야 한다는 입장을 취했다. 이 여성들 중 절반은 지역 고등학교 학생들에게 피임 지식을 알려야 한다는 진정서에 서명했다.

그 다음 날 진정서에 서명한 여성 가운데 절반과 서명을 요청받지 않은 여성 가운데 절반은 왜 10대 청소년들에게 피임 정보를 알려서는 안 되는지를 설득력 있게 조목조목 설명하는 내용의 소책자를 한 권씩 받았다. 하루쯤 지나 각 여성들에게 전화를 걸어 피임 정보를 널리 알리는 집단에서 자원봉사를 하지 않겠느냐고 부탁했다.

진정서에 서명하지 않은 여성들의 경우, 소책자를 받은 사람은 그렇지 않은 사람보다 자원봉사에 참여하는 비율이 훨씬 낮았다. 그런데 진정서에 서명한 여성들의 경우에는 완전히 정반대의 현상이 일어났다. 서명도 하고 소책자도 받은 여성들은 50퍼센트가 자원봉사에 참여한 반면, 서명만 하고 소책자는 받지 않은 여성은 고작 10퍼센트만 참여 의사를 밝힌 것이다.

진정서에 서명함으로써 공개적으로 서약한 여성들은 소책자에 강력한 반작용을 보인 것이니, 그 소책자가 오히려 기존 신념을 더욱 굳건하게 만든 셈이다. 피임 정보를 알리기로 이미 약속한 여성들은 진정서에 서명한 것이 옳은 일이었음을 스스로 증명해야만 했기 때문에 소책자를 보고 난 뒤에도 더욱더 열성적으로 참여했다.[1]

이를 가리켜 '부메랑 효과boomerang effect'라고 한다. 부메랑 효과는 심리학자 잭 브렘Jack Brehm이 통제권 상실에 대한 인간의 반응을 설명하기 위해 1966년에 출간한 『심리적 반발 이론A Theory of Psychological Reactance』에 근거한 것이다. 심리적 반발 이론에 따르면 인간은 자유로운 선택이 제한이나 위협을 받으면 자유를 유지하려는 욕구가 강해지면서 자유를 전보다 갈구하게 된다. 이때에 나타나는 반발을 가리켜 '부메랑 효과'라고 하는 것이다. '반발 효과reactance effect'라고도 한다.[2]

독일 사회심리학자 옌스 퍼르스터Jens Förster는 금지가 오히려 금지된 것을 하겠다는 목표를 활성화시킨다고 말한다. "성경에도 그런 구절이 있다. 천사가 롯의 아내에게 소돔을 돌아보지 말라는 명령을 내렸지만 그녀는 천사의 명령을 따르지 못한다. 결국 고개를 돌린 그녀는 굳어 소금기둥이 되고 만다. 이 이야기는 우리 모두가 알고 있는 현상을 설명한다. 즉 무언가를 금지당하면 그 금지당한 짓이 하고 싶어 좀이 쑤시는 것이다. 목표는 무의식적으로 활성화될 수 있고, 의식적으로 생각한 목표와 마찬가지로 달성하고 싶어 한다."[3]

인간이 심리적 반발을 보이는 시기는 '미운 세 살'이라는 말이 시사하듯이 세 살 무렵이다. 정신과 의사로서 오랫동안 아동 치료를 담당했던 마거릿 말러Margaret Mahler, 1897-1985는 유아가 어머니에게서 독립하려고 하는 모습에서 '분리-개별화 이론separation-individuation theory'을 기초로 한 유아의 심리적 탄생을 논했다. 유아는 신체적으로는 출생과 함께 부모에게서 독립했지만, 심리적으로는 상당 기간 독립하지 못한다. 하지만 그 내면에는 독립하려는 마음이 웅크리고 있어 그게 반발로 나타난다는 것이다.[4]

아이들의 충동을 조절하는 데엔 강한 위협과 부드러운 말 중 어떤 게 더 효과가 있을까? 1960년대 중반 스탠퍼드대학 심리학자 조너선 프리드먼Jonathan I. Freedman은 이 문제를 알아보기 위한 실험을 해 놀라운 결과를 얻었다. 어떤 실험이었던가?

만 7~10세 남자 아이들을 대상으로 로봇 장난감에 손대지 말라는 지시를 내렸다. 아이들을 두 집단으로 나눠 첫 번째 집단엔 "만약 로봇에 손을 댄다면 내가 몹시 화가 나서 큰 벌을 줄 거야"라고 위협했고, 두 번째 집단엔 부드러운 말투로 로봇에 손을 대지 말라고 했는데, 연구자가 자리를 비운 동안 로봇에 손을 댄 아이는 첫 번째 집단에선 77퍼센트, 두 번째 집단에선 33퍼센트로 나타났다. 왜 이런 차이가 나타났을까? 강한 위협이 금지된 것일수록 더 하고 싶어 하는 충동, 즉 반발감을 불러일으켰기 때문이다.[5]

청소년에게서 부모의 통제에 대한 반발로 나타나는 '부메랑 효과'의 대표적 사례는 윌리엄 셰익스피어William Shakespeare, 1564-1616의 『로미오와 줄리엣Romeo and Juliet』이다. 두 가문의 불화로 사랑을 이룰 수 없는 처지에 반발한 10대의 젊은 남녀가 동반자살로 자유의지를 실현했기에, '부메랑 효과'를 가리켜 '로미오와 줄리엣 효과Romeo & Juliet effect'라고도 한다. 이에 대해 로버트 치알디니Robert Cialdini, 1945-는 다음과 같이 말한다.

"어떻게 그 어린 남녀가 그 짧은 시간 동안 그토록 헌신적이고 격정적인 사랑에 빠질 수 있을까? 낭만주의자라면 세상에 보기 드문 완전한 사랑이었다고 말할 것이다. 하지만 사회과학자라면 양가 부모가 개입해 젊은 남녀한테 심리적 반발을 일으켰기 때문이라고 지적할 것이다. 로미오와 줄리엣의 사랑은 처음부터 양가의 반대를 뛰어넘을 만큼 강렬하진 않았다. 나중에 양가의 반대라는 장벽이 생기자 더 열렬히 타올랐던 것이다. 차라리 마음껏 사랑하게 내버려뒀더라면 철없는 풋사랑으로 끝나지 않았을까?"[6]

실제로 1972년 콜로라도대학 심리학자 리처드 드리스콜Richard Driscoll, 1951-이 1년 동안 140쌍의 10대 연인을 대상으로 연구한 결과, 부모의 반대가 심해지자 서로에 대한 사랑이 더 강렬해졌고, 부모의 반대가 약해지자 서로에 대한 로맨틱한 감정이 시들해진 것으로 나타났다. 치알디니는 "그렇지만 로미오와 줄리엣 효과 때문에 부모들이 십대 자녀들의 연애 상대를 무조건 허락해야 한다는 의미는 아니다"며 "특히 '성'이라는 성인의 영역과 관련해 전통적인 부모의 통제 방법인 규제와 처벌보다는 성인들의 설득 방법인 선택권 부여와 회유

등이 훨씬 더 효과적이다"고 말한다.[7]

로마 신화인 '피라무스와 티스베Pyramus & Thisbe'에선 사랑하는 두 연인이 집안의 반대로 서로 만나지 못하자 서로 인접해 있는 두 집에 따로 갇힌 채 벽에 난 구멍을 통해 이야기를 주고받는다. 이에 대해 『그리스 로마 신화』를 쓴 이디스 해밀턴Edith Hamilton, 1867-1963은 이렇게 말한다. "사랑은 막는다고 되는 게 아니다. 덮으면 덮을수록 그 불꽃은 더 활활 타오르게 마련이다."[8]

주위의 강한 반발을 무릅쓰고 결혼했기 때문에 "우린 잘 살아야 한다"는 심리의 지배를 받기 때문일까? 같은 종교를 믿는 신자끼리 무난하게 결혼했을 경우와 다른 종교를 가진 사람과 어렵게 결혼했을 경우를 비교하면 부부 간 '애정도'는 전자에 비해 후자가 훨씬 높다고 한다.[9]

부메랑 효과와 유사한 것으로 '역효과backfire effect'가 있는데, 이는 외부적 억압이 없더라도 자신의 신념과 반대되는 사실을 접했을 때 원래 자신의 신념을 지키거나 더 강하게 밀어붙이는 현상이다. 예컨대, 유권자들은 정치적 입장이 다른 상대방의 유세를 들으면서 설득되기보다는 오히려 자신이 지지하는 정당이나 후보에게 강한 신념을 갖게 되는 경향이 있다. 아이오와대학 정치학자 데이비드 레드로스크 David Redlawsk의 2002년 연구에 따르면, 모의선거에 참여한 실험 참가자들은 자신이 선호하는 후보자에 관한 부정적인 정보에 노출되었을 때 오히려 자신의 후보를 더 적극적으로 지지했다.[10]

부메랑 효과 역시 남녀관계 등과 같은 인간관계에만 국한되는 게 아니라 정치적 상황에서도 자주 발생한다. 어느 대학에서 학생들에게 남녀공용 기숙사를 반대하는 연설을 금지하자 학생들이 남녀공용 기숙사를 훨씬 더 강렬하게 반대하는 현상이 나타났다거나, 연방정부에 물가통제 권한을 부여하자는 취지의 청원서에 서명을 받는 과정에서 한 연방 관리가 청원서 배포에 반대했다는 소식이 전해지자 청원서에 서명하는 소비자가 급증했다는 것 등이 좋은 예다.[11]

낙서가 많은 어느 대학 화장실에 "낙서엄금 – 대학 관리부장"이라고 쓴 문구와 "낙서하지 마세요 – 대학 자치위원"이라고 쓴 문구를 걸어놓고 낙서량을 비교해보았다. 그랬더니 권위 있는 사람의 이름으로 강한 금지를 표시한 첫 번째 화장실에 '자치'를 강조한 두 번째 화장실에 비해 더 많은 낙서가 생겨났다.[12]

쉽게 말하자면, '청개구리 심리'라고나 할까? 금지된 것일수록 더욱 호기심을 느끼면서 해보고자 하는 열망이 강해진다는 점에서 '선악과 효과'라는 이름을 붙인 이도 있는데,[13] 이런 식으로 이름을 붙이자면 '판도라 효과'나 '청개구리 효과'라는 작명도 가능하겠다. 이런 반발 심리를 고려해서 나온 게 바로 '넛지'다. '넛지'는 『감정독재』에 쓴 「왜 공중도덕을 지키자는 계몽 캠페인은 실패하는가?: 넛지」에서 다루었으므로, 이를 참고하시기 바란다.

35

왜 신용카드로 소비를 할 때
구매욕이 더 왕성해질까?

심성 회계

미국 영화배우 더스틴 호프먼Dustin Hoffman, 1937-과 진 해크먼Gene Hackman, 1930-은 춥고 배고프던 무명 시절에 고락을 같이하던 친구 사이였다. 해크먼은 어느 날 호프먼이 돈을 좀 빌려 달라고 해서 빌려 주었는데, 얼마 후 호프먼의 집을 방문했다가 깜짝 놀랐다. 돈이 적잖이 들어 있는 유리병을 여러 개 보았기 때문이다. 각각의 병에는 '책', '옷'이라고 쓴 스티커가 붙어 있었는데, '식료품'이라는 스티커가 붙어 있는 병에만 돈이 없었다. 해크먼이 호프먼에게 왜 돈이 있는데도 빌려 달라고 했는지 묻자, 호프먼은 이렇게 답했다. "그건 모두 다른 데 쓸 돈이야. 식료품 사는 데 쓰면 안 돼."[1]

이번엔 우리의 일상생활에서 일어날 수 있는 다음 두 상황을 가정해보자.

상황 A: "10만 원이 지갑에 있었는데 영화관에 갔다. 영화표는 1만 원이다. 그런데 오는 길에 1만 원을 잃어버렸다. 그래도 영화를 보시겠습니까?"

상황 B: "10만 원이 있었는데 오후에 볼 영화표를 1만 원 주고 아침에 미리 사두었다. 따라서 지갑에는 9만 원과 영화표가 있었다. 그런데 영화관에 도착해보니 영화표를 잃어버렸다는 것을 알았다. 그리고 이 영화표는 재발행되지 않는다. 그래도 영화를 보시겠습니까?"

상황 A에서는 대부분의 사람들(88퍼센트)이 그래도 영화를 보겠다고 했지만, 상황 B에서는 상황 A에 비해 영화를 보겠다는 사람들이 크게 줄어들었다(46퍼센트). 화폐의 대체성fungibility이라는 점에서 보자면 현금 1만 원이나 1만 원짜리 영화표나 손실을 본 것은 같은데, 왜 그런 차이가 나는 걸까? 이 실험 결과를 1980년에 발표한 미국의 행동경제학자 리처드 세일러Richard Thaler, 1945-는 이렇게 설명한다.

상황 A의 사람은 지갑에 있는 돈에 대한 마음의 계좌account가 하나인 반면, 상황 B의 사람은 마음의 계좌가 하나가 아닌 두 개다. 상황 A의 사람에겐 10만 원짜리 계좌 하나가 있는데, 여기서 1만 원이 사라졌으니 10퍼센트의 손실이다. 반면 상황 B의 사람에겐 9만 원짜리 현금 계좌와 1만 원짜리 영화(를 위한) 계좌라는 두 계좌가 있는데, 두 번째 계좌에서 100퍼센트의 손실이 일어난 것이다.[2]

이를 가리켜 '심성 회계mental accounting'라고 한다. '심적 회계'나 '마음의 회계'로 번역해 쓰기도 하고, 그냥 '멘탈 어카운팅'으로 쓰기도 한다. 각자의 마음속에는 기업의 회계장부에 빗댈 만한 주관적 프레임들이 설정되어 있는데, 돈과 관련한 선택은 모든 가능성을 합리적으로 숙고하고서 내리는 게 아니라 마음속에 이미 자리 잡고 있는 이틀의 범위에서 이루어질 수밖에 없다는 의미로 쓰인다. 호프먼의 유리병도 심성 회계를 잘 보여주는 사례다. 호프먼은 여러 개의 유리병, 즉 여러 개의 마음의 계좌를 두고 각기 다른 셈법을 적용한 것이다.[3]

이런 심리학을 적용한 투자를 가리켜 '뉴로 인베스팅neuro-investing'이라고 한다. 심성 회계를 주창한 세일러는 1990년대 중반 '풀러 앤 세일러 자산운용'이라는 회사를 세워 큰 수익을 내기도 했지만, 2000년대 초 닷컴 버블이 꺼질 땐 큰 손해를 입고 말았다. 심리를 분석해 투자자의 행동을 예측할 순 있었지만, 시장 흐름이나 주식을 사고 팔 시점 등에 대해선 알 수 없었기 때문이다.[4]

뉴욕에서 비 오는 날 택시 잡기가 어려운 이유도 택시 운전사들의 심성 회계와 관련이 있다. 뉴욕에서는 택시 운전사들이 일정 금액을 내고 택시를 빌려 운행하는데, 이들은 하루 매상 목표를 설정하고, 목표를 달성하면 그 즉시 영업을 중단하는 관행을 갖고 있다. 즉 하루 단위로 수입을 평가하는 심성 회계 방식을 갖고 있는 것이다.

비 오는 날에는 택시 이용자가 많기 때문에 목표 달성이 빨리 이루어지므로 그만큼 도중에 영업을 중단하는 택시들도 많아진다. 경제학적으로 보면 손님이 많아 돈이 잘 벌리는 날은 운행을 오래 하고 손님이 적은 날은 일찍 집에 들어가 쉬는 것이 합리적이지만, 이들의 심성 회계 방식이 그런 걸 어이하랴.[5]

신용카드는 현금 사용보다 우리에게 많은 비용을 부과하지만 신용카드를 즐겨 쓰고, 신용카드로 소비를 할 때 구매욕이 더 왕성해지는 것도 바로 심성 회계 때문이다. 현금을 사용할 때보다 돈을 쓴다는 느낌이 훨씬 적어 지출이 쉬워지는 것이다.[6] 이와 관련, 엘리자베스 던 Elizabeth Dunn과 마이클 노튼Michael Norton은 『당신이 지갑을 열기 전에 알아야 할 것들Happy Money: The Science of Smarter Spending』(2013)에서 다음과 같이 말한다.

"신용카드를 사용하면, 구매하는 순간에 느끼는 지출의 고통이 경감된다. 신용카드로 인해 일종의 분리감detachment이 생겨 현명하고 상식 있는 사람들도 쉽게 지름신의 유혹에 빠지게 된다. 또한 그런 분리감으로 인해 지출에도 무감각해진다. 이와 관련하여 실험 참가자 30명에게 월말 청구서를 확인하기 전에 카드 대금을 계산해보라고 했다. 그랬더니 각 개개인은 카드 대금을 평균 30퍼센트가량 낮게 계산했다."[7]

신용카드의 결제 기간이 한 달인 이유도 그런 심성 회계에 맞도록 결정된 것이다. 만약 결제 기간이 일주일이라면 사용하는 대금의 일평균 액수는 결제 기간이 한 달일 때보다 줄어들 것이 틀림없다. 결제 기간이 짧아질수록 신용카드는 심리적으로 현금과 같아지기 때문이다. 반대로 결제 기간을 한 달보다 더 늘리면 사람들이 돈을 더 많이 쓰겠지만, 가입업소의 부담이 커지는 문제가 있다. 그래서 나온 것이 결제 기간을 거의 무한대로 늘려놓은 '마이너스 통장'이다.[8]

투자전문 회사인 ING그룹은 개인들이 주식 투자에서 돈을 잃는 가장 큰 이유는 심성 회계 탓이라고 말한다. "개인들은 주가가 반 토막이 나도 팔지만 않으면 돈을 까먹은 건 아니라고 마음속으로 계산한다. 수익이 난 주식은 팔고 손해 본 주식은 계속 들고 간다. 그러다

팔고 난 주식은 오르는데 들고 있는 주식은 계속 떨어져 손실은 눈덩이처럼 불어난다.……투자에서 성공하려면 마음의 회계에서 벗어나야 한다. 수익이 날 종목은 들고, 손실이 날 종목은 팔아야 한다."[9]

심성 회계의 한 유형으로 '하우스 머니 효과house money effect'가 있다. 여기서 '하우스'는 도박장을 뜻하는데, 사람들이 도박을 해서 딴 돈과 일을 해서 번 돈에 대해 확연히 다른 소비성향과 위험선호도를 보이는 걸 가리키는 말이다. 그래서 '공돈 효과'라고도 한다. 도박을 하는 과정도 마찬가지다. 카지노에서 현금을 쓰지 않고 칩을 사용하는 이유도 도박꾼들의 돈에 대한 심리적 부담을 줄여 대담하게 만들기 위해서다.

일반적으로 부수입으로 생긴 돈은 다소 위험 요소가 있더라도 과감하게 투자하거나 물 쓰듯 써대지만, 일을 해서 번 돈은 언제나 노심초사하며 한 푼이라고 아끼려고 한다.[10] 사실 재테크의 첫걸음이 적금이라고 하는 이유도 바로 여기에 있다. 이에 대해 박철은 다음과 같이 말한다.

"복권으로 횡재한 돈은 술술 써버릴 수 있어도 적금으로 어렵게 모은 돈은 잘 써지지 않는다. 어딘가에 쓸 작정으로 붓던 적금도 막상 만기가 돌아와 타게 되면 다시 저축으로 돌리기 일쑤다. 목돈을 만들기 위해 고생했던 기억이 떠올라 '피 같은 돈'을 차마 쓸 수가 없는 것이다. 한마디로 적금은 목돈 마련의 성공 가능성은 높여주고 어렵게 모은 목돈을 허튼 일에 쓸 가능성은 낮춰준다."[11]

심성 회계엔 명암明暗이 있다. 재테크나 재산관리의 수단으로 이용하는 것은 '명明'이겠지만, '하우스 머니 효과'와 같은 것은 '암暗'으로 볼 수 있겠다. 이론적으론 심성 회계의 '암癌'이 유발하는 문제점에 누구나 다 동의할 수 있지만, 실생활에서 깨달음을 실천하는 건 결코 쉬운 일이 아니다. 심성 회계를 가르치는 경영학 교수도 예외는 아니다. 매사추세츠대학 경영대학원 교수 토머스 키다Thomas Kida는 다음과 같이 말한다.

"나는 여러 대학에서 토론을 하고 연구 프로젝트를 발표하기 위해 자주 오스트레일리아를 방문한다. 그리고 이때 받는 수당은 흥청망청 순식간에 써버린다. 비싼 음식을 사먹고, 포도주와 맥주에도 더 많은 돈을 투자한다. 저녁 식사에 곁들이려고 한 병에 75달러나 하는 포도주도 턱턱 산다. 미국에 있을 때는 기껏해야 한 병에 25달러짜리 포도주만 사서 마시는데, 대체 왜 이러는 걸까?"[12]

너무 자책할 필요는 없을 것 같다. 마음속 회계장부에 자신을 치장하기 위한 의류비 계정과 식비 계정이 다르다는 이유로 수백만 원짜리 명품 옷은 에누리 없이 선뜻 사면서도 시장에서 몇 백 원을 깎으려 드는 사람보다는 낫지 않은가.[13]

사실 부부 싸움의 상당 부분도 부부 간 각기 다른 심성 회계 때문에 발생한다. 아내는 남편의 술값을, 남편은 아내가 신발이나 핸드백에 쓰는 돈의 가치를 이해하지 못한다. 각각 상대방을 보면서 "대체 왜 저러는 걸까?"라고 의아해하거나 개탄할 뿐이다.

36

왜 우리는 '조삼모사'에
빠져드는가?

과도한 가치 폄하

중국 송나라에 원숭이를 좋아해 키우는 저공이란 인물이 원숭이들을 모아 놓고 이렇게 말했다. "이제부터는 도토리를 아침에 세 개, 저녁에 네 개씩 주겠다." 원숭이들이 모두 반발하고 나서자, 저공은 할 수 없다는 듯이 "그럼 아침에 네 개, 저녁에 세 개를 주겠다"라고 했다. 이에 원숭이들은 좋아하며 고개를 끄덕였다고 한다.[1] 이른바 '조삼모사朝三暮四' 이야기다. 오늘날엔 말도 안 되는 고사성어故事成語일까? 그렇지 않다. 다음 두 가지 사례를 생각해보자.

    (1) 당신은 4주 후에 동네 식당에서 돼지고기를 먹는 것과 4주가 지난 그 다음 날에 프랑스식 고급 요리를 먹는 것 중 하나를 선택할 수 있다. 당신은 망설임 없이 프랑스식 고급 요리를 선택할 것이다. 겨우

하루 차이 뿐이니까 말이다. 그러나 지금 당장 돼지고기를 먹겠는가, 아니면 내일 프랑스식 고급 요리를 먹겠는가? 지금 배가 고프다면 당신은 돼지고기를 선택할 가능성이 높다.[2]

(2) 당신이 만약 복권에 당첨된다면 오늘을 기점으로 6년 후 100달러가 주어지는 상금을 택하겠는가, 아니면 9년 후 200달러가 주어지는 상금을 택하겠는가? 대부분 후자를 택할 것이다. 하지만 오늘 당장 주어지는 100달러의 상금과 3년 후의 200달러 상금 사이에서 하나를 선택하라고 한다면, 대부분 오늘의 100달러를 선택할 가능성이 높다.[3]

이처럼 우리 인간은 현재와 멀리 떨어져 있을수록 중요성을 깎아내리거나 보상이 눈앞에 가까워질수록 작더라도 더 빨리 받는 쪽을 선택하는 경향이 있다. 스코틀랜드의 철학자 데이비드 흄David Hume, 1711-1766은 이런 경향을 250여 년 전에 다음과 같이 지적했다.

"비록 나중의 보상이 가까운 보상보다 뛰어나다는 사실을 충분히 인지하고 있다 하더라도 우리는 그런 판단에 따라 행동을 통제하지 못하고, 언제나 가깝고 인접한 것을 선호하는 욕정의 속삭임에 굴복하고 만다."[4]

우리가 내리는 결정이 현재와 가까우면 가까울수록 '감정적인 이율利律'이 상승하는 반면 현재와 멀수록 이율을 낮게 보는 '현재 선호present preference'를 가리켜 '과도한 가치 폄하hyperbolic discounting' 또는 '현재 편향present bias'이라고 한다. '과도한 가치 폄하'는 템플대학의 심리학자 조지 에인슬리George Ainslie가 만든 말인데, '미래에 대한 과도한 가치 폄하'를 줄인 말로 이해하면 되겠다. 훌륭한 결심이 시간이 흐르면서 희미해져 가는 이유나 노후 대책의 필요성을 잘 알고 있으면서도 그걸 실천에 옮기지 않는 이유는 바로 이 '과도한 가치 폄하'로 설명할 수 있다.[5]

사람들이 슬픈 감정일 때 물건을 좀더 비싸게 구매하려는 경향을 보이는 것도 '현재 편향' 때문이다. 카네기멜런대학의 신시아 크라이더Cynthia Crider와 하버드대학의 제니퍼 러너Jennifer Lerner의 연구에 따르면, 슬픈 영화를 본 사람들은 자연풍경 영화를 본 사람들보다 30퍼센트가량 더 많은 돈을 썼다. 연구팀은 슬픈 기분이 들면 즉시 얻을 수 있는 행복감을 요구하기 때문이라고 분석했다.[6]

지금 당장! 이렇게 외치는 '지금의 힘'은 워낙 강해서 다른 모든 것을 작아 보이게 만든다. 고객의 이런 심리를 이용하는 기업들도 있다. 예컨대, 최저 가격 비교 사이트인 카약닷컴Kayak.com은 항공편을 검색해주면서 "현재 아메리칸 항공을 검색했다"거나 "델타 항공을 검색 중이다"는 식으로 검색 작업 현황까지 실시간으로 알려준다. 이와 관련된 한 연구 결과에 따르면, 고객들은 기다리는 동안 자신을 대신해 일이 처리하고 있다는 인상을 받으면 기다리면서도 높은 만족감을 느낀다고 한다.[7]

문제는 기업 경영이나 투자와 관련된 의사결정에서 '지금의 힘'을 과대평가하는 것이다. 미래에 얻을 과실을 이성적으로 분석해 합리적 결정을 내리는 대신 당장 얻을 혜택의 유혹 앞에 무릎을 꿇는 경우가 많다는 것이다. 이와 관련, 이방실은 다음과 같이 말한다.

"단기성과를 올리는 데 눈이 멀어 기업의 장기성장을 위해 추진해야 할 효율화 작업 및 구조조정을 게을리 한다면, 과도한 가치 폄하

본능에 충실한 경영자라 할 수 있다. 구성원들의 역량 개발이 조직의 장기 발전에 필요하다는 걸 알지만, 당장의 매출 신장을 위해 직원들을 마냥 쥐어짜기에 급급한 경영자도 본능에 충실한 '원시적' 리더라 하겠다. '진정한' 리더라면 당장은 고통스럽고 단기적으로 가시적 성과가 미미하더라도 조직의 장기적 발전에 도움이 되는 전략을 실행할 줄 알아야 한다."[8]

개인 차원에서 과도한 가치 폄하는 이른바 '만족의 지연delayed gratification, deferred gratification'을 어렵게 만든다. 이와 관련, 스위스 작가 롤프 도벨리Rolf Dobelli, 1966- 는 "오늘날까지 살아남은 모든 라틴어 격언 가운데 '카르페 디엠Carpe diem', 곧 '오늘을 즐겨라' 라는 말은 분명 가장 사랑받는 말이다" 며 다음과 같이 말한다.

"오늘을 즐겨라, 마음껏. 그리고 내일을 걱정하지 말라. 이런 직접성은 우리에게 아주 값어치가 크다. 얼마나 클까? 이성적으로 파악할 수 있는 것 이상이다.……'오늘을 즐겨라' 라는 격언은 좋은 생각이다. 일주일에 한 번쯤 그렇게 한다면 말이다. 그러나 매일을 마치 마지막 날인 것처럼 즐기는 것은 어리석은 일이다."[9]

카르페 디엠! 좋은 말이지만, 오해도 많고 탈도 많은 개념이다. 페이지를 넘겨 별도의 글로 다루어보기로 하자.

37

왜 14명의 공무원은 무작위
전화 협박에 4,000만 원을 송금했을까?

카르페 디엠

Carpe diem은 라틴어로 "Catch(Seize) the day!"의 의미다. 지금, 여기의 순간을 잡아라, 즉 소중히 하라는 뜻이다. 로마 시인 호레이스 Horace, 즉 퀸투스 호라티우스 플라쿠스Quintus Horatius Flaccus, B.C. 65-B.C. 8 가 『송가頌歌: Odes』에서 처음 쓴 말이다.[1] 마케팅 전문가 알 리스Al Ries 가 카르페 디엠을 직역해 '지금의 기회를 잡아라'라는 뜻으로 쓰는 게 흥미롭다. 그는 "그냥 저질러라! 빨라야 한다! 최초가 되어라!"라고 외치며 다음과 같이 말한다.

"카르페 디엠! 오늘을 잡아라. 빌 게이츠가 1학년 때 하버드대학을 중퇴하고 뉴멕시코로 가서 세계 최초의 PC 운영체제를 개발하지 않았더라면, 오늘날의 마이크로소프트가 가능했을까? 카르페 디엠!

마이클 델이 2학년 때 텍사스대학을 중퇴하고 기업을 대상으로 컴퓨터 직판사업을 벌이지 않았더라면, 오늘날의 델 컴퓨터가 가능했을까? 카르페 디엠! 새로운 아이디어를 가지고 인터넷기업을 출범시키기에 가장 좋은 날이 바로 오늘이다. 아무도 사용하고 있지 않은 오늘이 그날이다."[2]

그런데 '카르페 디엠'이 보통 "삶을 즐기라"는 말로 번역되어 쓰이면서 그저 놀아 제치는 것에 대한 심리적 면죄부로 쓰이는 경우가 적지 않다. 서울대학교 교수 김난도는 『아프니까 청춘이다』(2010)에서 그게 아니라며 다음과 같이 말한다.

"지나간 나날에 대한 후회로 현재를 채워서는 안 된다. 할 수 없는 일에 대한 필요없는 의무감으로 현재가 비참해져서는 안 된다. 아직 오지도 않은 미래에 대한 불안으로 현재가 흔들거려서는 안 된다. 자신의 목표를 확고하게 하고, 그 목적지를 향해 순간순간의 발걸음을 뚜벅뚜벅 옮길 수 있을 때 현재를 즐길 수 있게 된다. 그러므로 진정 '카르페 디엠' 하려면 자신에 대한 믿음이 확고해야 한다. 비록 꿈의 내용이 구체적이지는 않더라도, 어떻게든 꿈을 이룰 수 있다는 자신감만큼은 구체적이어야 한다. 그때 비로소 현재를 즐길 수 있다."[3]

반면 캐나다의 뉴에이지 운동가 에크하르트 톨레Eckhart Tolle, 1948-는 『지금 이 순간을 살아라The Power of Now: A Guide to Spiritual Enlightenment』(1997)에서 미래의 행복과 성취를 꿈꾸는 대신 현재를 껴안으라고 주장한다.[4] 톨레는 과거와 미래는 비현실적이니 현재에만 집중하라며 다음과 같이 말한다.

"당신이 시간, 즉 과거와 미래에 집중하면 할수록 존재하는 것 중에 가장 귀한 '지금'을 놓치게 되는 것이다.……당신은 '지금 밖'에서 어떤 것을 경험하고 생각하고 느낀 적이 있는가? 언젠가 그럴 수 있다고 생각하는가? '지금 밖'에서 존재하거나 일어나는 일이 가능한가? 그 답변은 너무나 명백하지 않은가? 어떤 일도 과거에 일어나지 않았으며, '지금 안'에서 일어났을 뿐이다. 어떤 일도 미래에 일어나지 않을 것이며, 오직 '지금 안'에서 일어날 것이다."[5]

좋은 뜻으로 하는 말이겠지만, 오해의 소지가 다분하다는 게 문제가 아닐까? 사실 '카르페 디엠'을 외치는 유명 인사가 많지만, 그들은 평소 만족의 지연에 매우 익숙한 사람들이다. 그렇게 했기 때문에 유명 인사가 될 수 있었다. 너무도 바빠 일에 치이는 경향이 있는 그들은 일종의 자구책, 즉 자기암시를 위해 '카르페 디엠'을 외쳐댄다. 비극은 그런 사정과 배경은 무시한 채 덩달아 '카르페 디엠'을 실천하고자 하는 보통 사람들에게서 일어난다. '카르페 디엠'을 오·남용하면서 '만족의 지연'을 불온시하는 것이다. 프랑스 철학자 베르트랑 베르줄리Bertrand Vergely는 '카르페 디엠'의 두 얼굴에 주목하면서 다음과 같이 말한다.

"순간을 산다는 것이 인생을 모아두기 위해 전전긍긍할 게 아니라 현재를 충실히 살자는 뜻이라면, '카르페 디엠' 좋다! 기꺼이 순간을 붙잡자! 삶을 향한 조건 없는 긍정을 통해서 얻어진 해방감을 얼마든지 만끽하는 거다. 그러나 '카르페 디엠'이 어린 시절이나 사춘기적 열기 속에 멋모르고 뛰어드는 위험천만한 혼돈을 의미한다면, 미안하지만 아니올시다이다! 퇴행은 아니라는 얘기, 설탕처럼 달콤한 세계로의 회귀는 아니라는 얘기다."[6]

카르페 디엠

다만 한국처럼 일중독이 보편화된 나라에선 '만족의 지연'보다는 '카르페 디엠'이 외쳐지는 게 바람직할 수도 있겠다. 만약 우리가 '카르페 디엠'의 원리를 따른다면, 세 가지가 좋아진다. 세계적으로 하위권에 속해 있는 우리 국민의 행복감이 높아질 것이고, 목숨 걸고 싸우는 입시 전쟁이 완화될 것이고, 공직자들의 부정부패가 감소할 것이다. 이 세 번째 부정부패가 중요하다. 우리는 부정부패가 더러운 것처럼 말하지만, 그걸 저지르는 사람들은 대부분 가족을 끔찍하게 아끼는 사람들이다. 내 새끼 잘 되게만 할 수 있다면, 자신의 '만족의 유예'를 넘어 자신 한 몸 버리는 것도 마다 않겠다는 지극한 부성애·모성애의 주인공들인 것이다.

물론 우리는 '카르페 디엠'의 실천이 일어나지 않으리라는 걸 잘 안다. 모두 동시에 다 그렇게 한다면 해볼 수도 있겠지만, 자신만 그렇게 했다간 큰 손해를 보거나 망한다고 생각하기 때문이리라. 이른바 '죄수의 딜레마prisoner's dilemma'의 고난도 버전인 셈이다. 그래서 우리는 '카르페 디엠'을 사실상 외면하거나 경멸하면서 살아간다. [참고 '죄수의 딜레마']

그렇지만 은밀하게 시도하는 나름의 '카르페 디엠'은 있다. 많은 사람이 자기 나름의 '설탕처럼 달콤한 세계'를 감춰두고 있는 것이다. 그게 무언가? 가장 대표적인 게 불륜不倫이다. 2006년 『한국일보』 기획취재팀이 여성포털 '젝시인러브xyinlove.co.kr'와 공동으로 기혼 여성을 대상으로 설문조사를 실시한 결과, 응답자 194명 중 '직접 외도를 했다'(56명) 또는 '외도 문제로 고민했다'(36명)는 여성이 92명으로 전체의 절반(48퍼센트)에 육박했다. 특히 외도 경험이 없는 여성 중에서도 '주변에서 외도를 본 적이 있다'는 응답자는 61명(31퍼센트)에 이르렀는데, '외도를 본적이 없다'는 응답은 22명(11퍼센트)에 불과했다.[7]

2009년 1월 경찰에 걸려든 '불륜 공무원' 협박 사건은 어떤가. 범인들은 공무원들에게 무작위로 전화를 걸어 "당신이 여자와 모텔에 들어가는 장면의 사진을 많이 갖고 있다. 1,000만 원을 송금하지 않으면 그 자료를 직장과 가정에 알려 망신을 주겠다"고 공갈 협박했다. 이에 제 발이 저린 14명의 공직자들이 한 사람당 130~800만 원씩 모두 4,000여만 원을 송금했다는 것이다. 이런 유형의 협박 사건은 매년 몇 차례씩 일어나는데, 놀라운 건 아무런 정보도 없이 아무에게나 전화를 걸어 협박을 해도 꼭 돈을 보내는 사람이 많다는 사실이다.

『일요신문』(2014년 1월 27일)에 실린 기사 「2014 대한민국 불륜 보고서: 수도권 모텔 200곳 탐문조사」는 '불륜의 일상화'를 잘 말해준다. "도시 전체에 '불륜 경계령'이 내려진 곳이 있다. 바로 조선업이 발달한 경남 거제시와 울산광역시다. 조선업의 특성상 야간작업이 필수이며 불황을 모르는 높은 소득은 불륜이 생겨나기 최적의 조건을 제공했다. 때문에 이곳에서는 다른 도시에서 볼 수 없는 광경들이 목격되기도 한다. 울산의 한 나이트클럽에서는 가끔 신기한 방송이 나온다. 바로 인근 조선소의 야간근무 동향을 말해주는 것."

울산에 거주하는 한 기혼 여성의 증언이다. "남편이 야간에 나가면 애들을 재워두고 하나둘 아줌마들이 나이트클럽으로 몰려든다. 그런데 하루는 날씨 탓에 야간근무가 갑자기 취소됐다고 하더라. 즉각 나이트클럽에서 정보를 입수하고 '손님들에게 알립니다. 오늘 ○○조선소 야간근무가 취소됐으니 지금 즉시 집으로 돌아가시길 바랍니다'라고 방송했다. 순간 나이트에 있던 사람들이 썰물처럼 빠져나갔다."[8]

한국의 이 놀라운 불륜 문화는 한국인 특유의 개척정신과 진취성을 말해주는 것이라고 자위해야 할까? 혹 이게 일상의 소소한 '카르페 디엠'을 하지 못해 생겨난 현상은 아닐까? "노세 노세 젊어서 놀아 늙어지면은 못노나니"로 대변되는, 미래에 대한 과도한 가치 폄하가 특정 분야에서만 집중적으로 일어난다는 건 한국인들이 미친 듯이 일하면서도 그걸 견뎌낼 수 있는 그 나름의 비책을 갖고 있다는 걸로 보아야 할까?

왜 14명의 공무원은 무작위 전화협박에 4,000만 원을 송금했을까?

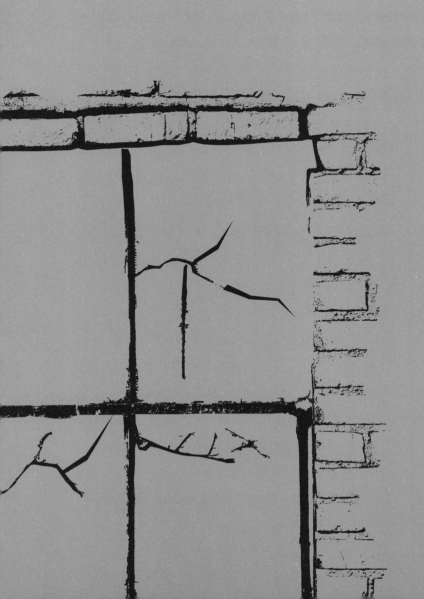

38

왜 '깨진 유리창' 하나가
그 지역의 무법천지를 불러오는가?

'깨진 유리창' 이론

"만약 한 건물의 유리창 하나가 깨진 채로 방치된다면, 나머지 유리창들도 곧 깨질 것이다. 깨친 채로 버려진 유리창 하나는 누구도 돌보고 있지 않으며, 그래서 유리창을 더 깨도 문제될 게 없다는 신호다."

미국 정치학자 제임스 윌슨James Q. Wilson, 1931-2012이 제자인 조지 켈링George L. Kelling과 같이 『애틀랜틱먼슬리』 1982년 3월호에 쓴 「깨진 유리창Broken Window: The Police and Neighborhood Safety」이라는 글에 나오는 말이다. 이 글은 범죄 예방을 위한 '깨진 유리창 이론Broken window theory'의 원조로 유명하다.[1] 이들은 1996년에 출간한 『깨진 유리창 갈아끼우기Fixing Broken Windows: Restoring Order and Reducing Crime in Our Communities』에서 이 이론을 더욱 발전시켰다.

깨진 유리창 이론은 건물의 깨진 유리창을 그대로 방치하면 나중에 그 지역 일대가 무법천지로 변한다는 것으로 무질서와 범죄의 전염성을 경고한 이론이다. 이 개념은 1961년 도시학자 제인 제이콥스Jane Jacobs, 1916-2006가 『미국 대도시의 흥망The Death and Life of Great American Cities』이라는 책에서 제시한 바 있다.[2]

미국 스탠퍼드대학 심리학자 필립 짐바르도Philip Zimbardo, 1933-는 1969년 폐차 일보 직전의 자동차에 대한 사람들의 반응에 대한 실험을 통해 이 이론을 입증했다. 치안이 비교적 허술한 골목에 비슷해 보이는 자동차 두 대를 일주일간 세워두는 실험이었는데, 두 대는 모두 보닛을 열어놓은 채였고, 그중 한 대는 유리창 하나가 조금 깨진 상태였다. 일주일 후, 보닛만 열어둔 차는 거의 그대로였는데, 보닛을 열어놓고 유리창을 깨놓은 차는 쓸 만한 부품들을 누군가가 다 떼어가 버렸고 낙서, 돌멩이, 쓰레기 등으로 엉망이 되어 있었다.[3]

네덜란드에선 이런 실험이 이루어졌다. 투명창이 있는 봉투 안에 5유로짜리 지폐를 넣고, 봉투가 우편함에서 절반쯤 삐져나오게 놓아두어, 행인들이 지폐를 확실히 볼 수 있도록 한 후에 이를 몰래 관찰한 실험이다. 일반적 상황에선 행인의 13퍼센트가 봉투를 슬쩍했지만, 우편함에 페인트로 낙서를 해놓거나 주변에 쓰레기를 뿌리는 등 무법의 징후를 보이자 이 비율은 두 배로 증가했다.[4]

1994년에서 2001년까지 뉴욕 시장을 지낸 루돌프 줄리아니Rudolph Giuliani, 1944-는 '깨진 유리창' 이론을 적용해 낙서, 무임승차, 허락 없이 차 유리를 닦고 돈을 요구하는 행위 등과 같은 경범죄에 대해서도 조금도 봐주지 않는 '불관용zero-tolerance' 분위기를 조성해나갔다.

'깨진 유리창' 이론

이는 범죄율이 절반 이하로 줄어드는 놀라운 실적을 거두었고, 이 정책을 집행한 뉴욕시 경찰국장 빌 브래턴Bill Bratton, 1947-은 1996년 『타임』의 표지 인물로 등장했다.[5]

그러나 뉴욕의 범죄가 줄어든 것은 '깨진 유리창 이론' 때문이 아니라는 반론도 만만찮다. 범죄를 많이 저지르는 16~24세 남성 인구의 감소, 경제성장으로 50만 명의 일자리 창출, 크랙 버블(마약의 가격 거품)의 붕괴로 마약업의 이윤 감소, 경찰관 고용 열풍, 인종갈등 약화, 주거환경 개선, 낙태의 합법화로 범죄 가능성이 큰 사생아의 감소 등 여러 복합적인 변화가 진짜 이유라는 것이다.[6]

권순택은 "그럼에도 '깨진 유리창 이론'의 적용으로 뉴욕 시민의 질서의식과 준법정신이 크게 향상됐음은 부인하기 어렵다"며 이렇게 주장한다. "국내에서는 서울 강남구와 경기 파주시가 뉴욕의 선례를 따라가고 있다. 강남구는 작년 10월부터 불법 주정차, 담배꽁초 마구 버리기, 불법 광고물 부착 등 '작지만 나쁜' 법규 위반을 집중 단속해 질서 있고 매력적인 도시 만들기를 시도하고 있다. 하기야 '사소한 위반을 바로잡아야 큰 질서가 잡힌다'는 이론을 실천해야 할 곳은 중앙 정부다. 과격 노동단체와 좌파세력의 도심 불법시위 같은 것에 엄정 대처하기는커녕 정치권력부터 법을 우습게 아는 행태를 심심찮게 보이니 말이다."[7]

'제로 탈러런스 운동'은 상품과 서비스의 품질 향상을 기하기 위한 기업들의 노력에도 반영되었는데, 모토로라·제너럴일렉트릭 같은 대기업에서 일어난 이른바 '식스 시그마' 품질 향상 운동이 바로 그것이다.[8] 미국의 PR 전문가 마이클 레빈Michael Levine은 아예 『깨진 유리창 법칙Broken Windows, Broken Business: How the Smallest Remedies Reap the Biggest Rewards』(2005)이라는 책까지 출간해 기업들에 '깨진 유리창'에 주목하라고 역설한다.

"경영 전략이나 미래 비전을 무시해도 좋다는 말이 아니다. 너무 작아서 놓치기 쉬운 세부사항에 주목하라는 뜻이다. 기업이 저지르는 큰 실수들은 대개 잘 보이지 않는 작은 실수들이 모여 일어난 것이다. 지저분한 계산대, 정리되지 않은 상품들, 체계적이지 못한 메뉴, 불친절한 직원들, 불충분한 고객 서비스 정책 모두 깨진 유리창이 될 수 있다."[9]

국내에서도 롯데마트, 현대백화점, SKC 등의 최고경영자들은 전 직원들을 대상으로 '깨진 유리창 이론'을 설파하고 있다. 기업이 경영 전략 수립에는 많은 투자를 하면서 정작 사소하지만 중요한 것은 소홀히 해 고객을 놓치는 일이 많다는 것에 대한 성찰의 결과다.[10] 이재찬은 "물은 99도에선 끓지 않는다. 아무리 고생해도 1도가 모자라면 절대 물을 끓일 수 없다"며 다음과 같이 주장한다.

"회사 업무도 마찬가지다. 우리는 일에 있어서 100% 완벽을 추구해야 하며, 미세한 실수도 용납해선 안 된다. 0.9의 10승은 약 0.349밖에 되지 않는다. 미숙한 일처리가 10번 반복하면 결국 30%대의 효과밖에 얻지 못하게 되는 것이다. 즉, 완성도가 100% 미만인 일은 아무리 열심히 반복해봐야 별 효과를 거둘 수 없다는 얘기다. 특히 서비스업은 한 번의 실수가 제로(0)의 결과를 가져올 수 있다. 고객에 대한 서비스에선 '100−1'은 99가 아니라 0이 된다는 것을 항상 기억해야 한다. 업무에 사소한 일이란 있을 수 없다. 깨진 유리창을 방치해놓고 회사의 변화와 창조를 아무리 외쳐봐야 그것은 공염불에 그칠 것이다."[11]

　보수주의자들과 기업들은 이처럼 오래전부터 분위기와 전염 효과의 중요성을 간파하고 그걸 현실에 작용해왔다. 반면 전염 효과나 분위기의 중요성을 과소평가하는 경향이 있는 진보주의자들은 '깨진 유리창 이론'이 보수 이데올로기라는 비판을 하는 데에만 머물러 왔다.

　이젠 그런 방어적인 자세를 버려야 한다. 이 이론의 진보 버전은 얼마든지 가능하기 때문이다. 중요한 건 전염 효과다. 강력한 단속이 아니라 비교적 여유가 있는 사람들의 봉사와 솔선수범에 의해 '깨진 유리창'의 전염 효과를 통제하고자 한다면, 이게 바로 진보적 '깨진 유리창 이론'이다.

　사실 진보적인 식자들은 계급적으론 중산층 이상이기 때문에 자신의 삶의 영역에서 '깨진 유리창'을 걱정해야 할 필요는 없다. 즉, 봉사와 솔선수범 없이 강 건너 불구경하듯이 진보적 의견만 제출하는 것으로 할 일을 다 했다고 생각할 수 있다는 것이다. 그게 잘못된 건 아닐망정, 모든 사람이 다 그렇게 한다고 할 때에 생길 수 있는 문제에도 눈을 돌릴 때가 되었다. 이론과 실천의 분리는 불가피한 면이 있되, 분리의 고착화는 곤란하다. 둘은 서로 늘 넘나들어야 한다.

39

왜 모범적 시민이
희대의 살인마가 될 수 있는가?

악의 평범성

히틀러 치하의 독일에서 학살된 유대인은 600만 명이다. 유대인뿐만 아니라 장애인도 학살 대상이었다. 워낙 대규모로 저질러진 학살이라 수십 년이 지난 지금까지도 계속 새로운 사실이 밝혀지고 있다. 2003년 9월에 밝혀진 극비 문서에 따르면 나치 정권은 제2차 세계대전 개전 이듬해인 1940년 1월부터 1941년 8월까지 독일 각 병원에 수용되어 있던 지체장애인과 정신장애인 27만 5,000명을 학살한 것으로 밝혀졌다. 이와 관련해 미국 로스앤젤레스 시몬바이센텔 센터의 R. A. 쿠퍼R. A. Cooper 소장은 "나치 정권은 장애인 학살을 살인기술을 연마하고 정당화하는 도구로 악용했다"고 비난했다.[1]

인간의 탈을 쓰고 어찌 그런 학살을 저지를 수 있었을까? 이런 의

문과 관련해 자주 논의되는 인물이 바로 아돌프 아이히만Adolf Eichmann, 1906-1962이다. 그는 독일 나치스 친위대 중령으로 제2차 세계대전 중 유대인을 학살한 혐의를 받은 전범이었다. 그는 독일이 패망할 때 독일을 떠나 도망쳐 아르헨티나에 정착했다. 그곳에서 약 15년간 숨어 지내다가 1960년 5월 11일 이스라엘 비밀조직에 체포되어 9일 후 이스라엘로 압송되었다. 그는 1961년 4월 11일부터 예루살렘 법정에서 재판을 받았으며, 그해 12월 사형판결을 받고 1962년 5월 교수형에 처해졌다.

미국 정치학자 해나 아렌트Hannah Arendt, 1906-1975는 『뉴요커』라는 잡지의 특파원 자격으로 이 재판 과정을 취재한 후 출간한 『예루살렘의 아이히만Eichmann in Jerusalem: A Report on the Banality of Evil』(1963)이라는 책에서 '악의 평범성the banality of evil'이라는 개념을 제시했다.[2] 아이히만이 유대인 말살이라는 반인륜적 범죄를 저지른 것은 그의 타고난 악마적 성격 때문이 아니라 아무런 생각 없이 자신의 직무를 수행하는 '사고력의 결여' 때문이라고 주장한 것이다.

아렌트가 송고한 기사는 곧 미국 전역에 걸쳐 엄청난 논쟁을 불러일으켰다. 악의 화신으로 여겨졌던 인물의 '악마성'을 부정하고 악의 근원이 평범한 곳에 있다는 주장 때문이었다. 아이히만이 평범한 가장이었으며 자신의 직무에 충실한 모범적 시민이었다고 하는 사실이 많은 사람을 곤혹스럽게 만들었다.

아이히만은 학살을 저지를 당시 법적 효력을 가지고 있었던 히틀러의 명령을 성실히 수행한 사람에 불과했다. 그는 평소엔 매우 '착한' 사람이었으며, 개인적인 인간관계에서도 매우 '도덕적'인 사람이었다. 그는 자신이 저지른 일의 수행 과정에서 어떤 잘못도 느끼지 못했고, 자신이 받은 명령을 수행하지 않았다면 아마 양심의 가책을 느꼈을 것이라고 대답했다.

착한 사람이 저지른 악독한 범죄라고 하는 사실에서 연유되는 곤혹스러움은 인간의 사유thinking란 무엇이고, 그것이 지능과는 어떻게 다르며, 나아가 사유가 어떠한 정치적 함의를 갖는가 하는 문제를 근본적으로 제기하게 만들었다.[3]

나치 친위대 사령관으로 유대인 대학살을 지휘했던 하인리히 힘러Heinrich Himmler, 1900-1945는 최근(2014년 1월) 공개된, 아내에게 보낸 편지에서 "히틀러가 내 어머니를 쏘라고 하면 난 그렇게 할 것이오"라고 말했다.[4] 어머니조차 쏠 수 있다는 이 엽기적인 정신 상태는 도대체 어디에서 연유된 것일까?

이삼성은 학살의 집행자 또는 하수인들은 자신들이 잔혹 행위에 개입해 있는 그 현실의 어처구니없음absurdity in realities을 어떤 형태로든 어느 정도는 인식하게 마련이지만, 그들은 그것을 부정하고 그 부정된 공백을 환상으로 메우려 하는 과정에서 '위조된 세계counterfeit universe'를 창조한다고 말한다.

"여기에는 현실과의 정직한 대면을 부정하기 위한 여러 가지 도구들이 등장한다. 그중의 하나가 베트남전쟁의 경우 군인들이 애용한 헤로인과 마리화나 등의 마약 복용pot-smoking이었다. 독일군들은 유대인수용소에서 술과 고전음악을 즐겼으며 수용된 여성들에 대한 변태적인 성적 학대를 즐겼다. 이런 수단들을 통해서 학살의 하수인들은 스스로 '심리적 불감psychic numbing' 상태를 불러일으키며 정신적 공황을 메우려고 했다.”

이삼성은 ‘심리적 불감’은 학살과 그 과정에서 중요한 역할을 수행하는 자신들의 현실을 비현실화derealization하는 심리적 과정과 연결되어 있으며, 이 과정엔 크고 작은 이데올로기와 도구들이 동원된다고 말한다. 나치스는 ‘새로운 독일적 냉혹성new spirit of German coldness’을 영웅시하는 이데올로기도 한몫을 했으며, 고전음악을 즐기는 것과 같은 심미적審美的 행위도 학살과 죽음이라는 현실과 그 하수인에게 불가피하게 따르는 죄의식을 초월해 더 효과적이고 냉혹한 학살기계로 자신들을 적응시키는 데 중요한 수단이었다는 것이다.[5]

베트남전쟁에서 미군 병사가 베트콩들의 시체 수를 확인하기 위해 시체마다 귀를 잘라 모으는 짓을 했다거나 하는 이야기는 베트남전쟁에서도 수많은 아이히만이 존재했다는 걸 말해준다. 노인, 여자, 어린아이 등 민간인 347명을 학살한, 1968년 3월 16일 미라이 학살 사건이 그 좋은 예일 것이다.

아이히만과 관련, 에리히 프롬Erich Fromm, 1900-1980은 ‘관료주의적 인간’의 문제를 제기했다. 그는 “아이히만은 관료의 극단적인 본보기였다. 아이히만은 수십만의 유대인들을 미워했기 때문에 그들을 죽였던 것이 아니다”며 다음과 같이 말한다.

“그는 누구를 미워하지도 사랑하지도 않았다. 아이히만은 ‘자신의 임무를 수행한 것이다’. 유대인들을 죽일 때 그는 임무를 충실히 수행했다. 그는 그들을 독일로부터 단지 신속히 이주시키는 책임을 맡았을 때도 똑같이 의무에 충실했을 뿐이다. 그에게 가장 중요한 것은 규칙을 준수하는 것이었다. 그는 규칙을 어겼을 때에만 죄의식을 느겼다. 그는 단지 두 가지 경우에만, 즉 어릴 때 게으름 피웠던 것과 공습 때 대피하라는 명령을 어겼던 것에 대해서만 죄의식을 느꼈다고 진술했다."[6]

아이히만의 죄는 '생각하지 않은 죄'였다. 아이히만은 자신에게 주어진 책임, 즉 기술적인 일만 성실히 수행했다. 이게 곧 아이히만의 대답이기도 했다. 닐 포스트먼Neil Postman, 1931-2003은 "아이히만의 대답이 하루에 미국에서만도 5천 번 이상 나오고 있을 것이다. 즉 내 결정의 인간적인 결과에 대해서는 아무런 책임도 없다는 것이다. 담당자는 관료주의의 효율성을 위해 맡은 역할에 대해서만 책임을 질 뿐이며, 이는 어떠한 희생을 치르더라도 계속되어야 하는 것이다"라고 말한다.[7]

모범적 시민이 희대의 살인마가 될 수 있는 '악惡의 평범성'의 근거가 된 '권위에 대한 복종'은 이후 미국 심리학자 스탠리 밀그램Stanley Milgram, 1933-1984, 필립 짐바르도Philip Zimbardo, 1933- 등에 의해서도 입증되었다. 이어 이들의 연구 결과를 살펴보기로 하되, 한 가지는 미리 짚고 넘어갈 필요가 있겠다.

모든 건 상황에 따른 것일 뿐, 악한 인간은 존재할 수 없는가? 그렇진 않다. 아렌트도 일부 가해자들의 가학 성향을 언급하면서 드물게나마 괴물들이 존재한다는 데에 동의했다. 도덕성이 결여된 사이코패스의 악행을 상황 탓만으론 돌릴 수 없다는 것이다.[8] '악의 평범성'은 권위에 대한 복종 의식이 우리 모두에게 있으며, 사람에 따라선 그게 지나친 수준으로까지 나아갈 수도 있다는 경각심을 환기시킨 개념으로 이해하면 되겠다.

40

왜 우리는 '조폭문화'에
쉽게 빠져드는가?

권위에 대한 복종

2003년 3월 13일 이창동은 문화관광부 장관 취임 2주 만에 한국 관료 사회의 권위주의를 '조폭문화'로 규정했다. 2005년 12월 시인 김용택은 노무현 시대도 이전 시대와 다를 게 없다며 그 점을 이렇게 지적했다. "장군이 뜨면, 무슨 장관이 뜨면, 무슨 국장이 뜨면, 국회의원이 뜨면 보아라. 완전히 조폭 두목이 뜬 것과 꼭 같은 풍경이 벌어진다. 어느 정도 민주화가 이루어졌다고, 이만하면 민주화가 이루어졌다고? 코미디 같은 이야기들이다."[1]

2013년 8월 30일 '국정원불법선거개입규탄 전국교수·연구자네트워크'는 서울 서초구 국정원 앞에서 연 '국정원불법선거개입규탄 교수·연구자 시국대회'에서 "우리 교수·연구자들은 (국정원 사태를 통해 나타난) 조폭정치, 조폭경제 그리고 조폭문화를 종식하여 우리 사회에 민주주의와 헌정질서를 회복하기 위한 운동에 적극적으로 함께 할 것임을 선언한다"고 밝혔다.[2]

포털사이트에 '조폭문화'를 검색해보면, 「조폭 연상시키는 새누리당의 '형님 문화'」,[3] 「정우택 "'채동욱 호위무사'…조폭문화에서나 나오는 말"」,[4] 「박근혜 정권의 조폭 문화」[5] 등과 같은 기사들이 수없이 많이 뜬다. 정치판에선 여야가 상대편을 가리켜 '조폭문화'라고 비난하지만, 누가 누구를 가리킬 것도 없이 '조폭문화'는 우리 모두가 쉽게 빠져드는, 우리 모두의 것이라고 보는 게 옳을 것 같다.

조폭문화를 좀 점잖게 이야기하자면, '권위에 대한 복종obedience to authority'의 문화다. 사고 기능을 발휘하지 않는 절대적·맹목적 복종이다. '권위에 대한 복종'은 미국 사회심리학 교수 스탠리 밀그램 Stanley Milgram, 1933-1984이 1974년에 출간한 책의 제목이기도 하다. 밀그램은 나치 치하의 독일인들이 어떻게 수백만 명의 유대인을 학살할수 있었는지 알고 싶어서 1961년에서 1962년까지 '권위에 대한 복종' 실험을 했다. 그가 하버드대학 교수 시절이던 1963년에 발표한 실험 결과는 엄청난 충격과 더불어 뜨거운 논란을 불러일으켰다. 어떤 실험이었던가?

참여자들은 실험의 목적을 알지 못한 채, 선생님 역할을 맡아 참여자들에게 보이지 않는 칸막이 너머에 있는 학생이 문제를 틀릴 때마다 전기 충격의 강도를 높이라는 지시를 받는다. 실험의 목적을 알고 있는 학생 역할의 협조자들은 전기 충격이 가해질 때마다 고통스러운 연기를 했으며, 이 소리는 참여자들이 모두 들을 수 있게 만들었다.

참여자 대부분은 학생의 괴로운 목소리를 듣고 몇 번 전기 충격을 주고 더는 할 수 없다는 의사를 표현했으나, 실험자가 "그 정도의 전기로는 사람이 죽지 않습니다. 결과에 대해서는 제가 모든 책임을 지겠습니다"라고 하자 놀랍게도 참가자의 65퍼센트(40명 중 26명)가 "제발 그만!"이라는 비명이 터져 나오는데도 450볼트에 해당하는 전기충격에 도달할 때까지 버튼을 계속 눌렀다. 상식적으로 450볼트의 전기라면 거의 모든 사람이 죽을 수밖에 없는데도 책임을 지겠다는 실험자의 권위에 쉽게 굴복한 것이다.[6]

밀그램은 "우리의 실험에서 수백 명의 피험자들이 권위에 복종하는 것을 목격한 이후 나는 아렌트의 '악의 평범성'이라는 개념이 우리가 상상한 것보다 더 사실일 수 있음을 확신하게 되었다. 희생자에게 전기 충격을 가한 평범한 사람들은 의무감―피험자로서 의무에 대한 인식―때문이었지, 특별히 공격적인 성향을 가진 사람들이 아니었다"며 다음과 같이 말했다.

"그런데 상당히 흥미로운 점은 많은 피험자들이 희생자에 대한 적대적인 행위의 결과로 그를 무자비하게 평가절하했다는 사실이다.……일단 희생자에게 전기충격을 가하게 되면, 피험자들은 희생자를 무가치한 개인으로 보았으며 성격적·지적 결함을 가진 그를 처벌하지 않을 수 없다고 생각했다."[7]

이 실험 결과가 발표되자 아동 심리학자인 다이애나 바움린드 Diana Baumrind, 1927-는 밀그램의 윤리성을 심하게 비난하는 논문을 대표적인 심리학 학회지에 발표했다. 그가 피실험자들을 속였고, 그것이 어떤 실험인지 알리지 않았으며, 정신적 외상을 낳게 했다는 것이다.

한 동료 교수가 미국 심리학회에 밀고를 하는 바람에 그에 관한 조사가 이루어지는 동안 밀그램의 회원 심사가 1년 동안 보류되기도 했다. 이에 대해 로렌 슬레이터Lauren Slater는 다음과 같이 말한다.

"밀그램은 조사를 받았다. 그는 동료 심리학자들의 환한 실험실 불빛 아래 억류되어 이상한 사람 취급을 받았다. 그는 몸부림을 치며 괴로워했다. 파티 때 그를 만난 사람들은 그가 누구라는 것을 알고 뒷걸음질을 쳤다. 휴머니즘의 표본이었던 브루노 베텔하임Bruno Bettelheim, 1903-1990은 밀그램의 실험이 혐오스럽다고 표현했다. 대학교수로서 종신재직권을 받을 때가 되었을 때 밀그램은 예일대학과 하버드대학에서 거부를 당했다."[8]

아닌 게 아니라 수년 후 밀그램의 실험에 참가한 이들 가운데 일부는 이 실험 참가로 인해 장기적인 심리적 피해를 입었다고 보고했다. "다른 사람에게 전기 충격을 가하다니 대체 내가 어떻게 된 걸까?" 등과 같은 심리적 고통을 겪었다는 것이다. 이후 대부분의 국가에서는 심리 실험을 진행할 때 참가자들에게 해를 끼쳐서는 안 된다는 지침을 준수하게 되었다. 그러나 이 지침의 준수 이전까지 여러 유사 실험들이 진행되었다.[9]

밀그램은 좌절 속에 심장병을 앓다가 51세에 사망했지만, 그의 연구는 많은 나라에서 반복되었다. 그런데 흥미로운 건 국가마다 정도의 차이가 나타났다는 점이다. 최고 단계까지 충격을 높인 참가자의 비율은 미국에선 65퍼센트였지만, 독일에선 85퍼센트, 호주에선 40퍼센트로 나타났다. 이는 바꿔 말해, 독일은 권위에 대한 복종 의식이 강한 나라인 반면, 호주는 그게 낮은 나라라는 걸 말해준다. 이에

대해 캘리포니아대학 심리학자 마이클 가자니가Michael Gazzaniga, 1939-는
이런 논평을 내놓았다. "지금의 호주는 원래 죄수들이 살던 나라였다.
말하자면 불복종 유전자가 모인 곳이라는 점을 고려하면 이 결과는
상당히 흥미롭다." [10]

　'불복종 유전자'라는 게 있는지는 좀더 따져볼 문제지만, 조폭이
따로 있는 게 아니라는 점은 분명해 해둘 필요가 있겠다. 사람은 누구
든 상황에 따라 조폭이 되거나 조폭문화에 중독될 수 있다. 나의 의리
는 아름답지만, 너의 의리는 추하다는 이중기준을 정당화하려는 게
아니라면, 나와 우리의 조직문화를 지속적인 성찰의 대상으로 삼을
필요가 있겠다.

41

왜 선량한 네티즌이
'악플 악마'로 변할 수 있는가?

루시퍼 효과

스탠리 밀그램Stanley Milgram, 1933-1984과 같은 동네에 살던 고교 동급생으로 동갑내기인 스탠퍼드대학 심리학자 필립 짐바르도Philip Zimbardo, 1933-도 1971년 비슷한 실험을 했다. 짐바르도의 실험 결과는 밀그램의 실험 못지않게 충격적이었지만, 짐바르도는 밀그램이 먼저 몰매를 맞은 탓인지 큰 논란에서 벗어나 무사했다.

짐바르도의 실험 결과도 가학적 성격 타입이 아닌 사람들도 상황이 바뀌면서 쉽게 가학적 행태를 보일 수 있다는 사실을 보여주었다. 비가학적 성격 타입의 사람들로 하여금 죄수들을 통제하는 임무를 맡겼더니 이들도 잔인성, 모욕, 비인간화의 행태를 보이며 통제하기 시작했고 그 정도는 급속도로 상승했다는 것이다. 이 실험은 어떤 식으로 이루어졌던가?

대학의 심리학부 건물 지하에 가짜 감옥을 만들고 지역신문을 통해 실험 지원자를 모집했다. 모두 72명이 지원했는데, 이들 중에서 가장 정상적이고 건전한 사람 21명을 선발했다. 간수 역할을 맡은 사람들은 점점 더 잔인하고 가학적이 되어갔으며, 한 죄수는 36시간 만에 신경 발작 반응까지 보였다. 이런 문제들로 인해 연구자들은 원래 이 실험을 2주간 계속하려고 했지만 6일 만에 중단하고 말았다.

교도소장을 맡았던 짐바르도 자신도 이미 이성을 상실한 상태였는지라 짐바르도의 연인이자 대학원생이었던 크리스티나 매슬랙 Christina Maslach이 강력히 개입해서 중단되었다. 짐바르도마저도 이 실험의 희생자가 된 것이다. 이에 대해 짐바르도는 "우리가 본 것은 너무 무서운 일들이었다"며 다음과 같이 말한다.

"실험의 과정에서 실험자나 피험자 모두에게 이 피험자들의 '역할'이 어디에서 시작되고 어디에서 끝나는지 그 한계가 불분명해지기 시작했다. 대부분의 피험자들은 진정한 '죄수'나 '교도관'이 되고 말았으며, 역할 수행role-playing과 자아self를 더이상 분명히 구분할 수가 없게 되었다. 행동, 사고 그리고 감정의 모든 측면에서 극적인 변화가 있었다. 일주일도 채 안 된 감옥생활이 일생동안 배운 것을 (잠정적이나마) 지워버렸고, 인간의 가치는 정지되었으며, 자아 개념은 도전받았고 그리고 인간 본성의 가장 추악하고 비열한 병적인 측면이 나타났던 것이다. '죄수'인 학생들은 자기가 살기 위해 그리고 교도관에 대한 끓어오르는 증오심을 이기지 못해 도주만 생각하는 비굴하고 비인간적인 로봇이 된 반면, '교도관'인 학생들은 '죄수' 학생들을 마치 저질의 동물처럼 다루면서 잔인한 짓을 즐기고 있는 듯이 행동하는 것을 보고, 실험자들은 공포에 질렸던 것이다."[1]

정상적인 사람도 교도소라고 하는 특수한 상황에서는 '괴물'로 변할 수 있다고 하는 가설은 2004년 5월 바그다드의 아부그라이브Abu Ghraib 감옥에서 벌어진, 미군에 의한 이라크 포로 학대 파문으로 입증되었다. 포로들에 대한 고문과 학대는 미 정부의 비밀 작전 계획에 따른 것으로 국가 차원에서 저지른 전쟁 범죄임이 밝혀졌지만, 그렇다 하더라도 미군 병사들이 포로들을 짐승처럼 다룬 건 전 세계인들을 경악시켰다. 이 파문으로 인해 가장 유명해진 미군 일등병 린디 잉글랜드Lynndie England는 21세의 여군으로 함께 기소된 상병 찰스 그라너 Charles Graner의 아이를 임신 중이었다. 그녀는 포로들에게 상상하기 어려운 수준의 학대 행위를 하면서도 웃는 모습을 보여주었다.

이 사건의 재판에 피고를 변호하는 전문가 증인 자격으로 깊이 개입했던 짐바르도는 "이라크에서 진행된 일들이 나로서는 전혀 놀랍지 않다"며 "교도소처럼 힘의 불균형이 심한 장소에서는 교도관들의 엄청난 자기 통제가 없다면 최악의 상황이 조성될 수 있다"고 말했다.[2]

짐바르도는 2007년 스탠퍼드대학 실험 내용과 아부그라이브 고문 사건을 담은 『루시퍼 이펙트: 무엇이 선량한 사람을 악하게 만드는가The Lucifer Effect: Understanding How Good People Turn Evil』라는 책을 출간했다. 루시퍼Lucifer는 '빛을 내는 자', '새벽의 샛별'이라는 뜻으로, 천계에 있을 때는 신에게 가장 사랑받던 존재였지만 '오만'으로 인해 신의 분노를 사서 하늘에서 추방당함으로써 '악마, 사탄'이 되었다. 따라서

'루시퍼 이펙트'는 선량한 사람을 악하게 만들 수 있는 '악마 효과'라고 할 수 있겠다. 루시퍼는 권위에 복종하지 않아서 악마로 전락했지만, 루시퍼 효과에선 권위에 대한 맹목적 복종이 악마를 만들었다는 차이는 있지만 말이다.

밀그램과 짐바르도의 이론들을 가리켜 '상황주의situationism'라고 한다. 사람의 특성이 아니라 상황이 중요하고, 영혼보다는 맥락이 중요하다는 것이다. '악의 상황 이론situational theory of evil'이라고도 하는데, 그 반대는 '악의 기질 이론dispositional theory of evil'이다. 『인간과 상황: 사회심리학의 전망The Person and the Situation: Perspectives of Social Psychology』의 공저자인 리 로스Lee Ross는 "나는 한 개인의 도덕적이거나 비도덕적인 행동이 고정된 성격적 특성 때문이라고 생각하지 않는다. 그것은 그가 언제, 어디서, 누구와 함께 있는가가 훨씬 더 중요하다"고 말한다.[3]

인간의 덕을 강조하는 윤리학자들은 '인성 교육'의 중요성을 강조하지만, 상황주의는 '인성 교육'과 같은 지름길에 속지 말라고 경고한다.[4] 상황주의와 '인성 교육' 중에서 양자택일을 할 필요가 있을까? 둘 다 중요하다고 보면 안 될까? 그러나 강한 개인주의 문화를 갖고 있는 사람들은 그렇게 생각하지 않는다. 짐바르도는 아부그라이브 고문 사건 재판에서 느낀 '좌절감'을 다음과 같이 토로한다.

"검사와 판사는 상황의 힘이 개인의 행동에 영향을 줄 수 있다는 점을 전혀 고려하려고 들지 않았다. 그들의 견해는 우리 문화 속의 대부분의 사람들이 공유하고 있는 표준적인 개인주의적 사고방식에 기초하고 있었다. 즉 어떤 잘못은 전적으로 개인의 '기질적' 문제이며 칩 프레더릭 병장의 경우 그와 같은 악행을 저지른 것은 자발적으로 선택한 합리적인 의사결정이라는 것이다."[5]

검사와 판사는 사이버 공간에서 선량한 네티즌이 '악플 악마'로 변할 수 있다는 걸 이해하면 생각을 바꿀까? 황상민은 스탠퍼드 실험에서 이루어진 발견의 의미를 사이버 공간에 적용시킨다. 사이버 공간이 우리의 행동에 영향을 미치는 방식이나 영향력은 바로 가상으로 만든 감옥과 같은 환경이 간수와 죄수로 참가했던 사람들에게 미쳤던 영향력과 같다는 것이다.

"그것이 가상의 공간임을 알기 때문에 내가 스스로 나의 행동을 통제할 수 있다고 믿을지 모르지만, 가상의 공간에서 자기 행동을 통제하기는 어렵다. 자신의 행동을 통제할 수 있다는 믿음은 사실이 아니며 대부분의 인간은 만들어진 환경, 즉 사이버 공간에서 정해진 특성에 따라, 마치 연극 대본에 따르는 배우처럼 행동하게 된다. 가령 채팅을 하러 사이버 공간에 들어갔을 때 우리는 일상생활에서 사용하는 말들과 다른 용어를 사용하여 대화할 뿐 아니라 쉽게 그 상황에서 요구하는 표현이나 행동을 적극적으로 하게 된다. 이는 채팅방이 가지는 분위기가 하나의 환경으로 우리의 행동을 직접 통제하기 때문이다."[6]

오프라인 세계에선 너무 착했기 때문에 그간 억눌린 게 있었을 테고 그래서 비교적 익명匿名이 보장되는 온라인이라는 새로운 상황에서는 그 억눌림을 터뜨리고 싶어 하는 걸까? 실제로 검·경찰 수사를 받을 정도로 문제가 된 악플러들의 한결같은 공통점은 전혀 그럴 것 같지 않은 사람들이라는 점이다. 그들의 그럴 수밖에 없는 처지가 가슴 아프긴 하지만, 이는 사이버 공간이 한恨풀이 성격의 배설 공간일 수 있다는 걸 말해준다. 그런 배설 행위에 박수를 하는 이들도 정도만 덜할 뿐 비슷한 유형의 사람들로 보아도 무방하다. 실은 이들이 '간수' 역할을 하면서 악플러들의 인정 욕망을 자극하는 건지도 모른다.

42

왜 학벌주의는
완화될 수 없을까?

게이트키핑 이론

"여성이 직장에서 좀더 자율권을 쥐어야 하는 것처럼, 남성은 가정에서 좀더 자율권을 행사해야 한다. 나는 여성이 무심결에 남편을 지나치게 좌지우지하려고 들거나 잔소리를 해서 사기를 꺾는 장면을 많이 봐 왔다. 사회과학자들은 '맙소사, 이렇게 하면 안 돼요! 저리 비켜요. 내가 할게요!' 라는 여성의 말을 한마디로 정리해서 '어머니의 문지기 역할maternal gatekeeping' 이라는 그럴듯한 이름을 붙였다."[1]

페이스북 최고운영책임자인 셰릴 샌드버그Sheryl Sandberg, 1969-의 『린 인Lean In』(2013)에 나오는 말이다. 게이트키핑gatekeeping은 유통의 관문에서 걸러내는 일을 말한다. 포털사이트의 주요 기능은 뉴스 생산이 아니라 다른 언론사가 만든 뉴스를 선택해서 올리는 것인데, 바로 이런 선택과 관련된 일을 게이트키핑이라고 한다. 게이트키핑의 주체라 할 게이트키퍼gatekeeper라는 개념은 1947년 심리학자 쿠르트 레빈Kurt Lewin, 1890-1947이 회로 이론channel theory을 설명하기 위해 제시한 것이다.

레빈은 식품이 그 생산지를 출발해서 가정의 식탁에 오르는 경로를 예로 들면서 하나의 식품이 유통 회로를 따라 차츰차츰 식탁을 향해 움직여 나가는 것은 그 회로상의 여러 게이트를 지배하는 게이트키퍼의 결정 때문이지 그 식품 자체의 원동력impetus에 의한 것은 아니라고 주장하면서, 이러한 현상은 한 집단 내에서 커뮤니케이션 회로를 통해 흐르는 뉴스에서도 똑같이 적용된다고 했다. 식품을 구매하거나 가족들의 식성을 변화시킬 수 있는 힘을 가정주부가 가지고 있는 것처럼, 언론인이 게이트키퍼로서 정보유통의 운명을 좌우할 수 있다는 것이다.[2]

언론인만 게이트키퍼 역할을 하는 건 아니다. 대학은 젊은이들의 성공과 출세를 좌우하는 강력한 게이트키퍼다. 로버트 프랭크Robert H. Frank와 필립 쿡Philip J. Cook은 『이긴 자가 전부 가지는 사회The Winner-Take-All Society: Why the Few at the Top Get So Much More Than the Rest of Us』(1995)에서 다음과 같이 말한다.

"이 나라의 엘리트 교육기관들은 사실상 우리 사회에서 사람들이 가장 선망하는 직업들을 얻는 데 필요한 게이트키퍼로 되어버렸다. 그들이 지키는 문을 통과하지 못하는 사람들은 종종 다시는 기회를 갖지 못한다."[3]

그렇다면 그들의 게이트키핑은 공정한가? 각종 비리와 부정이 끊이지 않긴 하지만, 그래도 한국처럼 대학 입학 과정이 비교적 공개적인 나라도 찾기 어려울 것이다. 특히 미국과 비교하면 한국의 입학 과정은 '투명'하다고 해도 좋을 정도다. 미국의 아이비리그 입학 과정은 모든 게 비밀이다. 이 대학들은 입학사정이 끝나면 근거 서류들을 남기지 않고 모두 파쇄기에 넣어 없애버린다. 따라서 이의 제기 자체가 불가능하다. 『뉴욕타임스』교육 전문 기자 자크 스타인버그Jacques Steinberg, 1966-는 그런 비밀주의를 통렬하게 비판한 자신의 책 제목을 『게이트키퍼즈: 명문대 입학과정의 내막The Gatekeepers: Inside the Admissions Process of a Premier College』이라고 붙였다.[4]

언론 분야에서 게이트키퍼의 초기 연구로는 1937년 레오 로스텐 Leo Rosten, 1908-1997의 『워싱턴 특파원The Washington Correspondents』을 들 수 있다. 로스텐은 이 책에서 저널리즘의 절대적 객관성은 불가능하기 때문에 기자의 출신 배경, 전문적 훈련, 개인적 기질, 기자의 경제적 지위가 큰 중요성을 갖는다고 지적하고 이에 대한 연구의 필요성을 제기했다.[5]

언론인을 탐구하는 건 오늘날에도 여전히 중요한 의미를 갖는다. 한국은 다음과 같은 5가지 연구 주제가 가능하지 않을까. 첫째, 기자들의 계급적 위상은 어떠한가? 중앙 언론사, 특히 유력 언론사 기자들의 소득 수준은 너무 높지 않은가? 그들의 높은 소득 수준이 뉴스 선택과 처리에 미치는 영향은 무엇인가? 둘째, 기자들의 이데올로기는 언론사에 의해 '보수화' 되도록 강요받고 있지는 않은가? 셋째, 한국의 강력한 중앙 집권 체제하에서 유력 언론사 기자들은 모두 서울에 거주하고 있다. 지방의 식민지화 현상은 유력 언론사와 언론인의 서울

집중으로 인해 더욱 강화되고 악화되는 건 아닌가? 넷째, 언론사의 취재 부문에서 여성 인력의 점유비는 매우 낮다. 언론사의 이러한 인적 구성이 여성 지위의 향상에 걸림돌로 작용하는 건 아닌가? 다섯째, 유력 언론사 기자들은 거의 대부분 명문대 출신들인데, 한국 사회의 지독한 학벌주의와 학연주의는 언론사의 이런 인적 구성으로 인해 더욱 강화되고 악화되는 건 아닌가?

이 다섯째 연구 주제를 좀더 살펴보자. 1960년대 이후 1990년대까지 중앙지 편집국장 184명 중 77퍼센트가 SKY(서울대-고려대-연세대) 출신이다.[6] 2003년 6월 기준으로 『경향신문』, 『동아일보』, 『서울신문』, 『조선일보』, 『중앙일보』, 『한겨레』 등 6개 신문사의 부장급 이상 간부 263명 중 서울대학교 출신은 39.9퍼센트인 105명, 고려대학교는 17.9퍼센트인 47명, 연세대학교는 9.3퍼센트인 25명으로 SKY 점유율은 67.3퍼센트에 이르렀다. 또 2003년 6월 기준으로 『조선일보』의 부장급 이상 간부 중 서울대학교 출신은 57.5퍼센트인 23명, 연세대학교는 9명, 고려대학교는 4명으로 SKY 출신의 점유율은 90퍼센트나 된다(다른 5개 신문사의 SKY 출신 점유율은 『경향신문』 52.3퍼센트, 『동아일보』 78.6퍼센트, 『서울신문』 54.8퍼센트, 『중앙일보』 69.6퍼센트, 『한겨레』 57.7퍼센트 등이었다).[7] 2003년 6월 기준으로 『동아일보』의 부장급 이상 간부 46명 중 고려대학교 출신은 전체의 34.8퍼센트인 16명, 서울대학교 출신은 32.9퍼센트인 14명, 연세대학교는 10.9퍼센트인 5명으로, SKY 출신의 점유율은 78.6퍼센트였다.[8] 게다가 역사적·인적 관계로 인해 "『조선일보』나 『동아일보』는 사실상 연세대, 고려대의 학보사라는 말까지 나오고 있"는 현실이다.[9]

게이트키핑 이론

이른바 '8학군 기자'의 증가를 우려하는 목소리도 높다. 이미 2003년 전국언론노동조합 위원장 신학림은 최근 5년차 이하의 기자들을 놓고 '8학군 기자'라고 부르는 경우가 있다고 말했다. 이는 말 그대로 강남 지역 8학군에서 '배경'이 좋은 집에서 크고 서울대나 연·고대 같은 대학을 나온 기자들을 지칭하는 말로 이들은 자신이 속한 기득권의 이익에 따라 대부분의 사건을 보고 취재한다는 것이다. 신학림은 갈수록 '8학군 기자'들이 늘어나면서 사회를 바라보는 다양한 시각이 사라지고 있다고 우려했다.[10]

그런 이유 때문인지, 언론은 대체적으로 학벌 경쟁을 사실상 긍정하거나 불가피하다고 보는 보도 프레임을 고수하고 있다. 게다가 일부 유력 언론은 자신들이 직접 사교육 시장에 뛰어든 이해 당사자가 아닌가. 그래서 변화의 목소리를 낼 수 있는 출구마저 보이질 않는다.

학벌주의와 관련된 게이트키핑에서 언론인 못지않게 중요한 게이트키퍼는 교육정책 담당자들인데, 이들 역시 행정고시 출신으로 명문대 출신이 압도적으로 많다. 알게 모르게 기존 학벌주의를 고수하는 방향의 교육정책을 입안하고 집행할 가능성이 높다는 뜻이다. 학벌주의의 책임을 이런 게이트키퍼들에게 물을 순 없는 일이지만, 변화의 가능성은 게이트키퍼들에게서 나온다는 점에 주목할 필요가 있겠다.

어떤 일정한 시점에서 공중의 상황 인식은 대체로 언론 게이트키핑의 산물로 여겨지고 있지만, 날이 갈수록 언론의 게이트키핑 역할은 축소되고 있다. 다른 오락 미디어들이 정치의 오락적 가치에 탐을 낸 나머지 정치를 선정적으로 다루고 있기 때문이다. 그래서 뉴스의

게이트키핑 역할은 해체될 수도 있다는 우려의 목소리마저 나오고 있다.[11]

특히 인터넷은 게이트키핑 개념에 큰 변화를 몰고 왔다. 이미 1999년 화이트C. White와 라만N. Raman은 "월드와이드웹은 매스미디어의 게이트키핑 기능 없이 조직과 대중 간에 관리된 커뮤니케이션이 가능하게 된 첫 번째 홍보 매스미디어로 볼 수 있다"고 했고, 2003년 악셀 브룬스Axel Bruns는 온라인에서 게이트키핑은 더는 가장 적절한 뉴스 보도 패러다임이 아니라고 주장했다. 게이트키핑의 결과물에 대한 비교 분석이 용이해지고, 전문성을 가진 이용자까지 가세하면서 궁극적으로 뉴스 유통 경로를 감시하는 눈이 늘어나 전통적인 게이트키퍼가 수행해온 역할이 분산되고 약화되었기 때문이라는 것이다.[12]

네이버 미디어센터 이사 유봉석은 『게이트 쉐어링』(2014)에서 "게이트키핑의 시대는 가고 게이트워칭gatewatching을 거쳐 게이트쉐어링gatesharing의 시대가 왔다"고 주장한다. 플랫폼 성장 관점에서 정리해보면 게이트키핑은 자체 플랫폼 시대, 게이트워칭은 주변부 사이트의 콘텐츠가 나의 플랫폼 내부에서 유통되는 시대, 게이트쉐어링은 주변부 사이트의 콘텐츠가 나의 플랫폼에 있는 게이트를 통해 노출되지만 그 혜택을 주변부 사이트와 공유하는 시대라는 것이다.[13] 그는 다음과 같이 말한다.

"게이트 키핑 시대에는 철저하게 정보를 단절시키고 보여주고 싶은 것만 보여줬다. 과거에는 뉴스를 보려면 언론사 사이트를 찾아가야 했고 문 안에서 어떤 지저분한 일이 일어나든 이용자들은 잘 추려진 결과만 볼 수 있었다. 뉴스캐스트 이전 네이버는 게이트쉐어링 이

전 단계로 2차 게이트키핑이거나 게이트워칭에 가깝다고 할 수 있다. 포털이 직접 뉴스를 취사선택하면서 공정성 논란이 끊이지 않았고 그래서 나온 게 뉴스캐스트와 뉴스스탠드였다. 말 그대로 게이트쉐어링, 관문을 공유하는 방식이다. 잘 쓰면 약이 되지만 잘못 쓰면 독이 된다."[14]

인터넷이 전통적인 게이트키핑 개념을 뒤흔들고 있긴 하지만, 전반적으로 보아 게이트키핑 개념은 여전히 중요한 의미를 갖는다. 미디어의 게이트키핑은 자연스럽게 '의제설정議題設定, agenda-setting'으로 이어진다. 의제설정은 게이트키핑의 효과 또는 결과라고 할 수 있다.[15] 이제 페이지를 넘겨 의제설정 이론에 대해 살펴보기로 하자.

왜 지방 주민들이
서울의 문제들을 걱정하는가?

의제설정 이론

"북한은 지난 6일 남북 당국 간 대화를 전격 제의하면서도 의제에 비핵화 언급은 없었습니다. 우리 정부가 할 말은 하겠다는 의지를 내비침에 따라 내일(9일) 실무접촉에선 의제설정을 놓고 남북 간 불꽃 튀는 신경전이 예상됩니다. 특히 우리 정부는 북핵뿐만 아니라 천안함 폭침과 연평도 포격 도발 등도 거론할 방침이어서 북측의 반응이 주목됩니다."(2013년 6월 8일 MBN 뉴스).

이 뉴스가 말해주듯, 남북회담은 늘 '의제議題: agenda'를 놓고 다툰다. 왜 그럴까? 너무도 쉬운 질문이라고 생각하는 독자는 이미 의제설정議題設定, agenda-setting 이론을 잘 알고 있는 것이나 다름없다. 회담이나 회의에서 의제는 다룰 수 있는 주제와 다룰 수 없는 주제의 경계를 결정한다. 만약 실무접촉에서 천안함 폭침과 연평도 포격 도발 등이 의제에 포함되지 않는다면, 본 회담에서 그 문제를 다룰 수 없는 건 물론 언급조차 하기 어렵게 된다. 의제설정은 권력게임이다. CEO의 권력의 원천 중 가장 중요한 것은 조직의 의제를 설정하는 능력이며,[1] 정치 지도자의 성패도 의제설정 능력에 달려 있다고 해도 과언이 아니다.

사실 우리는 이미 초중고교 시절 '의제설정'의 중요성을 경험한 바 있다. 학급회의의 의제는 학교 당국 또는 담임교사가 결정하거나 통제한다. 그래서 학급회의의 의제들은 주로 좋은 학습 분위기 조성이나 교실의 청결 등과 같은 '건전한' 것들이다. 만약 학급회의가 교육의 목적이나 학우들 간의 우정 등과 같은 의제를 다룬다면 어떤 일이 벌어지겠는가? 기존 입시 위주의 교육에 대한 비판이 쏟아져나올 가능성이 높다. 따라서 그런 의제는 원천봉쇄당하기 마련이다.

회담이나 회의에만 의제가 있는 게 아니다. 언론 보도에도 의제가 있다. 신문의 1면 머리기사나 텔레비전의 저녁 뉴스 첫머리에 어떤 기사를 내보낼 것인가? 언론이 마음먹기에 따라서 어떤 기사는 크게 보도할 수도 있고 작게 보도할 수도 있다. 즉, 기사의 중요성을 언론이 결정하는 것인데, 이게 바로 의제설정이다.

의제설정 권한은 언론의 존재 근거라고 해도 좋을 정도로 언론엔 가장 중요한 것이다. 의제설정을 어떻게 얼마나 하느냐에 따라 언론의 영향력이 결정되기 때문이다. 미국의 대선 캠페인을 분석한 저서를 여러 권 낸 바 있는 정치 전문 저널리스트인 시어도어 화이트Theodore H. White, 1915-1986는 언론의 의제설정에 대해 다음과 같이 말한다.

"미국에서 언론의 위력은 대단한 것이다. 그것은 공중 토론의 의제를 제공하며, 이 대단한 정치적 힘은 어떤 법률에 의해서도 방해받지 않는다. 언론은 사람들이 무엇을 이야기하고 생각할 것인가를 결정한다. 그것은 다른 나라에서는 독재자, 성직자, 정당, 정당 총재에게나 부여될 수 있는 권한이다."[2]

언론이 특정 이슈들을 강조, 부각시킴으로써 수용자들로 하여금 그러한 이슈들을 중요하게 인식하도록 만드는 효과 또는 기능을 가리켜 '의제설정 기능'이라고 한다. 즉, 언론이 수용자들에게 '어떻게 생각하도록what to think' 하기보다는 '어떤 것에 대해 생각하도록what to think about' 이끈다는 것이다.[3]

'의제설정' 기능의 이론적 뿌리는 1922년에 출간된 미국 저널리스트 월터 리프먼Walter Lippmann, 1889-1974의 『여론』으로 거슬러 올라간다. 이 책에 기술된 "밖의 세계와 우리들 머릿속의 상像"이라는 개념이 '의제설정'의 기본 아이디어를 담고 있다.[4] 이어 미국 정치학자 버나드 코헨Bernard C. Cohen은 "언론은 사람들에게 무엇을 생각하라고 말하는 데엔 별 영향을 미치지 못할지 모르지만, 무엇에 대해 생각하게끔 하는 데엔 놀라울 정도로 성공적이다"고 했다.[5]

미국 커뮤니케이션 학자 도널드 쇼Donald Shaw와 맥스웰 매콤Maxwell McCombs은 1972년 그간 주로 선거 캠페인 등과 관련해 산발적으로 논의되어온 미디어의 의제설정 기능에 대한 종합적인 연구 결과를 내놓았다. 이 연구는 '미디어 의제media agenda'와 '공중 의제public agenda'를 각각 조사해 상관관계의 정도를 통해 의제결정의 효과를 분석하는 식으로 이루어졌는데, 그간 나온 연구 결과는 미디어 의제가 공중 의제에 그리고 공중 의제가 또 정책 의제에 영향을 미친다는 것

이었다.[6]

　2005년 5월 한국언론학회 봄철 학술대회 기조연설을 위해 한국을 방문한 도널드 쇼는 "다매체시대에도 신문의 '의제설정 기능'은 여전히 유효하다"며 신문의 '의제 차별화'의 중요성을 역설했다. 그는 "미국 내에서 발행부수가 줄어들고 있는 것은 전국지이지 지역지가 아니다"며 "전국 단위 신문사에서 지국을 설치하고 지역의 이해관계와 관심을 대변하려고 노력했으나 성공하지 못했다. 그런 면에서 지역지가 경쟁력 있다"고 말했다.[7]

　의제설정 이론은 마케팅에서도 활용된다. 마케팅에서 의제설정은 제품의 특징이나 장점을 일방적으로 설득하려 하기보다는 제품 평가에서 새로운 고려사항이나 생각할 거리를 제시함으로써 소비자들의 주의를 끌려는 시도를 말한다. 파스퇴르 우유가 강력한 경쟁자들이 포진해 있는 우유시장에 뛰어들면서 '저온 살균'이라는 속성을 의제로 만들어 화제를 불러일으키면서 소비자들로 하여금 우유에 대해 다시 한 번 생각하게 만들어 성공을 거둔 것이 그 좋은 예다.[8]

　언론의 의제설정 파워를 비판적으로 보는 시각도 있다. 2006년 UPI 기자로 47년간 백악관을 출입한 헬렌 토머스Helen Thomas, 1920-2013는 『민주주의의 감시견?: 맥 빠진 워싱턴 기자단, 어떻게 국민의 기대를 저버렸는가Watchdogs of Democracy?: The Waning Washington Press Corps and How It Has Failed the Public』(2007)라는 책에서 "민주언론의 목표는 의제보다 진실 추구여야 한다"고 주장했다. 언론이 의제설정의 위력을 의식하고 처음부터 어떤 정치적 목적을 위해 의제를 설정하게 되면 정상적인 여론형성을 왜곡시키고 언론이 사회를 '조종'하게 되는 위험한

결과를 초래할 수 있다는 것이다.[9]

그렇다. 언론의 의제설정은 특히 사회적 약자에게 부정적인 결과를 초래할 수 있다. 이와 관련, 미국의 미디어 전문가 토니 슈워츠Tony Schwartz, 1923-2008는 자신들의 미디어를 갖지 못한 지역에 사는 사람들은 TV에서 삶의 정체성正體性의 결핍을 발견한다며 다음과 같이 말한다.

"시골에 사는 사람들이 네트워크 방송국이 있는 대도시 사람들의 문제를 그들의 문제로 인식한다는 것이다. 전국의 대도시에서 폭동이 일어났을 때, 도시 사람들이 대처하고 있는 문제들이 지방과 전국방송에 보도되자 대도시에 살지 않는 사람들도 똑같은 문제에 대해 걱정한다는 것이 조사에 의해 밝혀졌다. 유타 같은 주에서도 사람들은 실제 그들과 상관없는 대도시의 문제를 놓고 씨름한다. 그들은 그들 삶의 실제보다 미디어를 통해 부딪친 문제들을 해결하려 노력했다. 더욱이 그 문제들에 대한 그들의 고민의 깊이는 미디어 보도의 양과 동일한 비율이었고 도시 거주자들의 고민과 비슷했다."[10]

한국의 지방 문제도 바로 이런 의제설정의 함정에 빠져 있다. 지방을 포함한 전 국민의 눈과 귀를 서울 미디어들이 장악한 상황에서 지방의 독자적인 의제설정을 해나가는 게 매우 어렵다. 인천에 사는 문화평론가 정지은은 「서울만 있고 지역은 없다」라는 칼럼에서 다음과 같이 말한다.

"영등포와 신도림에 새로 생긴 대형 몰 개점 소식보다 연수동에 생긴 대형 몰 소식을 나중에 아는 인천 시민이 태반일 것이다. 단순히 '서울로 출퇴근하는 사람이 많아서'로 치부하기는 힘들다. 정보의 비대칭성이 그만큼 심하기 때문이다. 생활에 필수적인 정보마저 제대로 유통되지 않으니 나머지 정보의 비대칭성은 훨씬 심하다. 서울보다 인천에서 보내는 시간이 훨씬 많은 나 역시 연남동, 경리단길 같은 서울의 뜨는 동네 소식을 더 많이 알고 있다. '인천의 어느 지역이 뜬다더라'는 구전으로 통용될 뿐 뉴스로 생산되지 않지만, 서울의 '힙한' 지역 이야기는 지겨울 정도로 많은 매체에서 다루기 때문이다."[11]

바로 그런 이유 때문에 지방선거에 지방이 없는 일이 반복된다. 2014년 6·4 지방선거의 주요 관심도 모든 미디어가 중앙 권력에만 주목하는 가운데 지방의 삶과는 아무런 관련이 없는 '전략 공천', '중진 차출', '거물 영입', '경선 흥행', '정권 심판론', '야권 연대론' 등에 집중됨으로써 '무늬만 지방자치'를 재생산하는 경향을 보였다.[12]

어찌 지방 문제뿐이겠는가. 모든 사회적 약자가 자기들의 의제, 속된 말로 자기 밥그릇을 찾지 못하는 일이 벌어지고 있다. 그들이 의제설정에서 밀려나고 있기 때문에, 한국은 늘 격렬한 시위로 몸살을 앓는 것이다. 시위는 몸으로 하는 의제설정 시도지만, 웬만해선 뉴스가 되지 않기 때문에 날이 갈수록 시위가 격렬해지고 심지어 폭력적인 양상까지 보이는 건 아닐까?

44

왜 진보 세력은
선거에서 패배하는가?

프레임 이론

'아' 다르고 '어' 다르다는 말이 있다. 우리는 똑같은 내용의 말에 대해서도 그것이 어떻게 묘사되느냐에 따라 다르게 반응한다. 예컨대, '99퍼센트 무지방 고기'와 '1퍼센트 지방 포함 고기'는 같은 것이지만, 사람들은 선호도 질문을 받으면 첫 번째 고기가 더 좋을 것이라고 대답한다. 심지어 '98퍼센트 무지방'과 '1퍼센트 지방 포함' 중에서도 전자를 택한다.[1]

수술 성공률도 마찬가지다. 의사가 환자나 보호자에게 "수술 한 달 후 생존율은 90퍼센트입니다"라고 말하는 것과 "수술 후 한 달 내 사망률은 10퍼센트입니다"라고 말하는 것은 같은 내용이지만, 환자나 보호자는 전혀 다르게 받아들인다. 수술을 받은 600명 중 200명이 살아남은 수술에 대해 200명이 살았다고 말하는 것과 400명이 죽었다고 말한 것을 비교했더니, 전자는 72퍼센트가 수술을 선택했지만, 후자는 22퍼센트만이 수술을 선택했다.[2]

미국의 어느 백화점은 '고객불만처리팀'을 '품질보증팀'으로 이름을 바꾼 후 직원들의 업무 실적이나 사기가 눈에 띄게 달라지는 성과를 거두었다. 이런 변화를 추진한 간부는 그 이유에 대해 이렇게 말한다. "그 전에는 문제 해결이 자기 업무라고 생각해 스트레스를 받았다면, 이제는 최고 수준을 유지시키는 업무라는 자부심을 느끼게 된 거지요. 팀으로 들어오는 모든 제언은 우리 제품과 서비스의 질을 높여주는 기회가 됩니다. 우리 업무가 회사의 명성에 기여한다는 느낌이 사기를 높이고 있습니다."[3]

이처럼 큰 차이를 낼 수 있는, 어떤 일에 대한 묘사 방식을 가리켜 '프레임frame'이라고 한다. frame은 '틀', framing은 '틀에 넣는다'는 뜻인데, 사진을 찍을 때 자신이 선택하는 프레임을 떠올리면 되겠다. 똑같은 풍경이지만 사진을 찍는 사람이 어떤 프레임으로 접근하느냐에 따라 사진이 갖는 의미는 각기 달라질 수 있는 것처럼, 똑같은 내용이라도 어떻게 말하느냐에 따라 전혀 다른 반응을 유발할 수 있다.

프레임을 분석하는 연구는 언론학, 사회학, 심리학, 정치학 등 다양한 분야에서 이루어져 왔는데, 이 연구가 가장 활발한 분야가 언론학이다. 언론매체의 뉴스엔 그 어떤 정해진 '틀'이 있다는 생각을 어렴풋하게나마 해본 사람이 많을 것이다. 그게 무어라고 딱 꼬집어 설명할 수는 없다 해도 말이다. 어떤 학자들은 그걸 딱 꼬집어 이야기할 수 있게끔 하는 연구에 주력한다. 그런 연구와 관련된 이론을 가리켜 프레임frame 이론이라고 한다.

프레임 이론은 자주 의제설정 이론과 혼동되곤 하는데, 지난 10여 년간의 많은 연구는 프레이밍 효과는 지각된 이슈의 중요성 효과 이후에 발생하는 2차적 수준의 의제설정으로 보고 있다.[4] 즉, 의제설정이 이루어진 이후에 프레이밍이 작동한다는 이야기인데, 프레이밍을 넓게 해석하면 의제설정까지 포함하는 것으로도 볼 수 있다.

미국 사회학자 어빙 고프먼Erving Goffman, 1922-1982은 1974년에 출간한 『프레임 분석Frame Analysis: An Essay on the Organization of Experience』에서 인간 상호작용의 프레임을 상세하게 설명했다. 미국 사회학자 토드 기틀린Todd Gitlin, 1943-은 고프먼의 '프레임frame' 개념을 원용해 매스미디어의 보도가 '프레임'에 갇혀 있으며 바로 그러한 '프레임' 자체가 이데올로기적 효과를 갖는다고 역설한다. 물론 이 '프레임'이라는 것은 전통적인 공정성 개념으론 간파해낼 수 없는 것이다. 기틀린은 '프레임'을 "상징 조작자가 상례적으로 언어적 또는 영상적 담화를 조직하는 근거로 삼는 인식, 해석, 제시, 선별, 강조, 배제 등의 지속적인 유형"이라고 정의한다.[5]

기틀린은 1960년대 미국의 신좌파운동이 초기엔 매스미디어의 보도로 큰 도움을 받았지만 종국엔 매스미디어의 보도 프레임에 의해 몰락했다고 주장한다. 그는 당시 미디어의 보도 프레임으로 ① 운동권의 언어, 복장, 나이, 스타일, 목표를 경시하는 사소화trivialization 프레임, ② 반전운동을 극우나 신나치그룹들과 같은 극렬주의자로 똑같이 취급하는 극화polarization 프레임, ③ 운동권의 내부 갈등을 강조하는 프레임, ④ 일탈적이거나 대표성이 없는 시위자들의 모습을 부각시키는

한계화marginalization 프레임 등을 들었다.[6]

2006년 4월 미국 언어학자 조지 레이코프George Lakoff, 1941-의 저서 『코끼리는 생각하지 마: 미국 진보세력은 왜 선거에서 패배하는가』 (2004)가 국내에 번역·출간되어 국회의원들이 가장 많이 읽은 책이 되는 등 세간의 주목을 받으면서 '프레임'이라는 말이 널리 유행했다. 레이코프는 프레임을 다음과 같이 정의한다.

"프레임이란 우리가 세상을 바라보는 방식을 형성하는 정신적 구조물이다. 프레임은 우리가 추구하는 목적, 우리가 짜는 계획, 우리가 행동하는 방식, 그리고 우리 행동이 좋고 나쁜 결과를 결정한다. 정치에서 프레임은 사회 정책과 그 정책을 수행하고자 수립하는 제도를 형성한다. 프레임을 바꾸는 것은 이 모두를 바꾸는 것이다. 그러므로 프레임을 재구성하는 것이 바로 사회적 변화이다. 우리는 프레임을 직접 보거나 만질 수 없다. 프레임은 인지과학자들이 '인지적 무의식cognitive unconscious'이라고 부르는 것의 일부이다."[7]

레이코프는 "어떤 사람에게 '코끼리를 생각하지 말라'고 말하면 그 사람은 코끼리를 떠올릴 것이다"며 "상대편의 프레임을 단순히 부정하는 것은 단지 그 프레임을 강화할 뿐이다"고 주장한다.[8] 그는 이성과 합리성 중심의 18세기 뇌로는 21세기 정치를 이해할 수 없다고 말한다.[9] "과거에는 감정이 대개 합리성을 방해한다고 믿었다. 그러나 아무런 감정도 느끼지 못하게 될 때, 사람들은 이성적으로 생각할 능력도 상실한다."[10] 레이코프가 제시한 구체적 사례를 감상해보자.

"조지 W. 부시가 백악관에 입성한 바로 그날부터 백악관에서는 '세금 구제tax relief'라는 용어가 흘러나오기 시작했습니다. 그리고 아직까지도 그렇습니다. 이 말은 그해 국정연설에서 여러 번 등장했고, 4년 뒤 선거 유세에서는 더욱 자주 등장하게 됩니다.……'세금'이라는 말이 '구제' 앞에 붙게 되면, 그 결과로 다음과 같은 은유가 탄생합니다. 세금은 고통이다. 그리고 그것을 없애 주는 사람은 영웅이고, 그를 방해하는 자는 나쁜 놈이다. 이것이 바로 프레임입니다."[11]

부시는 "우리가 미국을 방어하고자 하는 데 부모 동의서를 받아올 필요는 없습니다"라고 말했다. 레이코프는 부시가 그냥 "동의를 구하지 않을 것입니다"라고 말하는 대신 '부모 동의서'라는 표현을 씀으로써 '프레임 효과'를 노렸다고 보았다.

"여러분이 몇 살 때 마지막으로 부모 동의서를 받아 와야 했는지 한 번 더듬어보세요. 그리고 부모 동의서를 요구하는 사람이 누구인지, 요구받는 사람이 누구인지, 그리고 그 둘 사이가 어떤 관계인지 생각해보세요. 이것은 여러분이 현대의 정치 담론을 이해하고자 한다면 필히 던져야 할 질문들입니다."[12]

레이코프는 유권자들의 표심을 가르는 것은 진실이니 훌륭한 대안 정책 상세 목록들이 아니라 가치와 인간적 유대, 진정성, 신뢰, 정체성이라고 말한다. "'진실이 너희를 자유롭게 하리라'는 것은 진보주의자들이 믿는 흔한 속설이다. 만약 바깥 세계에서 벌어지는 사실들 모두를 대중의 눈앞에 보여준다면, 합리적인 사람들은 모두 올바른 결론에 도달할 것이다. 그러나 이는 헛된 희망이다. 인간의 두뇌는 그런 식으로 작동하지 않는다. 중요한 것은 프레임이다. 한 번 자리 잡은 프레임은 웬만해서는 내쫓기 힘들다."[13]

레이코프는 '프레임 전쟁'에서 보수주의자들이 더 유능한 이유에 대해 이렇게 말한다. "그들은 대개 대학에서 경영학을 공부했고, 그때 마케팅도 배웠기 때문입니다. 마케팅 교수들은 생리학과 인지과학을 공부했기 때문에 사람들의 생각이 실제로 어떤 과정을 거쳐 작동되는지 알고 가르칩니다. 그래서 보수들은 이렇게 배운 것을 이용하여 자기들의 주장을 선전하는 데 능숙한 겁니다."[14]

단지 그런 이유 때문일까? 오히려 진보주의자들의 이성 중심의 독선과 오만이 더 큰 이유가 아닐까? 프레임은 주로 감정의 문제인데, 진보주의자들은 감정을 무시하고 세상을 이성과 논리 중심으로 보려는 성향이 매우 강하다. 진보 세력이 때로 이겨 마땅하거나 충분히 이길 수 있는 선거에서 패배하는 이유도 바로 여기에 있다.

우리는 세상사를 다 이해하고 있다고 믿겠지만, 실은 우리 모두 사고 프레임(틀)에 갇혀 있는 포로들이다. 진정 자유롭고자 한다면, 자신이 빠져 있는 틀이 무엇인지 끊임없이 의심해야 한다. 그러나 세상을 그렇게 피곤하게 살고 싶어 할 사람이 얼마나 되겠는가? 그냥 속 편하게 살고자 한다면, 자신이 진실을 안다는 오만은 버려야 한다. 그게 공정하지 않겠는가?

그러나 프레임을 자신들의 과오나 탐욕에 대한 면죄부로 오남용하는 것은 경계해야 한다. 즉, 자신들의 잘못에 대한 정당한 지적조차 무조건 반대편의 프레임에 넘어간 결과라고 우겨선 안 되며, 그런 우김에 넘어가서도 안 된다는 말이다. 기존 프레임을 바꾸어 사건을 다른 관점에서 바라보고 새로운 의미를 부여하는 것을 '리프레이밍 refraiming'이라고 하는데,[15] 프레임을 오남용하는 사람들에게 필요한 건 바로 그런 리프레이밍이다.

프레임 이론

45

왜 경부고속도로가
지역주의를 악화시켰나?

경로의존

Nothing succeeds like success(성공이 성공을 낳는다. 하나가 잘 되면 만사가 잘 된다). 프랑스 작가 알렉상드르 뒤마Alexandre Dumas, 1824-1895의 말이다. For everyone who has will be given more, and he will have an abundance. Whoever does not have, even what has will be taken from him(무릇 있는 자는 받아 풍족하게 되고 없는 자는 그 있는 것마저 빼앗기리라). 신약성서 「마태복음Matthew」 25장 29절에 나오는 말이다.

위 두 명언은 경로의존經路依存: path dependency=dependence을 말해주고 있다. 경로의존은 한 번 경로가 결정되고 나면 그 관성과 경로의 기득권 때문에 경로를 바꾸기 어렵거나 불가능해지는 현상을 가리킨다.

생각해보자. 한 번 길이 나기 시작하면 사람들은 그 길로만 다닌다. 그 길을 따라 수많은 건물이 세워진다. 그 후에 아무리 더 빠르고 좋은 길을 찾아낸다 해도 이미 엄청난 '기득권'을 생산한 길을 포기한다는 건 거의 불가능한 일이다. 이런 원리를 부富에 적용하면, 부유한 사람은 더욱 부유해지기 쉽고, 가난한 사람은 더욱 가난해지기 쉬운 '부익부빈익빈富益富貧益貧' 현상이 발생한다.

미국 사회학자 로버트 머튼Robert K. Merton, 1910-2003은 이러한 경로 의존 현상을 「마태복음」의 위 구절을 따 '마태 효과the Matthew effect'라고 했다. 그는 1968년에 발표한 「과학 분야의 마태 효과The Matthew Effect in Science」라는 논문에서 과학 연구 분야에도 명성에 의존하는 '계급 구조'가 존재한다는 사실을 지적했다. 머튼이 인용한 다이애나 크레인Diana Crane의 연구 결과에 따르면, "유명 대학에서 높은 연구 실적을 내는 교수들은 연구 실적 수준은 동등하지만 보다 덜 유명한 대학에 소속된 교수들보다 훨씬 큰 명성을 부여받는다."[1]

미국 역사사회학자 찰스 틸리Charles Tilly, 1929-2008는 주어진 시점에서의 결과가 나중 시점에서의 가능한 결과들을 제약한다는 의미로 '경로의존' 개념을 사용했다. 언제 어디에서 사건이 일어나는가 하는 것이 어떻게 그것이 발생하는지에 영향을 미친다는 점에서 모든 사회적 과정들에서 시간과 공간이 기본적으로 중요하며, 이것이 바로 경로의존성의 의미라는 것이다.[2]

경로의존의 대표적 사례로 자주 거론되는 게 오늘날 우리가 사용하는 컴퓨터 영문 자판인 QWERTY(쿼티) 자판이다. 자판 영문 중 두 번째 열을 보면 QWERTY라고 배열되어 있어서 붙여진 이름이다.

QWERTY 자판은 1873년에 타이핑되는 글쇠가 서로 엉키지 않도록 하기 위해 자주 사용하는 글쇠를 멀리 배치하는 방식으로 개발되었다. 타이핑 편의성보다는 장치의 한계를 줄일 목적으로 개발된 것이다.

1936년 워싱턴주립대학 교수 오거스트 드보락August Dvorak, 1894-1975이 개발한 DVORAK 방식은 가장 흔하게 사용하는 모음 5개(a, e, i, o, u)와 자음 5개(d, h, n, s, t) 자판을 중앙에 배열해 타이핑 속도와 인체공학적인 편의성을 획기적으로 높였지만, QWERTY 자판을 대체하지는 못했다. 반세기의 세월이 흐르는 동안 이미 QWERTY 자판이 업계 표준이 되었고 소비자들의 습관이 됨으로써 바꾸기 어려운 경로가 형성되었기 때문이다.[3]

처음에 길을 결정하고 만드는 과정에서 숱한 비리가 저질러졌다고 해도 그것이 이미 만들어진 길의 효용을 낮추는 건 아니다. 이미 난 길로 사람들이 몰리는 건 자연스럽고 합리적인 현상이다. 서울과 지방의 격차, 학벌주의와 대학입시 전쟁, 부동산 투기 등등 한국 사회를 끊임없이 괴롭히는 문제들은 모두 경로의존 현상과 관련된 것이다.

경로의존의 가공할 효과를 가장 드라마틱하게 보여주는 사례는 경부고속도로다. 1970년 7월 7일에 개통된 경부고속도로는 많은 사람에게 "가슴이 뛸 정도로 흥분되는 민족사적 금자탑"으로 다가왔지만,[4] 동시에 지역주의를 악화시킨 주범이기도 했다. 경부고속도로 개통 이후 그 경로의 수혜자인 영남과 그 경로에서 배제된 호남의 경제적 격차가 크게 벌어지는 동시에 이와 관련된 일련의 사태들이 비극적인 결과를 초래했기 때문이다.

가장 눈에 띄는 건 호남의 인구 유출이다. 1939년 영호남 인구 구성비는 35.5퍼센트 대 30.0퍼센트였다.[5] 일제시대까지 갈 것도 없이 1960년 이후부터 따져보더라도 호남의 인구 감소는 매우 놀라운 수준을 보여주고 있다. 이상우는 "5·16 전해인 60년 말, 영남의 인구는 8백19만4천 명이었는데 10·26 다음 해인 80년에는 1천1백42만9천 명이 되었다. 그동안에 3백23만5천 명의 인구가 늘어난 것이었다. 이에 비해 호남의 인구는 60년 말 5백94만8천 명에서 80년 6백6만5천 명이 되었다. 20년 동안에 11만7천 명밖에 늘지 않은 숫자였다"며 다음과 같이 말한다.

"60년 말 한국의 총 인구는 2천4백98만 명이었다. 그것이 80년에는 3천7백42만 명이 되어 그동안 약 50%의 인구 증가를 보였다. 이 증가율을 호남에 적용한다면 80년의 호남 인구는 약 9백만 명이 되어야 한다는 계산이 나온다. 그런데도 박정희 통치 20년 동안 호남 인구가 거의 제자리걸음을 하고 있었다는 것은 무엇을 뜻하는 것인가. 자연 증가분에 해당하는 약 3백만 명은 어디로 갔는가? 그동안에 서울 인구는 2백44만5천만 명에서 8백35만 명으로 늘어났다. 50%의 자연 증가분을 감안하면, 약 4백70만 명이 외지에서 서울로 이주했다는 계산이 나온다. 이 가운데 반 이상이 호남 사람이 아니었을까."[6]

먹고살 길이 없어 고향을 떠나 객지로 나간 사람들이 어떤 대접을 받았을지는 미루어 짐작하기 바란다. 후일 부산 동아대학교 어느 교수는 "경상도와 전라도에 투자한 액수가 10대 1이라는 것이다. 나는 이 글을 읽고 원적을 전라도로 옮길 생각을 했다. 왜냐하면 전라도 사람들이 불쌍했기 때문이다"라고 말하기까지 했다.[7]

동아대학교 정치학 교수 임석준은 2011년 12월 「'QWERTY' 한

나라당」이라는 칼럼에서 이렇게 말했다. "한국 정치를 보면 QWERTY 자판이 연상된다. 그 이유는 개혁과 쇄신을 하려고 몸부림치지만 과거의 관성을 벗어나지 못하기 때문이다.……한나라당의 쇄신은 전 국민을 대상으로 하는 것이 아니라 집을 나간 영남권 유권자들을 향한 구애 작전이라는 태생적 한계를 벗어나지 못하는 모양이다."[8]

경로의존 원리에 따라 성공이 성공을 낳는 효과를 가리켜 '승자 효과winner effect'라고도 한다. 리처드 코니프Richard Conniff는 『부자』라는 책에서 작은 시합에서 승리하는 것이야말로 큰 시합에서 승리하기 위해 거의 필수적으로 요구되는 것이며, 이것이 자수성가한 부자들이 때로는 가장 사소한 우대優待를 위해서까지 그처럼 결사적으로 경쟁하는 이유라고 지적하면서, 그 생물학적 근거에 대해 다음과 같이 말한다.

"그것은 적어도 부분적으로는 남성들의 경우 혈액 1리터당 10분의 1그램이라는 미미한 비율로 생성되는 남성 호르몬 테스토스테론과 관계가 있다(여성은 앞의 비율의 7분의 1에 불과하다).……남성들의 경우 럭비 경기나 체스 시합과 같은 지배력 경쟁으로 해석될 수 있는 거의 모든 것을 앞두고는 테스토스테론 수치가 상승한다.……테스토스테론이 증가된 개인은 똑바로 선 자세, 폼 재는 듯한 걸음걸이, 정면으로 마주보는 시선 따위의 지배행동의 몸짓을 드러낸다. 이것은 후에 패권을 다툴 경우에 성공 가능성을 높이는 데에 기여할 것이다."[9]

즉, 성공은 높은 테스토스테론 반응을 불러오고, 이것은 다시 더욱 지배적인 행동을 낳고, 이는 더 많은 성공을 불러온다는 것이다. 신경정신과 의사 유상우는 부자와 일반인은 뇌의 기능과 그 활용에서 차이가 난다고 주장한다. 고졸 이하의 부자 그룹과 대졸 이상의 일반인 그룹으로 나누어 뇌기능을 분석 · 비교한 결과, 부자들은 ① 전체적인 흐름을 읽어 규칙을 찾아내는 능력이 뛰어나고, ② 긍정적인 사고를 하며, ③ 감수성이 뛰어나다는 사실을 발견했다는 것이다. 이 또한 승자 효과로 볼 수 있겠다.[10]

　　"성공이 성공을 낳는다"는 법칙을 달리 보자는 이도 있다. 미국의 성공학 전도사 스티븐 코비Stephen R. Covey, 1932-2012는 또 다른 격언인 "성공만큼 큰 실패는 없다Nothing fails like success"라는 말을 상기시키면서 인류의 모든 역사는 도전과 응전이라는 간단한 공식으로 줄여 말할 수 있다고 주장한다. 환경 조류가 변화되면 이는 새로운 도전으로 작용하며, 따라서 과거에는 성공적이었던 응전이라도 더는 효과가 없게 되므로, 성공만 한 실패는 없다는 것이다.[11]

　　거시적인 법칙을 미시적인 개인의 일상에 그대로 적용해도 괜찮은가 하는 의문은 들지만, 포기하지 말고 열심히 해보자는 뜻으로 이해하면 될 것 같다. 경로의존으로 인해 벌어지는 격차 문제의 가장 큰 심각성과 비극성은 그 주체가 사람이 아니라 경로라는 점이다. 물론 그 경로는 사람이 만든 것이지만, 일단 경로가 만들어지면 그걸 만든 사람들이 죽은 후에도 계속 성장 · 발전하기 때문에 나중에 그 누구에게도 책임을 묻기 어려워지는 사태가 발생한다. 그렇긴 한데, 2014년 고속도로 건설 예산에서 영남이 호남의 13배라는 건 아무래도 달리 보아야 할 것 같다.[12] 이는 '승자 독식'이라는 탐욕의 경로의존 현상일까?

46

왜 지역주의는
해소되기 어려울까?

죄수의 딜레마

범인 두 명이 경찰에 잡혔다고 가정해보자. 이들이 범행을 자백하지 않기로 한 약속을 끝까지 지키면 둘 다 가장 적은 처벌을 받게 되지만, 한쪽이 먼저 자백하면 자백한 쪽은 가벼운 처벌만 받고 풀려나는 반면 한쪽은 무거운 벌을 받게 된다. 이런 상황을 가리켜 '죄수의 딜레마prisoner's dilemma'라고 한다.

　좀더 구체적으로 설명하자면, 이렇다. 두 범인이 유죄판결을 받으면 20년을 감옥에서 살아야 하지만, 검찰이 확보하고 있는 증거가 불충분해 현 상태로 기소하면 그들은 1년 형에 처해질 가능성이 높다. 그래서 검찰관은 두 범인에게 각각 이런 제안을 한다. "만일 당신이 범행을 자백하고 당신의 공범은 침묵한다면, 당신을 석방하겠다. 그

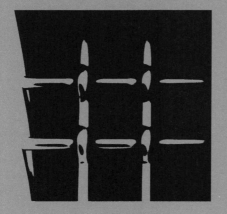

러나 당신의 공범이 자백했는데도 당신 혼자 침묵을 지킨다면, 당신은 20년을 감옥에서 썩게 될 것이다. 만약 당신과 공범 둘 다 자백한다면 두 사람 모두 5년 형만 살게 될 것이다." 두 범인에게 최선의 선택은 둘 다 침묵을 지키는 것이지만, 서로 완전히 믿지 못하기 때문에 이러지도 저러지도 못하는 딜레마 상황이 발생하는 것이다.[1]

'죄수의 딜레마'는 1950년 미국의 군사연구소인 랜드RAND의 과학자인 메릴 플러드Merrill Flood, 1908-1991와 멜빈 드레셔Melvin Dresher, 1911-1992가 고안해낸 게임이론으로, 랜드의 자문역인 앨버트 터커Albert W. Tucker, 1905-1995가 '죄수의 딜레마'라는 이름을 붙여 널리 알려지게 되었다.

성경의 「마태복음」 7장 12절에 나오는 "무엇이든지 남에게 대접을 받고자 하는 대로 너희도 남을 대접하라"는 말이 잘 말해주듯, '죄수의 딜레마' 같은 갈등들에 의해 동기를 부여받은 윤리적 처방들은 오랜 역사를 자랑한다.

'죄수의 딜레마'는 핵 확산과 군비 경쟁이 심각한 관심사가 되었던 때에 '발견'된 것으로, 초기 핵 분야의 긴장은 '죄수의 딜레마'의 고전적 사례로 간주되었다. 이제 '죄수의 딜레마'는 군사 분야를 넘어 생물학, 심리학, 사회학, 경제학, 법학 등 다양한 분야에 등장하고 있다. 서로의 이익이 충돌하는 곳에서는 출현하는 것이다. 상호 승진 경쟁을 하는 회사에서 동료를 도와주어야 하는가? 이와 같은 문제는 우리의 일상적 삶에서 수시로 마주치게 되는 것이다.[2]

한국의 공정거래위원회는 1997년부터 기업들의 담합 여부를 조사하는 데에 '죄수의 딜레마'를 활용하고 있다. '자진신고자 감면제도'가 바로 그것이다. "현재까지 드러난 일부 혐의 이외의 모든 것을 자백하면 과징금을 경감해주겠소. 하지만 다른 회사에도 똑같은 제안을 했으니 먼저 자백을 해야 처벌을 면하게 될 것이오." 이렇게 말했더니, 결국 A사와 B사는 모두 '자백'을 선택했고, 과징금의 25퍼센트를 경감 받았다는 것이다. 2005년 5월 9일 공정위에 따르면 담합 상대방의 배신에 대한 불안감과 상호불신을 이용한 '자진신고자 감면제도'를 통해 지금까지 총 11건의 담합 사건을 해결한 것으로 나타났다.[3]

통신업체 시내전화 담합 사건에서 하나로텔레콤은 공정위 조사에 적극 협조해 과징금의 49퍼센트를 감면받은 반면, 그렇지 않은 KT는 개별 업체로서는 사상 최대 금액인 1,154억 원을 부과 받았다. 공정위 관계자는 "요즘 담합 혐의를 받는 업체들은 서로 상대방이 자진신고 했는지 여부를 확인하느라 신경이 곤두서 있다"며 "서로에 대한 불신감을 확산시켜 업계 안에 카르텔이 불가능한 환경을 만들어내는 것이 이 제도의 가장 큰 목표이자 장점"이라고 설명했다.[4]

한국에서 죄수의 딜레마에 빠져 있는 대표적 사례는 사교육이다. 사교육 시장은 불황을 모르는 '새로운 4차 산업'으로 등장했는데,[5] 그 이면엔 "다른 집 아이들은 어떻게 공부하나?" 하는 생각에 늘 불안에 떠는 학부모들의 심리가 자리 잡고 있다. 부모의 이런 심리에 부응하겠다는 듯, 고교생들은 다음과 같은 급훈을 내걸고 있으니, 진짜 죄수가 따로 없다.

"네 성적에 잠이 오냐?", "쟤 깨워라", "30분 더 공부하면 남편 직업이(마누라 몸매가) 달라진다", "10분만 더 공부하면 마누라가 바뀐다", "대학 가서 미팅할래, 공장 가서 미싱할래?", "끝없는 연습만이 살 길이다. 10시간: 서울대, 8시간: 연대, 7시간: 이대."[6]

지역주의는 어떨까? 조기숙은 한국의 지역주의 선거가 '죄수의 딜레마' 상황에 빠져 있다고 주장했다. 우리 지역 주민은 지역주의 투표를 그만두었는데 상대 지역 주민은 여전히 지역주의 투표를 한다면 우리만 손해를 보게 될 것이라는 피해의식 때문에 지역주의 투표를 그만두고 싶어도 그럴 수 없는 상황이 일어나고 있다는 것이다.[7]

'죄수의 딜레마'가 던져주는 교훈은 무엇인가? 호주 철학자인 피터 싱어Peter Singer, 1946-의 말을 빌리자면, "두 사람 혹은 그 이상의 사람들이 각각 충분한 정보를 알고 있는 상황에서 합리적으로 숙고한 끝에 자신의 이익을 추구하는 경우 그들 모두가 덜 자기 이익 중심적인 방식으로 행위하는 것보다 더 나쁜 상황에 도달하게 된다"는 것이다. 달리 말하자면, "우리들 각자가 자신의 이익만을 생각하고 선택하는 경우가, 각자가 집단의 이익을 생각하고 선택하는 경우보다 더 나쁜 결과를 낳는다는 사실"을 깨닫자는 것이다.[8]

죄수의 딜레마 상황에 빠진 사람들이 흔히 보이는 반응은 "이런 상황을 억제하는 법률이 있어야 한다"는 것이다. 실제로 양쪽 모두를 어느 정도 통제할 수 있는 중앙 권위체의 필요성이 역설되기도 하지만, 이 또한 각자의 깨달음 못지않게 실현되기 어려운 게 현실이다.[9]

미국 미시간대학 정치학자 로버트 액설로드Robert Axelrod, 1943-는 1984년에 출간한 『협력의 진화The Evolution of Cooperation』에서 반복적 죄수의 딜레마 게임을 컴퓨터 토너먼트 형식으로 개최한 결과에 근거해 최상의 전략으로 '팃포탯Tit for Tat', 즉 '맞대응(동일반응 선택)'을 제시했다. 그는 전문가 14명을 선정해 죄수의 딜레마에서 이상적인 해답을 찾는 컴퓨터 프로그램을 만들어 제출해달라고 요청한 다음 그 프로그램들끼리 경쟁을 붙였는데, 이 경쟁에서 가장 간단한 프로그램이 었던 '팃포탯'이 승리한 것이다.[10]

"처음에는 협력한다. 그 다음부터는 상대방이 그 전에 행동한 대로 따라서 한다"는 두 개의 규칙으로 구성된 팃포탯은 다음 네 가지 특성으로 인해 승리를 거둘 수 있었다. ① 인정 많음(먼저 배반자가 되지 않음), ② 관대함(상대방이 배반한 적이 있더라도 다시 협력하면 따라서 협력함으로써 협조 분위기를 복원시킴), ③ 분개(상대방이 배반하면 따라서 배반함으로써 즉시 응징함), ④ 명료함(단순하여 상대방이 쉽게 대처할 수 있는 전략).[11]

액설로드가 내린 결론은 이렇다. "협력의 기초는 신뢰라기보다는 관계의 지속성에 있다.……결국 사람들이 서로를 믿을 수 있는지 여부보다는 안정된 협력의 패턴을 구축할 수 있는 요건이 성숙되었는지 여부가 더 중요하다."[12]

마틴 노왁Martin A. Nowak과 로저 하이필드Roger Highfield도 『초협력자: 세상을 지배하는 다섯 가지 협력의 법칙』(2011)에서 죄수의 딜레마라는 마수魔手에서 벗어나는 방식 중에서 가장 분명한 방법은 게임을 반복하는 것이라고 주장한다. "이는 오랜 기간 지속되는 공동체에서 직접 상호성을 통한 협력이 가장 잘 작동하는 이유에 대한 답이기도 하다."[13]

전 지구적 차원의 환경보호운동을 한 앨 고어Al Gore, 1948-는 2007년 노벨평화상 수락 연설에서 "더 빨리 가려면, 혼자 가라. 더 멀리 가려면, 함께 가라"며 협력을 향한 메시지를 던졌다. "개별적이고 고립되고 개인적인 행동들로 충분하다는 오만을 우리는 버려야 한다. 물론 이러한 행동이 도움이 될 수 있고 사실 도움이 된다. 하지만 집단행동 없이 우리는 충분히 멀리 갈 수 없을 것이다."[14]

분명히 그렇긴 한데, 한국의 지역주의는 '승자 독식'을 겨냥한 것이어서 협력이 영 쉽지 않다. 제도적으로 승자 독식을 차단해야만 지역주의를 완화시킬 수 있지만, 정권을 놓고 경쟁하는 세력들은 모두 승자 독식을 전제로 해서 싸우기 때문에 지금으로선 출구가 보이질 않는다.

"정치란 죄수의 딜레마를 극복하는 방법에 대한 연구"라는 말이 있듯이,[15] '죄수의 딜레마'는 사회 문제 전반을 다루는 글쓰기에서도 자주 활용할 수 있는 이론이다. 많은 경우 사회적 이슈들은 '죄수의 딜레마'에 빠져 있다. 그걸 간파하지 못하면 마치 딜레마가 없는 듯 일방적인 주장만 펴기 십상이다. 일방적인 주장을 펼망정 자신이 다루는 주제에 딜레마 요소가 있음을 밝히는 건 글의 설득력을 높여줄 수 있는바, 어느 한쪽만 보지 말고 전후좌우 두루 살펴보자. 고개가 좀 아프겠지만, 그만한 보상이 뒤따른다.

47

왜 배고픈 건 참아도,
배 아픈 건 못 참는가?

최후통첩 게임

"게임은 2인 1조로 이루어지지만 당신과 상대방은 서로가 누구인지 알지 못합니다. 게임 규칙은 간단합니다. 제가 주는 10만 원을 두 분이서 나눠 가지면 되는데 상대방이 당신에게 돈을 몇 대 몇으로 나누자고 제안할 것입니다. 상대방의 제안에 대해 당신은 받아들일 것인지 거절할 것인지를 결정하면 됩니다. 만약 당신이 상대방의 제안을 받아들이면 당신은 상대방이 제안한 돈을 받을 수 있지만, 거절하면 당신과 상대방 모두 한 푼도 가질 수 없습니다. 기회는 한 번뿐이고 한 번 제안한 이후에는 협상은 없습니다."[1]

1982년 독일 경제학자 베르너 귀스Werner Güth가 생각해낸 '최후통첩 게임ultimatum game'이다. 두 사람이 5대 5로 나누면 이 게임은 싱

겁게 끝나겠지만, 그렇게 해서야 어디 게임의 묘미가 살겠는가. 게임이 시작되자 상대방은 당신에게 8대 2, 즉 자신이 8만 원, 당신이 2만원을 가지라고 제안한다. 2만 원이라도 받을 것인가, 아니면 아예 안받겠다고 할 것인가? 그간 이 실험에 응한 사람들 가운데 자신의 몫이 3만 원 이하일 경우 대부분의 사람들이 안 받겠다는 결정을 내렸다.[2]

이 실험 결과는 이론 경제학자들이 가정하고 있는 '경제적 인간 Homo economicus'의 개념으론 설명할 수 없는 것이다. 한 푼도 못 받는 것보다는 2만 원이라도 받는 것이 이익이기 때문이다. 이런 뜻밖의 결과 때문에 최후통첩 게임은 인간의 비합리적 행동에 관한 이론 가운데 '죄수의 딜레마'에 필적할 정도로 높은 인기를 누렸다. 최후통첩 게임은 특히 가격 설정과 비슷하고(돈을 나누는 사람을 '판매자', 응답자를 잠재적인 '구매자'), 협상 분석의 뼈대가 되는 모델로도 이해할 수 있기 때문에 경제학자들이 깊은 관심을 기울여 왔다.[3]

프린스턴대학의 뇌·정신·행동연구센터의 책임자인 조너선 코헨Jonathan Cohen은 최후통첩 게임을 하는 피실험자들의 뇌를 촬영함으로써 '신경경제학neuroeconomics'이라는 분야를 개척했다. 인간은 불공정한 상황에 직면하면, 대뇌 안쪽에 있는 뇌섬insula이 강한 분노 반응을 만들어내고 그 순간 경제적 이익을 기꺼이 포기하면서까지 불공정에 맞선 행동을 하는 것으로 밝혀졌다.[4] 코헨은 이 게임에서 나눌 돈의 액수를 10달러로 제시했는데, 실험 결과에 대해 다음과 같이 말한다.

"만약 한 남자가 1달러를 제안한다면 상대의 반응은 '웃기고 있네' 정도가 될 가능성이 높아요. 하지만 일반 경제이론에 따르면 그것은 비합리적 반응이에요. 왜냐하면 그가 제안을 거부하면 아무것도 가질 수 없고 1달러는 없는 것보다 낫기 때문이지요. 이런 결과는 경제학자들을 더 골치 아프게 만들기도 합니다. 왜냐하면 그들의 이론은 사람들이 언제나 보상을 극대화하기 위해 노력할 것이라고 가정하니까요. 사실 불공평한 제안을 수락하느니 차라리 한 달 월급 정도의 금액은 포기하겠다는 사람들도 가끔 있어요."[5]

파렴치한 제안자가 나보다 많은 것을 얻도록 놓아두느니, 차라리 양쪽이 다 망하는 쪽을 택하겠다는 의사결정은 어리석은 것인가? 미국 행동경제학자 케이윳 첸Kay-Yut Chen은 『머니랩Money Lab』(2010)에서 이렇게 말한다. "이것이 어리석은 선택이 되는 것은 당신의 목표가 물질적인 이익에 한정된 경우뿐이다. 대부분의 사람들과 마찬가지로 당신 역시 잘못된 것을 바로잡고 싶어 한다. 이 경우 불공정한 제안을 거절함으로써, 즉 불공정한 상대에게 복수를 하기 위해서 작은 대가를 치르는 것이다. 이것은 합리성의 문제가 아니라 '감정'의 문제다. 고의로 푼돈을 제시한 데 대한 분노, 그리고 그에 상응하는 앙갚음을 했다는 만족감의 문제인 것이다."[6]

그렇다. 우리 인간이 빵만으로 사는 건 아니다. 한국인들은 "배고픈 건 참아도, 배 아픈 건 못 참는다"는 삶의 철학으로 생존경쟁에 임하고 있다는 말이 있다.[7] 한국인이 그 점에서 유별나긴 하지만, 한국인만 그런 건 아니다. 우리는 다른 사람이 피땀 흘려 일해서 거둔 성공을 배 아파하진 않는다. 부동산 가격이 폭등해서 큰 불로소득을 얻었다거나 할 때에 배가 아프다. '배 아픈 것'을 좀 점잖게 말하자면, '정의감'이나 '공정의식'이다. 자신이 손해를 좀 보더라도 정의에 반하거나 불공정한 것은 못 견뎌한다는 말이다.

최후통첩 게임

영국 보건학자 마이클 마멋Michael Marmot, 1945-은 최후통첩 게임의 의미를 상대적인 지위가 건강과 행복에 중요하다는 걸 말해주는 걸로 받아들인다. 그 게임은 불공평의 규모가 중요하다는 것을 보여주었다는 것이다.[8] [참고 '지위 신드롬']

최후통첩 게임에서 돈의 크기가 크다면 어떨까? 호주 경제학자 리사 캐머런Lisa Cameron은 인도네시아에서 3개월치 월급인 20만 루피아를 나눠가지는 실험을 해보았다. 그랬더니 5만 루피아, 즉 25퍼센트 이하로 제안했을 경우에는 응답자의 대부분이 거절했다. 그들 중 일부는 30퍼센트를 준다고 했을 때도 거절했다. 5만 루피아면 보름 이상 월급에 해당하는 액수였지만 '이익'보다는 '공정심', '복수심', 또는 '분노'에 압도된 것이다.[9]

그렇다면 사람들은 언제 제안이 불공정하다고 느끼더라도 받아들이려 할까? 제안자가 나보다 뛰어난 능력을 갖고 있다고 판단하는 경우, 제안에 대해 여러 명이 경쟁하는 경우, 이해관계가 전혀 없는 컴퓨터를 통해 제안되는 경우 등 세 가지 경우라고 한다.[10]

최후통첩 게임을 한 판으로 제한할 때는 낮은 금액을 제시받은 상대가 화를 내는 것으로 끝나는 경우가 많지만, 여러 판을 한다면 두 사람은 만족스러운 거래를 할 수 있다.[11] 어떤 거래에서 어떤 선택을 하든 '배고픈 건 참아도, 배 아픈 건 못 참는' 기질을 고수한다는 건 생각하기에 따라선 장한 일일 수도 있지만 우리가 인간이라는 사실을 확인해주는 것은 아닐까?

48

왜 우리는 익명이 되면
공정성을 상실하는가?

독재자 게임

최후통첩 게임의 변형으로 '독재자 게임dictator game'이 있다. 제안자의 의도를 시험하기 위한 게임이다. 이 게임에서 응답자는 제안자의 액수를 거절할 수 없다. 응답자가 선택을 할 수 없는바, 엄밀한 의미에선 게임이라고 할 수 없지만, 이런 상황에서 제안자가 어떤 분배안을 제시하는지에 따라 이 게임의 묘미가 있다.[1]

예를 들어 설명해보자. 피실험자 A에게 10달러를 주고 B와 마음대로 나눠 가지라고 했다. A가 욕심을 낸다면 B에게 1달러만 주고 자신이 9달러를 챙기겠지만, 이런 일은 전혀 발생하지 않았다. A와 B는 서로 전혀 모르는 사람인데도 A는 B에게 충분한 몫, 즉 50퍼센트가량을 나누어주었다. 이런 행태를 합리적 선택으로 보는 경제학자들은 그 이유를 '타인 존중 선호other-regarding preferences'에서 찾았다. A가 어떤 결과를 통해 얻는 효용이나 만족은 부분적으로 B가 얻는 효용이나 만족에 달려 있다는 것이다.[2]

이준구는 이 독재자 게임의 의미에 대해 이렇게 말한다. "놀라운 점은 이 게임의 실험에서 독재자의 역할을 하는 사람이 상대방에게 그리 인색하게 굴지 않는다는 것이다.……보복을 전혀 두려워할 필요가 없는 상황에서도 인색하게 굴지 않는 것은 공정성을 중요하게 생각한다는 좋은 증거가 될 수 있다."[3]

그러나 경제학자 버넌 스미스Vernon L. Smith, 1927-의 실험에선 다른 결과가 나왔다. 최후통첩 게임을 독재자 게임으로 변형시키고, 이어 단계별로 제안자의 익명성을 보장해주고, 관찰자마저 참가자의 신원을 알 수 없는 식으로 게임을 진행한 결과, 제안자는 갈수록 치사해져 최종 단계에선 제안자의 70퍼센트가 상대에게 한 푼도 주지 않았다. 스미스는 우리가 최후통첩 게임에서 관찰한 것이 인간의 선천적인 공평 관념이 아니라 호혜성임을 밝혀내고자 한 것이다. 이에 대해 맷 리들리Matt Ridley, 1958-는 다음과 같이 말한다.

"인간에게 선천적인 공평 관념이 있다면 이처럼 변형된 상황에서도 결과는 마찬가지로 나와야 할 것이다. 그러나 그렇지가 않았다. 상황이 바뀜에 따라 피실험자들은 철저한 기회주의자의 모습을 드러냈다. 그렇다면 원래의 최후통첩 게임에서 피실험자들은 왜 그렇게 공평했는가? 스미스는 그들이 호혜성에 묶여 있었기 때문이라고 보았다. 단 한 차례의 게임에서도 그들은 자신이 신뢰받을 만한 사람이라는 것, 다른 사람에게 파렴치한 행동을 하지 못하는 사람이라는 개인

적인 평판을 지키는 데 관심이 쏠려 있었다는 것이다."⁴

캐나다 브리티시컬럼비아대학 심리학자 아짐 샤리프Azim F. Shariff는 독재자 게임 참가자들을 둘로 나누어 절반에게는 신, 영혼, 기적과 같은 종교적 어휘가 섞인 문장으로 종교를 떠올리게 하는 이색적인 실험을 실시했다. 종교를 떠올린 절반은 10달러 중에서 평균 4.22달러를 상대에게 주었지만 나머지 절반은 1.84달러밖에 주지 않았다. 이 결과에 대해 샤리프는 종교가 인간을 관대하게 만들어 협동심을 불러일으키므로 필요했던 것이라고 주장했다.⁵

타인 존중 선호는 우리 모두의 희망 사항은 아닐까? 타인 존중 선호가 강한 사람은 협조적이고, 사람을 잘 믿고, 타인의 감정을 잘 이해하는 '친화성agreeableness' 수치가 높다. 그런데 좋은 사회·인간관계 차원에서는 친화성이 높은 것이 유리하지만, 개인적인 성공의 차원에서는 불리하다. 이와 관련, 대니얼 네틀Daniel Nettle은 다음과 같이 말한다.

"남편감으로 어떤 사람이 좋으냐는 질문에 대해, 여성들은 무엇보다도 친절함과 공감을 강조하는 경향이 있다. 이와 동시에 사회적 지위와 경제적 능력도 중시한다. 그러나 '친절함과 공감' 및 '사회적 지위와 경제적 능력' 사이에는 충돌이 있다. 친절하고 공감을 잘한다는 것은 친화성이 높다는 것을 의미하고, 사회경제적으로 성공했다는 것은 친화성이 낮다는 것을 의미하기 때문이다. 여성들이 이 두 개의 서로 엇갈리는 가치를 어떻게 관리하는지는 모르겠지만, 이는 현실적인 문제다."⁶

사회경제적으로 성공했다는 것이 친화성이 낮다는 것을 의미한다는 것에 반론을 제기할 수도 있겠지만, 모든 사람에게 좋은 소리 들어가면서 큰일을 이룰 수는 없다는 정도로 해석하면 무방하겠다. 친화적인 사람은 남들이 반대하거나 비웃는 일을 하지 않으려고 하는 반면, 비친화적인 사람은 남들의 생각에 개의치 않으며 이것이 종종 성공의 비결이라는 것이다.[7]

흔히 하는 말로 '인간성'과 '출세' 사이에 충돌이 있다는 게 어찌 배우자를 고르는 여성만의 문제이랴. 그 누구든 살다 보면 모든 대인 관계는 물론 나 자신의 인생 설계에서 어느 쪽을 택할 것인가 하는 고민을 피해갈 수는 없다. 익명 상황과 더불어 출세하려는 야망이 클수록 공정성을 상실하거나 공정성에 둔감해진다고 보는 게 옳지 않을까?

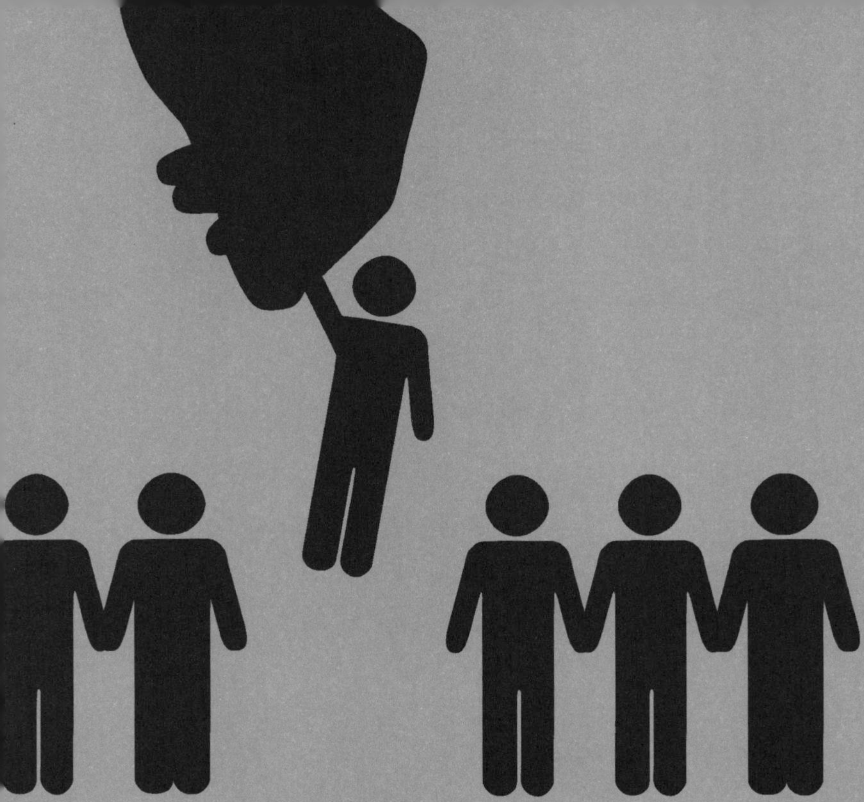

49

왜 선택 사항이 많아지면
오히려 불행해지는가?

선택의 역설

미국 미래학자 앨빈 토플러Alvin Toffler, 1928-가 1970년에 출간한 『미래의 충격Future Shock』은 세계 50개국에서 700만 부 이상 팔리면서 토플러를 하루아침에 세계적인 명사로 만들어주었다. 토플러가 말하는 '미래의 충격'은 테크놀로지 등의 발전으로 인한 급격한 변화에 따른 개인의 부적응 현상을 가리킨다. 이 책에서 '변화의 방향'보다는 '변화의 속도'를 강조한 토플러는 미래의 딜레마가 '선택의 과잉overchoice'이라고 말했다.[1]

그로부터 30여 년 후인 2004년 미국 스워스모대학Swathmore College 의 심리학자 배리 슈워츠Barry Schwartz, 1946-는 『선택의 역설The Paradox of Choice』에서 선택 사항이 너무 많으면 오히려 선택을 하지 못하는 '선택의 역설'을 제시했다. 이 책이 베스트셀러가 되면서 '선택 피로choice fatigue'라는 신조어까지 생겨났다.[2]

슈워츠는 토플러와는 달리 심리학자답게 생활 주변에서 출발한다. 그는 오늘날 전형적인 슈퍼마켓에서 파는 쿠키는 175종류, 크래커 상표는 85가지가 되어 소비자를 무력하게 만든다고 말한다. 사람들이 야채 가게에서 잼을 고르거나 대학 수업의 에세이 주제를 고를 때, 대안이 더 많을수록 선택을 할 가능성은 적어진다는 것이다. "선택은 더이상 우리를 자유롭게 하지 못하고 쇠약하게 한다. 학대한다고 말할 수도 있을 것이다."[3]

미국 컬럼비아대학 경영학과 교수 쉬나 아이엔가Sheena Iyengar의 실험에 따르면, 마트에서 6종류의 잼이 진열된 시식 코너를 거친 손님들 중 30퍼센트가 잼을 구입했지만, 24종류의 잼이 진열된 시식 코너에선 겨우 3퍼센트만이 잼을 구입한 것으로 나타났다. 아이엔가는 이와 유사한 여러 종류의 실험을 통해 선택지가 많을수록 소비자의 구매욕구와 만족도가 떨어진다는 것을 입증했다. 왜 그럴까? 아이엔가는 선택지가 많으면 우리의 기억 활동과 심리가 혹사당하며, 선택할수 있는 대안이 많을수록, 우리가 버릴 수밖에 없고 또 아쉬워하게 될 대안, 즉 '기회비용'이 발생하기 때문이라고 설명한다. 또 아이엔가는 선택 기회가 많을수록 잘못된 결정을 한다고 말한다.[4] [참고 『감정독재』 '기회비용']

세탁용 세제부터 처방전이 필요한 약품에 이르기까지 수많은 종류의 제품을 생산하는 P&G가 자사의 인기 제품인 '헤드앤드숄더Head & Shoulder' 샴푸의 가짓수를 26개에서 15개로 줄이자 눈 깜짝할 사이에

매출이 10퍼센트 증가했다는 보고도 있다.[5]

애플의 스티브 잡스Steve Jobs, 1955-2011는 이런 선택의 역설을 멋진 한마디로 표현했다. "People don't have time to choose everything in their lives(사람들은 일상 속 선택의 순간에 대해 고민할 시간이 없다)." 자신이 창업한 애플에서 쫓겨났던 잡스가 1997년 9월 애플에 복귀한 후 제품 종류의 70퍼센트를 없애버리면서 한 말이다. 즉, 브랜드는 그 선택의 순간을 도와주기 때문에 정보가 넘쳐나는 시대에는 브랜드가 더욱 중요하다는 논리였다.[6]

선택의 확대는 자유의 확대를 의미하는데, 자유가 많아질수록 불만족도 높아진다는 연구 결과도 있다. 미국 미시간대학 경제학과 교수 저스틴 울퍼스Justin Wolfers와 베시 스티븐슨Betsey Stevenson은 여성의 자유와 행복의 상관관계에 관한 연구에선 지난 수십 년 동안 여성의 상황이 크게 개선되었지만 더 불만족스러워졌다는 '여성 행복 감소의 역설'을 주장했다.[7]

슈워츠는 최고만을 추구하는 '극대화자maximizer'는 결코 만족할 수 없는 비참의 나락으로 떨어질 수 있다며, 그 대안으로 '만족자satisfier' 모델을 제시한다. 만족자는 나름으로 기준과 표준을 갖고 있기에 그걸 충족시킬 때까지만 탐색을 하며, 그 시점이 되면 탐색을 중단한다. 예컨대, 만족자는 자신이 갖고 있는 기준의 크기, 품질, 가격에 맞는 스웨터를 발견하면, 더는 가게를 둘러보지 않고 그것을 구매한다는 것이다.[8] 그러나 쇼핑을 사랑하는 사람들에게 슈워츠의 '만족자 모델'은 '턱도 없는 소리'라는 면박을 당할 게 분명하다.

슈워츠의 주장에 대해 『와이어드』의 공동 창간자인 케빈 켈리

Kevin Kelly는 너무 많은 선택의 여지가 낙담을 불러일으키는 것은 사실이지만, '선택의 여지가 없음'은 훨씬 더 나쁜 대안이라고 반박한다. 문명은 '선택의 여지가 전혀 없음'에서 꾸준히 멀어져 왔다는 것이다. 그는 선택의 압도적인 다양성을 비롯해 기술이 야기하는 문제들의 해결책은 더 나은 기술이라며, 다양성은 검색엔진, 추천 시스템, 태깅, 소셜 미디어 등과 같은 다양성을 다루는 도구를 낳을 것이라고 전망한다.[9]

누가 옳든 그르든 디지털 시대가 선택의 역설을 심화시킨 건 분명하다. 디지털 영역은 모든 것을 '예'나 '아니오'라는 별개의 기호적 언어로 표현하게끔 강요하면서 선택의 문제로 내모는 편향성을 띠기 때문이다.[10] 또한 디지털 기술이 양산해내는 정보의 과잉은 관심의 빈곤을 가져온다. 눈이 어지러울 정도로 정보가 흘러넘치는데 관심을 어디에 두어야 할지 헷갈리지 않겠는가. 조지프 나이Joseph Nye는 이를 가리켜 '과잉의 역설paradox of plenty'이라 부르면서 그 의미에 대해 다음과 같이 말한다.

"이쯤 되면 부족한 것은 정보가 아니라 관심이 되는 셈이다. 이제 값진 시그널과 단순한 소음을 분명하게 구별할 줄 아는 사람이 파워를 갖게 된다. 그에 따라 선별하고 편집하는 사람이나 큐 사인을 내리는 사람들의 수요가 늘어나게 된다. 사람들에게 관심을 집중시킬 대상을 알려주는 사람에게는 이런 작업이 파워의 원천이 된다."[11]

그걸 상업화하겠다고 나선 사람들이 있다. 정보 홍수에 대해 컴퓨터업계는 협력적 필터링collaborative filtering 기술 개발로 대처해왔다. 컴퓨터 이용자의 모든 사용과 소비 기록을 입력시켜 그걸 근거로 불

필요한 정보를 필터링해주겠다는 것이다. 이는 사람들이 유사한 취향을 가진 사람들의 추천을 잘 받아들인다는 점에 착안한 것이다.[12]

1990년 협력적 필터링을 위한 프로그램인 태피스트리Tapestry가 개발되었을 때만 해도 사람들은 별 관심을 보이지 않았지만, 1995년 온라인 서점 아마존이 출범하면서 모든 것이 변했다. 아마존은 처음부터 "이 책을 주문하셨네요. 비슷한 책을 한 권 더 사실래요?"라고 즉석에서 책을 추천하는 협력적 필터링을 이용했다.[13]

이후 협력적 필터링은 광범위하게 이용됨으로써 '나보다 나를 더 잘 아는 컴퓨터'라거나 '자아 추출extraction of self'이라는 말까지 등장했다. 이에 대해 심슨 가핀켈Simson Garfinkel은 이렇게 말한다. "자아 추출은 컴퓨터가 개인 사생활과 인간의 정체성에 행사하는 가장 큰 위협 중 하나이다. 프로파일에는 여러분이 읽은 문서, 알고 있는 사람, 가본 적이 있는 곳, 여러분이 말한 단어가 모두 포함되어 있다. 당신의 정체성은 당신 안에만 존재하는 것이 아니라 자아추출 모델 안에도 존재하게 된다."[14]

협력적 필터링이 켈리가 말한 '다양성을 다루는 도구'의 이상인지는 모르겠지만, 실리콘밸리가 '다양성을 다루는 도구'의 개발에 심혈을 기울이고 있는 건 분명하다. 그러나 '다양성을 다루는 도구'가 아무리 많이 나온다 해도, 아니 많이 나오면 나올수록 '선택의 역설'은 계속 지속될 수밖에 없게 되어 있다. 어떤 도구를 선택해야 할지 고민해야 하지 않겠는가. 그래서 급기야 사람들은 '선택하지 않기를 선택하는 것choosing not to choose'의 유혹을 받기도 한다. 관광에서 발생하는 수많은 선택의 고민을 여행사에 떠넘기는 패키지 관광 상품이 인기를

끄는 것도 바로 그런 이유 때문이다.[15]

선택이 어렵거나 고통스러운 건 "나는 무엇을 원하는가?"라는 답에 시원하게 답할 수 없기 때문이기도 하다. 그래서 미국에는 심지어 '원톨로지스트wantologist'라는 신종 직업마저 생겨났다. 원톨로지스트는 고객이 마음속으로 절실히 원하는 게 무엇인지 알아보고 결정해주는 사람이다. 사회학자 앨리 러셀 혹실드Arlie Russell Hochschild는 원톨로지스트의 업무를 자세히 소개한 뒤 이렇게 탄식한다. "이제 전문가의 지도 없이는 우리가 일상에서 가장 필요로 하고 원하는 게 무엇인지조차 제대로 분간할 수 없는 시대가 됐다는 말일까?"[16]

혹 계급 또는 계층 간의 경계는 엄연한데도 대중문화에 의해 그 경계가 흐려진 것처럼 보이는 효과 때문에 그런 일이 벌어지는 게 아닐까? 경제학자 로버트 프랭크Robert Frank는 1985년에 출간한 『옳은 연못 선택하기: 인간행동과 지위추구Choosing the Right Pond: Human Behavior and the Quest for Status』에서 사회생활이 우리가 사는 연못에서 큰 고기가 되고 싶어 하는 우리의 열망에 의해 좌우된다는 것을 보여준 바 있다. 슈워츠는 지위 경쟁에서 성공해 행복해지는 법은 옳은 연못을 선택해 그곳에 머무르는 것이라고 주장한다.[17]

흥미롭지 않은가? 행복이 어떤 연못(준거집단)을 선택하느냐에 따라 달라질 수 있다는 것이 말이다. 늘 '최고'나 '최상'만을 추구하는 사람은 무조건 가장 큰 연못을 선택할 것이다. 다른 큰 고기들과 경쟁하며 몸집을 키워나가려고 애쓰는 것도 좋은 일이겠지만, 행복에서는 멀어질 가능성이 높다고 보아야 하지 않을까?

왜 전북 인구의 절반은
전주와 익산에 사는가?

프랙털 이론

프랙털fractal은 '쪼개다'라는 뜻의 라틴어 '프락투스fractus'에서 나온 말인데, 프랑스 출신으로 미국에서 활동한 수학자 브누아 망델브로Benoit Mandelbrot, 1924-2010가 1970년대에 "부분이 전체와 비슷한 구조로 되풀이되는 구조"를 가리키는 데 쓴 이후 수학·과학의 주요 개념이 되었다. 망델브로는 영국 해안선의 길이를 알아보려고 시도하던 중 프랙털 개념을 창안했으며 프랙털 기하학은 구름이나 해안선처럼 측정이 불가능하다고 여겨졌던 자연현상을 측정하는 데 사용되었다.

망델브로는 1967년에 발표한 「영국을 둘러싼 해안선의 전체 길이는 얼마인가?How Long Is the Coast of Britain?: Statistical Self-Similarity and Fractional Dimension」라는 획기적인 논문에서 직선, 원, 평면, 원추 등과

같은 고전적인 유클리드 기하학의 도형들을 가지고서는 자연을 제대로 설명할 수 없다는 생각을 세상에 처음으로 내놓았다. 그는 이렇게 단언했다. "구름은 구형이 아니고, 산은 원뿔형이 아니고, 해안선은 원형이 아니고, 나무껍질은 매끄럽지 않고, 번개는 직선을 따라 내리치지 않는다."[1]

자연에 프랙털 기하학을 적용하면 규모를 초월한 자기유사성self-similarity이라는 놀라운 현상이 나타난다. 자기유사성은 '패턴 안의 패턴'이다. 불교에서 쓰는 "한 톨 먼지 안에도 우주가 있다"는 말과 상통한다.[2] 이와 관련, 망델브로는 곧잘 조너선 스위프트Jonathan Swift, 1667-1745의 말을 인용했다. "그리하여, 박물학자들이 벼룩을 보니/그 벼룩보다 더 작은 벼룩이 붙어서 뜯어 먹고 있다/그리고 이 벼룩에는 더 작은 벼룩이 붙어서 뜯어 먹으니/그렇게 한없이 계속된다."[3]

그런 자기유사성을 가진 프랙털은 인간 신체의 핏줄과 나뭇가지 모양을 비롯해 미시 세계에서부터 우주 구조에 이르기까지 폭넓게 나타난다. 존 루이스 개디스John Lewis Gaddis는 "거칠고 매끄러운 정도나 복잡성과 단순성의 정도는 미시적으로 관찰하든 거시적으로 관찰하든 또는 그 중간 규모에서 관찰하든, 규모에 관계없이 불변한다"며 다음과 같이 말한다.

"컬리플라워(꽃양배추)를 계속해서 점점 작은 조각으로 쪼개보면, 유사한 모양으로 쪼개지는 것을 알 수 있다. 이런 성질은, 혈관, 전기 방전, 도로의 균열 등을 확대하여 들여다볼 때도 나타난다. 가깝거나 먼 지평의 산맥에서도 볼 수 있는 현상이다. 10킬로미터 상공에서 내려다보는 갈라진 하천 바닥의 패턴이 나무 밑에서 올려다보는 나뭇가지의 갈라짐 패턴을 닮았다는 것을 알 수 있다. 요약하면, 이런 시스템은 관찰 범위의 규모와 관계없이 같은 패턴을 유지하려는 성질을 갖는다."[4]

아니 수학을 도대체 어디까지 끌고 가는 거야? 프랑스 수학자들은 그렇게 생각했던 것 같다. 망델브로는 프랑스 수학계의 경멸스러운 이단아로 왕따를 당하면서 미국 뉴욕 IBM 연구소에서 지적 망명자로 세월을 보내야 했다. 나심 니콜라스 탈레브Nassim Nicholas Taleb, 1960-는 다음과 같이 말한다.

"그러나 대중은 (대부분 컴퓨터광들이었지만) 진가를 알아챘다. 망델브로가 집필한 『자연의 프랙털 기하학The Fractal Geometry of Nature』(1982)은 출간 즉시 경악스러운 반응을 얻었다. 예술가들 사이에 이 책이 퍼졌고, 미학이나 건축 혹은 산업계 종사자들 사이에 연구 모임이 생겨났다. 인간의 폐도 자기유사성을 지니고 있어서 그랬을까, 망델브로에게 의학교수 자리를 제의하는 일까지 생겼다! 온갖 예술가들이 망델브로의 말을 인용한 덕에, 그는 수학계의 록스타라는 별칭을 얻었다."[5]

1992년 4월 포항공대를 방문해 기념식수를 하기도 했던 망델브로는 1999년 75세의 나이로 예일대학 수학과 교수로 임용되었는데, 이는 지금도 깨지지 않고 있는 예일대학 교수 임용 사상 최고령 기록이다.[6] 그의 대기만성大器晚成을 축하하듯, 프랙털 개념은 미술, 음악, 문학 등에서도 인기 있는 하나의 장르를 형성했고, 이젠 '힐링'으로까지 진출했다. 프랙털 패턴이 마음을 안정시키는 효과가 있으며 인간 정신에 본질적으로 이롭다는 것이다.[7]

'행복을 배달하는 회사'라는 캐치프레이즈를 내건 미국의 인터넷 신발 판매회사인 자포스Zappos의 CEO 토니 셰이Tony Hsieh, 1973-는 2010년에 출간한 자서전 『딜리버링 해피니스Delivering Happiness』에서 '프랙털로서의 행복'을 주장한다. "사람들을 행복하게 만드는 요소(쾌락, 열정, 사명)와 위대한 장기적 기업을 만드는 요소(돈, 열정, 사명)에 있는 유사성은 내가 접해본 것 중 가장 흥미로운 프랙털이라 생각한다."[8]

　　조한혜정은 「밀양 문제로 프랙털 시대를 풀자!」라는 『한겨레』 (2013년 7월 17일) 칼럼에서 큰 논란을 빚고 있는 밀양 송전탑 건설 문제와 관련, 이렇게 말한다. "밀양 사태로부터 대국민 텔레비전 토론회를 시작하자. 밀양 문제를 풀면 이 땅의 많은 문제들이 풀리게 되어 있다. 우리는 크고 작은 사건들이 실은 같은 원리에 의해 일어나는 '프랙털 시대'를 살아가고 있지 않은가? 그 토론은 합의에 대한 감각을 되살리는 시간이기도 할 것이다."[9]

　　국가들의 관계도 프랙털 현상으로 설명할 수 있다. 이병한은 「중국이 지배하는 세상! 소국의 생존법은?」이라는 글에서 이렇게 말한다. "월남은 중국에 사대하면서도, 이웃 소국들의 사대의 대상이었다. 또 류큐와 조선과는 교린의 사이였다. 즉 사대-사소-교린은 고정적이고 절대적인 것이 아니다. 상대성의 이론이다. 그래서 대중화만큼이나 소중화도 여럿이다. 즉 겹겹의 중화 질서가 물결처럼 포개진 프랙털fractal 구조였다. 그리하여 '천하무외天下無外'라 했다. 밖이 없다 함은, 안과 밖을 나누지 않음을 뜻한다. 요즘 말로 자기 반복, 자기 유사적인 프랙털이며, 옛 말을 빌면 하늘 아래 한 가족天下一家이다."[10]

　　망델브로는 시장에도 강력한 자기유사성이 있다고 믿었다. 예컨대, 주가지수 일간차트는 주간차트와 닮았고, 주간차트는 월간차트, 연간차트와 닮았다는 것이다.[11] 일반적으로 금융시장에서 프랙털 이론은 위험 관리를 해야 한다는 경고의 의미로 간주된다. 프랙털 이론이 나오기 전에는 금융시장이 일정한 패턴에 따라 변화한다고 믿었지만, 프랙털 이론의 등장 이후 극단적인 시세 변동은 우리가 생각하는 것보다 훨씬 자주 나타난다는 것에 주목하게 되었기 때문이다.[12]

시장의 의미를 넓게 해석한다면, 한 국가 내 인구분포도 프랙털 현상을 피해갈 순 없겠다. 한국을 보자. 2004년 말 현재 수도권의 인구는 주민등록인구 기준으로 2,321만 명으로 전체 4,858만 명의 47.8퍼센트며, 서울(1,017만 명)과 인천(258만 명)에 주민의 54.9퍼센트가 몰려 산다. 그런데 이런 인구 집중은 각 지역 내에서도 똑같이 나타난다. 경남권(789만 명)에서도 60.2퍼센트가 부산과 울산에 살고, 경북권(522만 명)도 58퍼센트가 대구와 포항에 살고, 전남권(339만 명)도 57.2퍼센트가 광주와 여수에 살고, 전북권(191만 명)도 49.2퍼센트가 전주와 익산에 살고, 충남권(339만 명)도 57.2퍼센트가 대전과 천안에 살고, 충북권(149만 명)도 55.7퍼센트가 청주와 충주에 산다. 권역별로 가장 큰 도시에 주민의 40~50퍼센트가 몰려 있고, 다음 도시가 10~15퍼센트 안팎을 차지하는 것도 판박이라는 것이다. 땅이 비교적 넓고 산지가 많은 강원도(152만 명)도 50.7퍼센트가 춘천·원주·강릉에 산다. 김지석은 이를 '악성 인구 프랙털'로 규정했다.[13]

사실 수도권 인구 집중을 막기 어려운 이유도 바로 여기에 있다. 수도권 인구 집중에 반대하는 지역에서도 내부적으로 유사한 현상이 나타나고 있으니, 이른바 '서울 공화국' 체제에 대한 문제 제기는 "너나 잘해!'라는 식으로 흐를 가능성이 높아지기 마련이다.

프랙털을 거꾸로 생각해 큰 것의 어느 한 부분을 떼어내어도 그것을 이용해서 전체를 가늠할 수 있는 정보를 모두 갖고 있는 것이라고 본다면,[14] 수도권 인구 집중 문제에 대한 발상의 전환도 가능하다. 문제의 원인을 서울에서 찾는 건 전적으로 타당하지만 실천의 동력을 위해선 시선을 오히려 지방으로 돌리는 것이 필요하다는 것이다.

마케팅 전문가 잭 트라우트Jack Trout와 알 리스Al Ries는 수년간 미국 대기업들에 전략에 관해 컨설팅을 해준 결과, 전략은 아래에서 이루어져야지, 위에서 개발되어서는 안 된다는 결론을 내렸다고 말한다. 즉, '위에서 아래로top-town'가 아닌 '아래에서 위로bottom-up'가 필요하다는 것이다. 그들은 전략은 기업이 실제 활용하는 전술을 이해하는 깊은 지식을 바탕으로 충분히 깊게 검토한 후에 개발되어야 한다며 "전술이 전략을 결정한다"고 단언한다.[15]

"전술이 전략을 결정한다"는 건 비단 마케팅에만 해당되는 게 아니다. 서울이 지방을 결정하는 게 아니라 지방이 서울을 결정해야 한다. 그게 모두에게 이롭다. 개혁과 혁신을 삶의 질을 높이는 수준으로까지 넓게 생각한다면, 서울이 아닌 지방이 개혁과 혁신의 중심지가 되어야 한다는 깨달음과 실천이 올바른 해법일 수 있다.

'머리말'로 다시 돌아가 말씀드린다면, "'왜' 살아야 하는지를 아는 사람은 그 '어떤' 상황도 견뎌낼 수 있다". 우리가 결코 만족할 수 없는 상황을 견뎌내기 위해서가 아니라 상황을 바꾸는 긍정적인 변화의 바람을 만들기 위해서라면 더욱 좋지 않을까? 좌우左右, 여야與野, 지역, 계층, 세대 등의 분열과 갈등 구도, 그리고 프랙털 원리에 의해 그 구도 안에 자리 잡은 또 다른 분열과 갈등 구도를 넘어서 우리 모두 화합과 평등을 지향하는, 한 단계 발전한 세상을 실현하기 위해서 말이다.

주

머리말

1 빅터 프랭클(Viktor E. Frankl), 이시형 옮김, 『빅터 프랭클의 죽음의 수용소에서』(청아출판사, 1984/2005), 137쪽; 톰 버틀러 보던(Tom Butler-Bowdon), 이정은 옮김, 『내 인생의 탐나는 자기계발 50』(흐름출판, 2003/2009), 292쪽.

2 「[사설] 통곡의 대한민국…말뿐인 '안전 행정' 통렬하게 반성하라」, 『동아일보』, 2014년 4월 18일.

3 김효실, 「세월호 침몰마저 '낚시질' 선정 보도…항의 빗발」, 『한겨레』, 2014년 4월 17일; 김창남, 「도 넘은 '세월호' 침몰 사고 보도」, 『한국기자협회보』, 2014년 4월 17일; 변상욱, 「세월호 참사, 국민에게 욕먹는 기자들」, 『한국기자협회보』, 2014년 4월 17일; 박수선, 「"구조 작업 언론 보도와 달라" 현장 증언에 여론 들썩」, 『피디저널』, 2014년 4월 18일; 이승한, 「비극이 상품이 되는…차마 부끄러운 언론의 밑바닥」, 『한겨레』, 2014년 4월 19일; 「[사설] 재난 보도, 언론의 품격이 절실하다」, 『한겨레』, 2014년 4월 21일.

4 특별취재팀, 「[여객선 침몰] 20년 前 회귀 대한민국… '진짜' 시스템을 구축하라」, 『한국일보』, 2014년 4월 20일.

5 「[사설] 대한민국이 어쩌다 이토록 무책임한 나라 됐는가」, 『문화일보』, 2014년 4월 17일.

6 채민기, 「기업 96%, 個人 정보 보호 예산조차 없다」, 『조선일보』, 2014년 1월 30일.

7 김신영, 「비용 만만찮다며…개인 정보 유출 대책 미적거리는 금융社들」, 『조선일보』, 2014년 4월 21일.

8 미국 하버드대학 심리학자 엘런 랭어(Ellen J. Langer, 1947~)는 다음과 같이 말한다. "30년 이상 연구를 해오면서 나는 인간 심리에 관한 매우 중요한 진실을 발견했다. 바로 '확신은 잔인한 사고방식' 이

라는 점이다. 확신은 가능성을 외면하도록 우리 정신을 고정시키고, 우리가 사는 실제 세상과 단절시킨다." 엘런 랭어(Ellen J. Langer), 변용란 옮김, 『마음의 시계: 시간을 거꾸로 돌리는 매혹적인 생리실험』(사이언스북스, 2009/2011), 44~45쪽.

9 미국 정신분석학자 제임스 보그(James Borg)는 다음과 같이 말한다. "사람은 어떤 행동을 왜 하는지, 왜 했는지를 모르는 경우가 많다. 또한 '왜?'라는 질문을 받으면 방어적인 태도를 보이게 되고 미래의 대안을 살펴보기보다 변명을 하고 싶어진다. 이 단어는 비난과 동의어다." 제임스 보그(James Borg), 이수연 옮김, 『설득력: 간결하고 강력하게 말하는 대화의 힘』(비즈니스맵, 2007/2009), 164쪽.

01 왜 대한민국은 졸지에 '삼류 국가'가 되었는가?

1 「[사설] 여객선 慘事, 이러고도 선진국 되겠다는 말 나오나」, 『조선일보』, 2014년 4월 17일.
2 「[사설] 통곡의 대한민국…말뿐인 '안전 행정' 통렬하게 반성하라」, 『동아일보』, 2014년 4월 18일.
3 「[사설] 책임도 안전도 동댕이친 '事故 공화국'」, 『세계일보』, 2014년 4월 18일.
4 「[사설] 이번에도 '기본' 깔아뭉개는 '不實 사회'가 재앙 불렀다」, 『조선일보』, 2014년 4월 19일.
5 「[사설] 우리나라는 '삼류 국가'였다」, 『중앙일보』, 2014년 4월 19일.
6 원선우, 「『진도 여객선 침몰/온 국민이 분노」 구조율(세월號 37.8%), 100년 前 타이태닉號(32%) 수준… "대한민국, 이것밖에 안 되나"」, 『조선일보』, 2014년 4월 18일.
7 「[사설] 범인은 적당주의와 무책임이었다」, 『한겨레』, 2014년 4월 19일.
8 이한수, 「"괜찮겠지, 이쯤이야"가 만든 위험한 한국」, 『조선일보』, 2014년 4월 23일.
9 복거일 외, 『한국 지식인, 무엇을 생각하는가: 아웃사이더의 목소리』, 『1998 지식인 리포트』(민음사, 1998), 18쪽.
10 한홍구, 『대한민국사: 단군에서 김두한까지』(한겨레신문사, 2003), 23~24쪽.
11 김진경, 『삼십 년에 삼백 년을 산 사람은 어떻게 자기 자신일 수 있을까』(당대, 1996), 82~83쪽; 정영태, 「개발연대 지식인의 역할과 반성」, 장회익·임현진 외, 『한국의 지성 100년』(민음사, 2001), 175~176쪽에서 재인용.
12 우석훈, 『괴물의 탄생』(개마고원, 2008), 114쪽.
13 홍성태, 「근대화에서 근대성으로」, 『문화과학』, 제31호(2002년 가을), 59쪽.
14 이종오, 『한국의 개혁과 민주주의』(나남출판, 2000), 93쪽.
15 「[오목대] 노블레스 말라드」, 『전북일보』, 2008년 2월 29일.
16 고유석, 「문명에 차이고 기계에 쫓기고/생의 여로 "위험만재"(인간화 시대: 1)」, 『경향신문』, 1990년 1월 1일, 15면.
17 이명수, 「이럴 수는 없다」, 『한겨레』, 2014년 4월 22일.
18 이봉수, 「[이봉수 시민편집인 시각] 총체적 국가 재난, 대통령 책임이다」, 『경향신문』, 2014년 4월 25일.

02 왜 한국의 하드웨어는 일류, 소프트웨어는 삼류인가?

1   박명림, 「근대화 프로젝트와 한국 민족주의」, 역사문제연구소 편, 『한국의 '근대'와 '근대성' 비판』(역사비평, 1996), 314쪽.
2   피터 버크(Peter Burke), 조한욱 옮김, 『문화사란 무엇인가』(길, 2004/2005), 51쪽에서 재인용.
3   이승철, 「안재홍과 개마고원 감자 꽃」, 『경향신문』, 2007년 4월 10일, 30면.
4   김정훈, 「지나간 것은 지나간 것이다」, 『한겨레』, 2004년 12월 9일.
5   도정일 · 최재천, 『대담: 인문학과 자연과학이 만나다』(휴머니스트, 2005), 189쪽.
6   이원규, 「해방 후 한국인의 종교의식구조 변천 연구」, 권유식 외, 『현대 한국종교변동 연구』(한국정신문화연구원, 1993), 184쪽; R. P. 쿠조르트(Ray P. Cuzzort) · E. W. 킹(Edith W. King), 한숭홍 옮김, 『20세기 사회사상』(나눔사, 1980/1991), 312쪽.
7   윌리엄 데이비도(William H. Davidow), 김동규 옮김, 『과잉연결시대: 일상이 된 인터넷, 그 이면에선 어떤 일이 벌어지는가』(수이북스, 2011), 11~12쪽.
8   김재섭, 「왜 호들갑인가요? 뒷감당 어쩌려고」, 『한겨레』, 2014년 5월 8일.
9   임현진, 「사회과학에서의 근대성 논의: '근대화 프로젝트'를 중심으로」, 역사문제연구소 편, 『한국의 '근대'와 '근대성' 비판』(역사비평, 1996), 191쪽.
10 장 피엘, 한정석 옮김, 『한국, 사라지기 위해 탄생한 나라?』(자인, 1998/2000), 15쪽.
11 장 피엘, 한정석 옮김, 『한국 사라지기 위해 탄생한 나라?』(자인, 2000), 14~15쪽.
12 오관철, 「소득 · 학력 높을수록 '연출 중시'」, 『경향신문』, 2006년 12월 27일, 3면.
13 박홍규, 「나를 용서하지 마라」, 『한겨레』, 2014년 5월 9일.
14 김찬호, 「공무원의 안정, 공공의 안녕 위협」, 『경향신문』, 2014년 5월 10일.
15 이계삼, 「잠시 멈춰서자」, 『한겨레』, 2014년 5월 9일.

03 왜 '국민은 배곯아 죽고 공무원은 배 터져 죽는 사회'란 말이 나오나?

1   이동걸, 「공무원부터 민영화하라」, 『한겨레』, 2014년 2월 3일.
2   「Principal-agent problem」, 『Wikipedia』; 「대리인 문제」, 『네이버 지식백과』. 역선택은 '사전적 기회주의(precontractual opportunism)', 도덕적 해이는 '사후적 기회주의(postcontractual opportunism)'라고도 한다. 김호기 외, 『지식의 최전선』(한길사, 2002), 676쪽.
3   강용구, 「'모럴 해저드' 번역 '도덕적 위험'이 정확」, 『중앙일보』, 2004년 10월 29일, 33면.
4   「Moral hazard」, 『Wikipedia』.
5   제윤경, 「쉽게 빌려주는 것 자체가 약탈적 대출」, 『경향신문』, 2013년 7월 8일.
6   마이클 모부신(Michael J. Mauboussin), 서정아 옮김, 『내가 다시 서른 살이 된다면』(토네이도, 2012/2013), 279쪽.
7   누리엘 루비니(Nouriel Roubini) · 스티븐 미흠(Stephen Mihm), 허익준 옮김, 『위기 경제학』(청림출판, 2010), 117쪽.
8   팀 하포드(Tim Harford), 김명철 옮김, 『경제학 콘서트』(웅진지식하우스, 2005/2006), 182~183쪽.

9 오형규, 『자장면 경제학』(좋은책만들기, 2010), 126~127쪽.

10 조준현, 『서프라이즈 경제학』(인물과사상사, 2009), 123~124쪽.

11 김상규, 『속담으로 풀어보는 이야기 경제학』(오늘의책, 2005), 195~199쪽.

12 양성희, 「차라리 선생님 말씀을 듣지 말라고?」, 『중앙일보』, 2014년 4월 19일.

13 「사설」 대한민국이 어쩌다 이토록 무책임한 나라 됐는가」, 『문화일보』, 2014년 4월 17일.

14 권기정 · 배문규, 「선원들 비상훈련 받은 적 없다는데…두 달 전 해경 점검선 '양호'」, 『경향신문』, 2014년 4월 21일; 민경원 · 안효성, 「여객선 안전 점검 1척에 13분 '겉핥기'」, 『중앙일보』, 2014년 4월 21일, 「사설」 '세월號 쇼크' 대한민국, 다른 곳은 안전한 것인가」, 『조선일보』, 2014년 4월 21일.

15 「사설」 여객선 감독을 '해수부 마피아'에 맡겼다니」, 『동아일보』, 2014년 4월 21일.

16 허진, 「교피아 · 산피아 이어 해피아… '마피아와 전쟁' 예고」, 『중앙일보』, 2014년 4월 23일.

04 왜 장관들은 물러날 때쯤에서야 업무를 파악하게 되는가?

1 마이클 폴라니, 표재명 · 김봉미 옮김, 『개인적 지식: 후기 비판적 철학을 향하여』(아카넷, 1958/2001); 서동진, 「불안의 시대와 주변의 공포: 우리 시대의 노동하는 주체」, 『문학과 사회』, 제68호(2004년 겨울), 1565쪽; 임현진, 『21세기 한국 사회의 안과 밖: 세계체제에서 시민사회까지』(서울대학교출판부, 2001), 435쪽; 후지나미 쓰토무, 「경험지 · 암묵지」, 스기야마 고조 외, 『지식과학 사전』(바다출판사, 2005), 90~92쪽; 공병호, 『한국, 번영의 길』(해냄, 2005), 43~45쪽; 리처드 바그너(Richard W. Wagner), 「왜 똑똑한 관리자는 따르는 부하가 없을까?: 똑똑하지만 무능력한 관리자가 되는 이유」, 로버트 스턴버그(Robert J. Stenberg) 외, 『왜 똑똑한 사람이 멍청한 짓을 할까: 헛똑똑이의 패러독스』(21세기북스, 2002/2009), 244쪽; 「Tacit knowledge」, 『Wikipedia』.

2 노나카 이쿠지로, 김무겸 옮김, 『창조적 루틴: 1등 기업의 특별한 지식습관』(북스넛, 2009/2010), 44쪽; 노나카 이쿠지로 · 도쿠오카 고이치로, 박선영 옮김, 『세계의 지(知)로 창조하라』(비즈니스맵, 2009/2010), 237~241쪽.

3 선우정, 「경영은 知力이다: 세계적 '비즈니스 스승' 노나카 이쿠지로」, 『조선일보』, 2008년 7월 5일.

4 카르스텐 괴릭(Carsten Görig), 박여명 옮김, 『SNS 쇼크: 구글과 페이스북, 그들은 어떻게 세상을 통제하는가?』(시그마북스, 2011/2012), 99~100쪽.

5 간다 도시아키, 김정환 옮김, 『트위터 혁명: 사람들은 왜 트위터에 열광하는가?』(스펙트럼북스, 2009/2010), 149~150쪽.

6 「사설」 묻는다, 이게 나라인가」, 『한겨레』, 2014년 4월 21일.

7 박병률, 「사고 대응 능력도 권한도 인재도 없었던 '무능한 해수부'」, 『경향신문』, 2014년 4월 25일.

8 박기찬 · 이윤철 · 이동현, 『경영의 교양을 읽는다』(더난출판, 2005).

9 장하준 · 정승일 · 이종태, 『쾌도난마 한국경제: 장하준 · 정승일의 격정대화』(부키, 2005), 161쪽.

10 김병도, 『코카콜라는 어떻게 산타에게 빨간 옷을 입혔는가: 위기를 돌파하는 마케팅』(21세기북스, 2003).

11 홍성욱, 『네트워크 혁명, 그 열림과 닫힘: 지식기반사회의 비판과 대안』(들녘, 2002).

05 왜 세월호 참사와 관련해 "이게 나라인가?"라는 말이 나오는가?

1 샘 해리슨(Sam Harrison), 정연희 옮김, 『아이디어의 발견』(비즈니스맵, 2006/2009), 146~147쪽.
2 짐 스텐겔(Jim Stengel), 박아람 · 박신현 옮김, 『미래 기업은 무엇으로 성장하는가』(리더스북, 2011/2012), 202쪽.
3 「Invented here」, 『Wikipedia』.
4 댄 애리얼리(Dan Ariely), 김원호 옮김, 『경제심리학』(청림출판, 2010/2011), 171~173쪽.
5 댄 애리얼리(Dan Ariely), 김원호 옮김, 『경제심리학』(청림출판, 2010/2011), 173~174쪽.
6 댄 애리얼리(Dan Ariely), 김원호 옮김, 『경제심리학』(청림출판, 2010/2011), 175쪽.
7 최원석 · 안준용, 「[Weekly BIZ] [Cover Story] 실패 연구: 닌텐도, 혁신의 상징에서 개혁 대상으로」, 『조선일보』, 2014년 2월 22일.
8 댄 애리얼리(Dan Ariely), 김원호 옮김, 『경제심리학』(청림출판, 2010/2011), 170쪽.
9 「Not invented here」, 『Wikipedia』; 「Turf war」, 『Wikipedia』.
10 이규연, 「공직 적폐 1호는 '나와바리' 다」, 『중앙일보』, 2014년 5월 2일.
11 허진, 「관료 낙하산 막는 재취업 심사 749건 중 '취업불가' 판정은 ○」, 『중앙일보』, 2014년 4월 28일.
12 이원재, 「세월호의 영웅과 악마」, 『한겨레』, 2014년 4월 30일.
13 김우창, 「'평범한 악'이 대한민국을 침몰시켰다」, 『한겨레』, 2014년 5월 2일.

06 왜 세월호 참사를 '몸의 문제'라고 하는가?

1 하수정, 「김민정 "10년 전 배운 재즈댄스, 아직도 몸이 기억한다"」, 『뉴스엔』, 2013년 10월 16일.
2 홍재현, 「김태균 "시즌 막판 좋았던 부분 몸이 기억"」, 『스포츠동아』, 2013년 12월 26일.
3 임주형, 「여왕의 점프, 몸은 기억하고 있었다」, 『서울신문』, 2014년 2월 21일.
4 이진영, 「몸이 기억한다」, 『충청일보』, 2014년 2월 26일.
5 「천정명 "몸이 군대를 기억해요"…고조 할아버지 어떻게 기다려!」, 『MBN뉴스』, 2014년 3월 24일.
6 김미라, 「사랑의 매: 꽃으로라도 얼굴과 머리만은 때리지 말자!」, 『대한변협신문』, 제489호(2014년 4월 7일); 이인식, 「해제: 몸으로 생각한다」, 프란시스코 바렐라(Francisco J. Varela) 외, 석봉래 옮김, 『몸의 인지과학』(김영사, 1991/2013), 14~15쪽; 「Embodied cognition」, 『Wikipedia』.
7 이인식, 「나쁜 짓 떠올린 후 'W□□H'를 채우게 하면?」, 『중앙선데이』, 제329호(2013년 6월 30일).
8 신준봉, 「위기 닥치면 논리적 사고 힘들어…훈련 또 훈련, 몸이 기억하게 해야」, 『중앙일보』, 2014년 5월 1일.
9 이필렬, 「'장인정신'만 있었어도…」, 『경향신문』, 2014년 5월 8일.
10 「[사설] 이런 해경으론 또 다른 세월호 못 막는다」, 『중앙일보』, 2014년 5월 9일.
11 「[사설] 다시 묻는다, 이런 해경 존재할 필요 있나」, 『한겨레』, 2014년 5월 9일.
12 권기정 · 배문규, 「선원들 비상훈련 받은 적 없다는데…두 달 전 해경 점검선 '양호'」, 『경향신문』, 2014년 4월 21일; 민경원 · 안효성, 「여객선 안전점검 1척에 13분 '겉핥기'」, 『중앙일보』, 2014년 4월 21일; 「[사설] '세월號 쇼크' 대한민국, 다른 곳은 안전한 것인가」, 『조선일보』, 2014년 4월 21일.

13 김연국, 「교육도 소집도 '대충' …유명무실 민방위 교육」, 『MBC뉴스』, 2011년 7월 18일.

07 왜 중앙·지방 정부와 공공기관들은 매년 '12월의 열병'을 앓는가?

1 박혜민, 「"자손들 물고기 못 먹게 남획 계속 할 겁니까"」, 『중앙일보』, 2013년 8월 29일.
2 안희경, 「[신년 기획] 문명, 그 길을 묻다—세계 지성과의 대화 (1) '총균쇠' 저자 재러드 다이아몬드」, 『경향신문』, 2014년 1월 1일.
3 조홍섭, 「'공유지의 비극' 막으려면」, 『한겨레』, 2005년 4월 4일, 18면; N. Gregory Mankiw, 김경환·김종석 옮김, 『맨큐의 경제학』(제6판, 센게이지러닝코리아, 2012/2013), 263쪽.
4 유상철, 「공유지의 비극」, 『중앙일보』, 2005년 8월 19일, 31면; 어수봉, 「'공유의 비극'과 비정규직 입법」, 『매일경제』, 2006년 3월 7일, A6면.
5 샬럿 헤스(Charlotte Hess)·엘리너 오스트롬(Elinor Ostrom), 「공유자원으로서의 지식」, 엘리너 오스트롬(Elinor Ostrom)·샬럿 헤스(Charlotte Hess) 편저, 김민주·송희령 옮김, 『지식의 공유: 폐쇄성을 넘어 '자원으로서의 지식'을 나누다』(타임북스, 2007/2010), 38쪽.
6 박준건, 「생태사회의 사회철학」, 한국철학사상연구회, 『문화와 철학』(동녘, 1999), 269쪽.
7 「Garrett Hardin」, 『Wikipedia』.
8 마틴 노왁(Martin A. Nowak)·로저 하이필드(Roger Highfield), 허준석 옮김, 『초협력자: 세상을 지배하는 다섯 가지 협력의 법칙』(사이언스북스, 2011/2012), 325~332쪽; 도널드 워터스(Donald Waters), 「지식 공유자원의 보전」, 엘리너 오스트롬(Elinor Ostrom)·샬럿 헤스(Charlotte Hess) 편저, 김민주·송희령 옮김, 『지식의 공유: 폐쇄성을 넘어 '자원으로서의 지식'을 나누다』(타임북스, 2007/2010), 252~253쪽.
9 라즈 파텔(Raj Patel), 제현주 옮김, 『경제학의 배신: 시장은 아무것도 주지 않는다』(북돋움, 2009/2011), 161~163쪽; 「Tragedy of the Commons」, 『Wikipedia』; 「Overexploitation」, 『Wikipedia』; 정태인, 『착한 것이 살아남는 경제의 숨겨진 법칙』(상상너머, 2011), 61쪽.
10 정광모, 『또 파? 눈먼 돈, 대한민국 예산: 256조 예산을 읽는 14가지 코드』(시대의창, 2008).
11 김대기, 『덫에 걸린 한국경제』(김영사, 2013), 34쪽; 고정애, 「전직 관료의 쓴소리 "제일 떼먹기 좋은 게 나라 돈"」, 『중앙일보』, 2013년 12월 21일.
12 「[사설] 특별교부금, 공무원 돈 아니라 국민 돈이다」, 『조선일보』, 2008년 5월 29일.
13 「[사설] 연말에 예산 펑펑 쓰는 '12월의 熱病' 근절해야」, 『동아일보』, 2008년 11월 5일.
14 김동섭, 「예산 감시, 국민이 두 눈 부릅떠야」, 『조선일보』, 2008년 11월 5일.
15 「[사설] 보도블록 다 바꾸고 나니 "감사 시~작"」, 『한국일보』, 2008년 12월 3일.
16 길진균, 「"의원 붙잡고 애걸…말이 공무원이지 영업사원 빰쳐"」, 『동아일보』, 2008년 12월 8일.
17 김종윤, 「공유지의 비극, 공기업의 비극」, 『중앙일보』, 2013년 12월 2일.
18 엘리너 오스트롬(Elinor Ostrom), 윤홍근·안도경 옮김, 『공유의 비극을 넘어: 공유자원 관리를 위한 제도의 진화』(알에이치코리아, 1990/2010), 41~64쪽; 요차이 벤클러(Yochai Benkler), 이현주 옮김, 『펭귄과 리바이어던: 협력은 어떻게 이기심을 이기는가』(반비, 2011/2013), 144~148쪽; 「엘리너 오스트롬(Elinor Ostrom)」, 『네이버 지식백과』.

19 로렌스 레식(Lawrence Lessig), 이주명 옮김, 『자유문화: 인터넷시대의 창작과 저작권 문제』(필맥, 2004/2005), 432~433쪽; Charles Leadbeater, 『We-Think: Mass Innovation, Not Mass Production』, 2nd ed.(London, UK: Profile Books, 2009), p.124; 이나리, 「'CC운동' 아시나요: 온라인 저작권 새 규칙… '퍼갈 땐 출처 표시, 영리 활용은 금지'」, 『중앙일보』, 2008년 3월 14일.

20 롤프 도벨리(Rolf Dobelli), 두행숙 옮김, 『스마트한 생각들: 사람의 마음을 움직이는 52가지 심리 법칙』(걷는나무, 2011/2012), 194쪽.

08 왜 정치는 민생에 도움이 안 되는가?

1 Max Cryer, 『Common Phrases』(New York: Skyhorse, 2010), pp.122~123; 「Sam Schwartz」, 『Wikipedia』; 「Tragedy of the anticommons」, 『Wikipedia』.

2 마이클 헬러(Michael Heller), 윤미나 옮김, 『소유의 역습 그리드락』(웅진지식하우스, 2008/2009), 11~12쪽.

3 마이클 헬러(Michael Heller), 윤미나 옮김, 『소유의 역습 그리드락』(웅진지식하우스, 2008/2009), 24~25쪽; 곽인찬, 「특허 패러독스」, 『파이낸셜뉴스』, 2009년 8월 18일.

4 목수정, 「프랑스 아이들 '머릿니와의 전쟁'」, 『경향신문』, 2013년 9월 27일.

5 Philip K. Howard, 『The Death of Common Sense: How Law Is Suffocating America』(New York: Grand Central Publishing, 1994), p.172.

6 Philip K. Howard, 『The Collapse of the Common Good: How America's Lawsuit Culture Undermines Our Freedom』(New York: Ballantine Books, 2001), pp.201~202.

7 Philip K. Howard, 『Life Without Lawyers: Liberating Americans form Too Much Law』(New York: W. W. Norton & Co., 2009), p.11.

8 「Presidential system」, 『Wikipedia』.

9 박승희, 「'거부 민주주의'에 막혀 멈춰 선 미국 정치시계」, 『중앙일보』, 2013년 10월 11일.

09 왜 정치인의 공약은 늘 공약이 되는가?

1 김종구, 「'공약 경쟁'이란 '집단 사기극'을 걷어치우라」, 『한겨레』, 2014년 1월 28일.

2 김종우, 「또 국민 우롱하는 선거철 공약들」, 『경향신문』, 2014년 2월 14일.

3 정성훈, 『사람을 움직이는 100가지 심리법칙』(케이앤제이, 2011), 411~412쪽; 「Hofstadter's law」, 『Wikipedia』.

4 칩 히스(Chip Heath) · 댄 히스(Dan Heath), 안진환 옮김, 『자신있게 결정하라: 불확실함에 맞서는 생각의 프로세스』(웅진지식하우스, 2013), 15쪽.

5 정재승, 「인생도 리셋이 되나요?」, 『중앙일보』, 2014년 1월 4일.

6 토머스 키다(Thomas Kida), 박윤정 옮김, 『생각의 오류』(열음사, 2006/2007), 308쪽.

7 대니얼 카너먼(Daniel Kahneman), 이진원 옮김, 『생각에 관한 생각: 우리의 행동을 지배하는 생각의

반란』(김영사, 2011/2012), 329쪽.

8 이남석, 『편향: 나도 모르게 빠지는 생각의 함정』(옥당, 2013), 45~47쪽; 「Planning fallacy」, 『Wikipedia』.

9 이병주, 『촉: 미세한 변화를 감지하는 동물적 감각』(가디언, 2012), 167쪽.

10 이병주, 『촉: 미세한 변화를 감지하는 동물적 감각』(가디언, 2012), 167쪽.

11 로버트 코펠(Robert Koppel), 권성희 옮김, 『투자와 비이성적 마인드: 감정은 어떻게 객관적 데이터를 왜곡하는가?』(비즈니스북스, 2011/2013), 213쪽.

12 구본기, 『당신이 재테크로 부자가 될 수 없는 이유』(라이온북스, 2011), 218쪽.

13 유정식, 『착각하는 CEO: 직관의 오류를 깨뜨리는 심리의 모든 것』(알에이치코리아, 2013), 534~537쪽.

14 에이드리언 슬라이워츠키(Adrian J. Slywortzky) · 칼 웨버(Karl Weber), 유정식 옮김, 『디맨드: 세상의 수요를 미리 알아챈 사람들』(다산북스, 2011/2012), 409~410쪽.

15 로이 바우마스터(Roy F. Baumeister) · 존 티어니(John Tierney), 이덕임 옮김, 『의지력의 재발견: 자기절제와 인내심을 키우는 가장 확실한 방법』(에코리브르, 2011/2012), 321쪽.

10 왜 우리는 정당을 증오하면서도 사랑하는 걸까?

1 리처드 와이즈먼(Richard Wiseman), 박세연 옮김, 『립잇업: 멋진 결과를 만드는 작은 행동들』(웅진지식하우스, 2012/2013), 91쪽; 「Stockholm syndrome」, 『Wikipedia』.

2 파트리크 르무안(Patrick Lemoine), 이세진 옮김, 『유혹의 심리학: 인간은 어떻게 서로에게 매혹되는가』(북폴리오, 2004/2005), 288쪽; 정성훈, 『사람을 움직이는 100가지 심리법칙』(케이앤제이, 2011), 230쪽.

3 리처드 와이즈먼(Richard Wiseman), 박세연 옮김, 『립잇업: 멋진 결과를 만드는 작은 행동들』(웅진지식하우스, 2012/2013), 91쪽.

4 김진경, 「피그말리온 효과 스톡홀름 증후군: 화제의 자녀교육 2제」, 『동아일보』, 2004년 12월 7일, A25면.

5 정희진, 「성매매를 둘러싼 '차이'의 정치학: 성매매, 성별, 목소리들」, 『황해문화』, 제46호(2005년 봄), 27~45쪽.

6 김진석, 「지속가능한 인질극, 그 잔인함: 김우중 · 이건희 · 황우석에 대한 단상」, 『교수신문』, 2005년 6월 27일, 20면.

7 이와 관련, 대진대학교 통일대학원 초빙교수 박강문은 "스톡홀름 증후군이라고 말하는 것은, 황우석 교수가 흉포한 인질범이고 그를 옹호하는 이들이 인질이라는 것이니, 그가 퍽 많은 사람을 인질로 잡고 있는 셈이다. 인질의 규모만 해도 역사적이라 할 수 있겠다. 그런데, 인질치고는 제 발로 모여드는 인질이 너무 많다. 스톡홀름 증후군 표찰을 함부로 붙이는 것은 선량한 다수의 인격을 모독하는 것이다"고 반박했다. 박강문, 「졸지에 파시스트가 되다」, 『서울신문』, 2006년 3월 2일, 26면.

8 장상진, 「평양 시민 통곡 영상, 유튜브서 기록적 조회 수」, 『조선일보』, 2011년 12월 20일.

9 딕 모리스, 홍대운 옮김, 『신 군주론』(아르케, 2002), 110쪽.

10 권대열 · 정우상, 「'후보 스와핑'」, 『조선일보』, 2006년 3월 31일, A5면.

11 왜 '있는 그대로의 세상'은 안 보고 '원하는 세상'만 보나?

1 스티븐 제임스 조이스(Stephen James Joyce), 송택순 옮김, 『변화를 이기는 슈퍼조직의 비밀』(크레듀, 2007/2008), 62쪽.
2 잭디시 세스(Jagdish N. Sheth) · 라젠드라 시소디어(Rajendra S. Sisodia), 신철호 옮김, 『빅 3 법칙: 왜 모든 시장은 빅 3가 지배하는가』(21세기북스, 2002), 153쪽.
3 Saul D. Alinsky, 「Afterword to the Vintage Edition」, 『Reveille for Radicals』(New York: Vintage Books, 1946/1989), pp.224~225.
4 Saul D. Alinsky, 『Reveille for Radicals』(New York: Vintage Books, 1946/1989), pp.77~78.
5 Sanford D. Horwitt, 『Let Them Call Me Rebel: Saul Alinsky-His Life and Legacy』(New York: Vintage Books, 1989/1992), pp.524~526; Saul D. Alinsky, 「Afterword to the Vintage Edition」, 『Reveille for Radicals』(New York: Vintage Books, 1946/1989), p.229.
6 Sanford D. Horwitt, 『Let Them Call Me Rebel: Saul Alinsky-His Life and Legacy』(New York: Vintage Books, 1989/1992), p.528.
7 솔 D. 알린스키, 박순성 · 박지우 옮김, 『급진주의자를 위한 규칙: 현실적 급진주의자를 위한 실천적 입문서』(아르케, 1971/2008), 54~55쪽, 58쪽.
8 솔 D. 알린스키, 박순성 · 박지우 옮김, 『급진주의자를 위한 규칙: 현실적 급진주의자를 위한 실천적 입문서』(아르케, 1971/2008), 132~133쪽.
9 솔 D. 알린스키, 박순성 · 박지우 옮김, 『급진주의자를 위한 규칙: 현실적 급진주의자를 위한 실천적 입문서』(아르케, 1971/2008), 107~108쪽.

12 왜 정치적 편향성은 '이익이 되는 장사'일까?

1 MSNBC는 Microsoft and the National Broadcasting Company의 약자로, 마이크로소프트와 제너럴 일렉트릭 소유의 NBC 방송이 1996년 7월 15일 공동으로 출범시킨 24시간 케이블 뉴스 채널이다.
2 Murray Edelman, 『Constructing the Political Spectacle』(Chicago, IL: University of Chicago Press, 1988), pp.73~83.
3 세르주 모스코비시(Serge Moscovici), 이상률 옮김, 『군중의 시대: 대중심리학에 대한 역사적 고찰』(문예출판사, 1981/1996), 332~333쪽.
4 James Davison Hunter & Alan Wolfe, 『Is There a Culture War?: A Dialogue on Values and American Public Life』(Washington, D.C.: Brookings Institution Press, 2006), p.18; Alan Wolfe, 『Does American Democracy Still Work?』(New Haven: Yale University Press, 2006), pp.6~7.
5 비키 쿤켈(Vicki Kunkel), 박혜원 옮김, 『본능의 경제학: 본능 속에 숨겨진 인간행동과 경제학의 비밀』(사이, 2009), 79~80쪽.
6 비키 쿤켈(Vicki Kunkel), 박혜원 옮김, 『본능의 경제학: 본능 속에 숨겨진 인간행동과 경제학의 비밀』(사이, 2009), 85~86쪽.
7 조지 레이코프(George Lakoff), 나익주 옮김, 『자유전쟁: '자유' 개념을 두고 벌어지는 진보와 보수의

대격돌」(프레시안북, 2006/2009), 309~311쪽. 웨스턴은 다음 해에 출간한 「정치적 뇌」에서 '당파적 뇌(partisan brain)'란 개념을 제시했다. Drew Westen, 「The Political Brain: The Role of Emotion in Deciding the Fate of the Nation」(New York: PublicAffairs, 2007), pp.x~xv.

8 Richard A. Viguerie & David Franke, 「America's Right Turn: How Conservatives Used News and Alternative Media to Take Power」(Chicago: Bonus Books, 2004), pp.219~221.

9 권태호, 「왜곡 일삼는 '폭스뉴스', 시청률·신뢰도는 '1위'」, 「한겨레」, 2010년 3월 17일.

10 김동준, 「미국인 49% 폭스뉴스 가장 신뢰」, 「PD저널」, 2010년 2월 10일.

11 Ellen McCarthy & Paul Farhi, 「How Fox News Changed the Face of Journalism」, 「The Washington Post」, October 14, 2011.

12 Andrew Gelman et al., 「Red State, Blue State, Rich State, Poor State: Why Americans Vote the Way They Do」(Princeton, NJ: Princeton University Press, 2008); Robert D. Putnam, 「Bowling Alone: The Collapse and Revival of American Community」(New York: Touchstone Book, 2000).

13 Robert D. Putnam & David E. Campbell, 「American Grace: How Religion Divides and United Us」(New York: Simon & Schuster, 2010), p.516.

14 David Berreby, 「US & THEM: The Science of Identity」(Chicago: University of Chicago Press, 2008); Frances E. Lee, 「Beyond Ideology: Politics, Principles, and Partisanship in the U.S. Senate」(Chicago: University of Chicago Press, 2009); Bruce Rozenblit, 「Us Against Them: How Tribalism Affects the Way We Think」(Kansas City, MO: Transcendent Publications, 2008).

15 레베카 코스타(Rebecca Costa), 장세현 옮김, 「지금, 경계선에서: 오래된 믿음에 대한 낯선 성찰」(쌤앤파커스, 2010/2011), 130~131쪽.

13 왜 극우와 극좌는 서로 돕고 사는 관계일까?

1 Nigel Rees, 「Cassell's Dictionary of Word and Phrase Origins」(London: Cassell, 2002), p.118; Grant Barrett, ed., 「Oxford Dictionary of American Political Slang」(New York: Oxford University Press, 2004), pp.79~80, p.95, pp.132~133; William Safire, 「Safire's Political Dictionary」(New York: Random House, 1978), pp.186~187.

2 Murray Edelman, 「Politics as Symbolic Action: Mass Arousal and Quiescence」(Chicago: Markham, 1971), pp.12~13.

3 정성일, 「안철수와의 '적대적 공생관계'」, 「민중의 소리」, 2013년 5월 26일.

4 손호철·변상욱, 「손호철 교수 "남한 PSI 가입 북한에 상당한 군사적 위협": 적대적 공존관계로 본 노무현 서거 국면」, 「노컷뉴스」, 2009년 5월 27일.

5 이철희, 「저들에 대한 생각」, 「한겨레」, 2013년 12월 9일.

6 마크 뷰캐넌(Mark Buchanan), 김희봉 옮김, 「사회적 원자: 세상만사를 명쾌하게 해명하는 사회물리학의 세계」(사이언스북스, 2007/2010), 199쪽.

7   Peter Gay, 『The Cultivation of Hatred: The Bourgeois Experience-Victoria to Freud』(New York: W.W.Norton & Co., 1993), pp.213~221.
8   Samuel P. Huntington, 『The Clash of Civilizations and the Remaking of World Order』(New York: Simon & Schuster, 1996), p.97.
9   Lewis A. Coser, 신용하 · 박명규 옮김, 『사회사상사(Masters of Sociological Thought)』(일지사, 1970/1978), 532쪽.
10 Samuel P. Huntington, 『The Clash of Civilizations and the Remaking of World Order』(New York: Simon & Schuster, 1996), p.20.
11 로버트 스턴버그(Robert J. Sternberg) · 카린 스턴버그(Karin Sternberg), 김정희 옮김, 『우리는 어쩌다 적이 되었을까?』(21세기북스, 1998/2010), 148쪽.

14 왜 근린증오가 더 격렬할까?

1   박명림, 「탄핵 사태와 한국 민주주의: 의미와 파장」, 『당대비평』, 제26호(2004년 여름), 32쪽.
2   지그문트 프로이트, 김석희 옮김, 『문명 속의 불만』(열린책들, 1997), 303쪽.
3   로버트 스턴버그(Robert J. Sternberg) · 카린 스턴버그(Karin Sternberg), 김정희 옮김, 『우리는 어쩌다 적이 되었을까?』(21세기북스, 1998/2010), 147~148쪽.
4   로버트 스턴버그(Robert J. Sternberg) · 카린 스턴버그(Karin Sternberg), 김정희 옮김, 『우리는 어쩌다 적이 되었을까?』(21세기북스, 1998/2010), 147~148쪽.
5   크리스토퍼 히친스(Christopher Hitchens), 김승욱 옮김, 『논쟁』(알마, 2011/2013), 359쪽.
6   베르나르 마리스(Bernard Maris), 조홍식 옮김, 『케인즈는 왜 프로이트를 숭배했을까?: 경제학자들이 말하지 않는 경제학 이야기』(창비, 2006/2009), 310쪽.
7   한홍구, 『대한민국사: 단군에서 김두한까지』(한겨레신문사, 2003), 123~124쪽.
8   김동춘, 『전쟁과 사회: 우리에게 한국전쟁은 무엇이었나?』(돌베개, 2000), 294~295쪽.
9   박지향, 『제국주의: 신화와 현실』(서울대학교출판부, 2000), 277쪽.
10 리처드 세넷(Richard Sennett), 유병선 옮김, 『뉴캐피털리즘: 표류하는 개인과 소멸하는 열정』(위즈덤하우스, 2006/2009), 192~198쪽.

15 왜 권력을 누리던 사람이 권력을 잃으면 일찍 죽는가?

1   윌리엄 브레이트(William Breit) · 배리 허쉬(Barry T. Hirsch) 편, 김민주 옮김, 『경제학의 제국을 건설한 사람들: 노벨 경제학 강의』(미래의창, 2004), 123~124쪽.
2   스티븐 레빗(Steven D. Levitt) · 스티븐 더브너(Stephen J. Dubner), 안진환 옮김, 『슈퍼 괴짜경제학』(웅진지식하우스, 2009), 123쪽.
3   리처드 레이어드(Richard Layard), 정은아 옮김, 『행복의 함정: 가질수록 행복은 왜 줄어드는가』(북하이브, 2005/2011), 52쪽.

4 마이클 마멋(Michael Marmot), 김보영 옮김, 『사회적 지위가 건강과 수명을 결정한다』(에코리브르, 2004/2006), 13쪽.

5 마이클 마멋(Michael Marmot), 김보영 옮김, 『사회적 지위가 건강과 수명을 결정한다』(에코리브르, 2004/2006), 353쪽.

6 마이클 마멋(Michael Marmot), 김보영 옮김, 『사회적 지위가 건강과 수명을 결정한다』(에코리브르, 2004/2006), 376쪽.

7 권세원, 「출신 대학별로 드러난 건강 격차」, 『한겨레』, 2013년 12월 4일.

8 이현종, 「오후여담: 배지」, 『문화일보』, 2012년 5월 21일.

9 박제균, 「정치가 뭐기에」, 『동아일보』, 2008년 3월 5일.

10 신효섭, 「국회의원 '생활 만족도' 89%」, 『조선일보』, 2014년 2월 14일.

11 마이클 캐플런(Michael Kaplan)·엘런 캐플런(Ellen Kaplan), 이지선 옮김, 『뇌의 거짓말: 무엇이 우리의 판단을 조작하는가?』(이상, 2009/2010), 364쪽.

16 왜 시험만 다가오면 머리가 아프거나 배가 아픈 수험생이 많은가?

1 한규석, 『사회심리학의 이해』(학지사, 1995), 80쪽; 윤일현, 「자기 열등화 전략」, 『매일신문』, 2007년 9월 11일; 안광복, 「'네 꿈과 행복은 10대에 결정된다'」, 『동아일보』, 2004년 7월 2일.

2 「defensive pessimism」, 『Wikipedia』.

3 토머스 길로비치(Thomas Gilovich), 이양원·장근영 옮김, 『인간 그 속기 쉬운 동물: 미신과 속설은 어떻게 생기나』(모멘토, 1991/2008), 222~223쪽; 「Self-handicapping」, 『Wikipedia』.

4 김주환, 『그릿』(쌤앤파커스, 2013), 58쪽.

5 윌리엄 너스(William Knaus), 이상원 옮김, 『심리학, 미루는 습관을 바꾸다』(갈매나무, 2010/2013), 56~57쪽.

6 데이비드 맥레이니(David McRaney), 박인균 옮김, 『착각의 심리학』(추수밭, 2011/2012), 287쪽.

7 제프리 페퍼(Jeffrey Pfeffer), 이경남 옮김, 『권력의 기술: 조직에서 권력을 거머쥐기 위한 13가지 전략』(청림출판, 2010/2011), 29~30쪽.

8 윤일현은 이렇게 말한다. "문제는 이런 전략을 자주 쓰면 진정한 발전을 기대할 수 없을 뿐만 아니라, 가지고 있는 능력조차도 제대로 발휘할 수 없게 되어 결국은 변명만 늘어놓는 나약한 사람이 되기 쉽다는 것이다. 부모님들도 부지불식간에 이 전략에 익숙해져 있다. 상담을 하다 보면 자녀의 노력과 성취욕구의 결여보다는 몸이 약해서, 친구를 잘 못 사귀어서, 감기약을 잘 못 먹어서 등의 변명으로 자녀의 부진과 나태를 옹호하는 부모님들이 많다." 또 김종수는 이렇게 말한다. "문제는 이런 전략을 자주 쓰다 보면 역설적이게도 개인의 능력을 실제로 떨어뜨린다는 점이다. 실패의 위험을 피하기 위해 자신의 실력을 숨겼는데, 나중에는 정작 실력을 발휘하려 해도 예전 실력이 나오지 않는다. 무능을 가장했다가 정말 무능해지는 것이다." 윤일현, 「자기 열등화 전략」, 『매일신문』, 2007년 9월 11일; 김종수, 「자기 열등화 전략」, 『중앙일보』, 2007년 3월 27일, 35면.

9 토머스 길로비치(Thomas Gilovich), 이양원·장근영 옮김, 『인간 그 속기 쉬운 동물: 미신과 속설은 어떻게 생기나』(모멘토, 1991/2008), 224쪽.

10 토머스 길로비치(Thomas Gilovich), 이양원 · 장근영 옮김, 『인간 그 속기 쉬운 동물: 미신과 속설은 어떻게 생기나』(모멘토, 1991/2008), 222~223쪽.

11 캐롤 드웩(Carol Dweck), 정명진 옮김, 『성공의 새로운 심리학』(부글북스, 2006/2011), 158~160쪽.

12 그러나 심리학자 코델리아 파인(Cordelia Fine, 1975~)의 다음 말이 옳다면, 자기 열등화 전략은 결코 그 누구도 막을 수 없는 것인지도 모르겠다. "실패는 자아에게 가장 큰 적인 듯하다. 그래서 자만하는 뇌는 입구에다 바리케이드를 쳐서 이 반갑지 않은 손님이 들어오지 못하도록 최선을 다한다." 코델리아 파인(Cordelia Fine), 송정은 옮김, 『뇌 마음대로: 나를 멋대로 조종하는 발칙한 뇌의 심리학』(공존, 2006/2010), 16쪽.

17 왜 행복하게 오래 산 부부는 서로 얼굴이 닮아가는가?

1 사이언 베일락(Sian Beilock), 박선령 옮김, 『어떤 상황에도 긴장하지 않는 부동의 심리학』(21세기북스, 2010/2011), 345~346쪽; 「John Bargh」, 『Wikipedia』.

2 Charles Earle Funk & Charles Earle Funk, Jr., 『Horsefeathers and Other Curious Words』(New York: Quill, 1958/2002), pp.93~94.

3 김광웅, 「대통령의 리더십 ⑥] 여성의 시대 공감과 포용의 리더십」, 『신동아』, 제638호(2012년 11월호), 248~257쪽.

4 사이언 베일락(Sian Beilock), 박선령 옮김, 『어떤 상황에도 긴장하지 않는 부동의 심리학』(21세기북스, 2010/2011), 348쪽.

5 사이언 베일락(Sian Beilock), 박선령 옮김, 『어떤 상황에도 긴장하지 않는 부동의 심리학』(21세기북스, 2010/2011), 348~349쪽; 최인철, 『돈 버는 심리 돈 새는 심리: 심리학으로 풀어본 경제 이야기』(랜덤하우스중앙, 2005), 185쪽.

6 폴커 키츠(Volker Kitz) · 마누엘 투쉬(Manuel Tusch), 김희상 옮김, 『심리학 나 좀 구해줘』(갤리온, 2011/2013), 135~139쪽; 니컬러스 크리스태키스(Nicholas A. Christakis) · 제임스 파울러(James H. Fowler), 이충호 옮김, 『행복은 전염된다』(김영사, 2009/2010), 119쪽.

7 사이언 베일락(Sian Beilock), 박선령 옮김, 『어떤 상황에도 긴장하지 않는 부동의 심리학』(21세기북스, 2010/2011), 347쪽.

8 다니엘 핑크(Daniel H. Pink), 김명철 옮김, 『파는 것이 인간이다』(청림출판, 2012/2013), 114~115쪽.

9 로렌스 로젠블룸(Lawrence D. Rosenblum), 김은영 옮김, 『오감 프레임: 몸으로 생각하라』(21세기북스, 2009/2011), 321쪽.

10 존 카치오포(John T. Cacioppo) · 윌리엄 패트릭(William Patrick), 이원기 옮김, 『인간은 왜 외로움을 느끼는가: 사회신경과학으로 본 인간 본성과 사회의 탄생』(민음사, 2008/2013), 162쪽.

18 왜 모방은 가장 성실한 아첨인가?

1 더글러스 켄릭(Douglas T. Kenrick), 최인하 옮김, 『인간은 야하다: 진화심리학이 들려주는 인간 본성

의 비밀』(21세기북스, 2011/2012), 107쪽.

2 스콧 릴리언펠드(Scott O. Lilienfeld) 외, 문희경 · 유지연 옮김, 『유혹하는 심리학』(타임북스, 2010), 183~188쪽; 한규석, 『사회심리학의 이해』(학지사, 1995), 251쪽.

3 로버트 치알디니(Robert Cialdini), 황혜숙 옮김, 『설득의 심리학』(개정5판, 21세기북스, 2009/2013), 257~259쪽; 장정빈, 『고객의 마음을 훔쳐라: 행동경제학을 활용한 매혹의 마케팅&서비스』(올림, 2013), 152~153쪽.

4 조 나바로(Joe Navarro) · 토니 시아라 포인터(Toni Sciarra Poynter), 장세현 옮김, 『우리는 어떻게 설득당하는가』(위즈덤하우스, 2010/2012), 33~46쪽.

5 다니엘 핑크(Daniel H. Pink), 김명철 옮김, 『파는 것이 인간이다』(청림출판, 2012/2013), 115쪽; 니콜라 게겐(Nicholas Guéguen), 고경란 옮김, 『소비자는 무엇으로 사는가?: 고객의 심리에 관한 100가지 실험』(지형, 2005/2006), 324~325쪽.

6 브라이언 트레이시(Brian Tracy), 홍성화 옮김, 『전략적 세일즈』(비즈토크북, 2012), 323~324쪽.

7 수 비숍(Sue Bishop), 신승미 옮김, 『자기주장의 기술』(비즈니스맵, 2006/2010), 113~114쪽; 사이언 베일락(Sian Beilock), 박선령 옮김, 『어떤 상황에도 긴장하지 않는 부동의 심리학』(21세기북스, 2010/2011), 348쪽; 브라이언 트레이시(Brian Tracy), 홍성화 옮김, 『전략적 세일즈』(비즈토크북, 2012), 324쪽.

8 프랜스 요한슨(Frans Johansson), 김종식 옮김, 『메디치 효과』(세종서적, 2004/2005), 122~124쪽; 로버트 서튼(Robert I. Sutton), 오성호 옮김, 『역발상의 법칙』(황금가지, 2002/2003), 85~93쪽.

19 왜 슬픈 척하면 정말로 슬퍼지는가?

1 최창호, 『인간의 선택: 천년을 움직인 심리학 지성 35인』(학지사, 2000), 38~39쪽; 캔더스 퍼트 (Candace B. Pert), 김미선 옮김, 『감정의 분자: 심신의학을 넘어선 과학』(시스테마, 1997/2009), 184~187쪽.

2 리처드 와이즈먼(Richard Wiseman), 박세연 옮김, 『립잇업: 멋진 결과를 만드는 작은 행동들』(웅진지식하우스, 2012/2013), 29쪽.

3 데일 카네기, 베스트트랜스 옮김, 『데일 카네기의 인간관계론』(더클래식, 1936/2010), 97~98쪽.

4 나폴레온 힐, 민승남 옮김, 『놓치고 싶지 않은 나의 꿈 나의 인생 2』(국일미디어, 1937/2010), 46~47쪽, 85쪽.

5 노먼 빈센트 필, 정경옥 옮김, 『열정이 차이를 만든다』(21세기북스, 1967/2007), 47쪽.

6 리처드 와이즈먼(Richard Wiseman), 박세연 옮김, 『립잇업: 멋진 결과를 만드는 작은 행동들』(웅진지식하우스, 2012/2013), 238~239쪽.

20 왜 누군가를 사랑하려면 사랑하는 듯이 행동해야 하나?

1 티모시 윌슨(Timothy D. Wilson), 정명진 옮김, 『내 안의 낯선 나』(부글북스, 2004/2012), 355~357

쪽; David O. Sears · Jonathan L. Freedman · Letitia Anne Peplau, 홍대식 역, 『사회심리학』(개정판, 박영사, 1985/1986), 195~196쪽; 한규석, 『사회심리학의 이해』(학지사, 1995), 59쪽; 이남석, 『무삭제 심리학』(예담, 2008), 178쪽; 「Daryl Bem」, 『Wikipedia』.

2 리처드 와이즈먼(Richard Wiseman), 박세연 옮김, 『립잇업: 멋진 결과를 만드는 작은 행동들』(웅진지식하우스, 2012/2013), 239~240쪽.

3 이남석, 『무삭제 심리학』(예담, 2008), 180쪽.

4 리처드 와이즈먼(Richard Wiseman), 박세연 옮김, 『립잇업: 멋진 결과를 만드는 작은 행동들』(웅진지식하우스, 2012/2013), 115~117쪽.

5 레나테 자하르 · 김종철, 『프란츠 파농 연구』(한마당, 1981), 143~144쪽; Murray Edelman, 「The Language of Participation and the Language of Resistance」, 『Human Communication Research』, 3:2(Winter 1977), p.159; Murray Edelman, 『Political Language: Words That Succeed and Policies That Fail』(New York: Academic Press, 1977), p.134.

6 Murray Edelman, 『Politics as Symbolic Action: Mass Arousal and Quiescence』(Chicago: Markham, 1971), p.153.

21 왜 한국은 '스펙 공화국' · '성형 공화국'이 되었는가?

1 「[사설] '스펙 공화국' 면하려면 기업 채용 방식 바꿔야」, 『서울신문』, 2012년 10월 27일.

2 김혜미, 「취업 어학 스펙 부모 소득 순…학점은 무관」, 『중앙일보』, 2013년 6월 4일.

3 박승혁, 「[기자수첩] '리베이트'가 아니라 '킥백'으로 써야」, 『조선일보』, 2013년 5월 23일; 임귀열, 「[임귀열 영어] Specs vs. Career build-up」, 『한국일보』, 2011년 3월 24일.

4 김현철, 『불안하니까 사람이다: 정신과 의사들만 아는 불안 심리 30』(애플북스, 2011), 45쪽.

5 김준, 「서류전형을 왜 부활할까」, 『경향신문』, 2014년 1월 20일.

6 이명수, 「후광 효과가 판치는 사회」, 『한겨레』, 2013년 9월 3일.

7 「Halo effect」, 『Wikipedia』; 「후광 효과(halo effect, 後光效果)」, 『네이버 지식백과』.

8 필 로젠츠바이크(Phil Rosenzweig), 이주형 옮김, 『헤일로 이펙트: 기업의 성공을 가로막는 9가지 망상』(스마트비즈니스, 2007), 96~98쪽.

9 로버트 치알디니(Robert Cialdini), 황혜숙 옮김, 『설득의 심리학』(개정5판, 21세기북스, 2009/2013), 253~256쪽.

10 리처드 와이즈먼(Richard Wiseman), 한창호 옮김, 『괴짜 심리학』(웅진지식하우스, 2007/2008), 169쪽; 변태섭, 「첫인상 보고 총선 후보에 투표하다간…첫인상, 섣불리 믿을 만한 게 못된다…총선도 신중히」, 『한국일보』, 2012년 3월 10일.

11 「[사설] 죽음 부른 성형 공화국 누가 부추겼나」, 『동아일보』, 2012년 10월 29일; 수전 리 맥도널드, 「서글픈 성형 공화국」, 『중앙선데이』, 제299호(2012년 12월 2일); 「'성형 공화국' 1위 韓, 가슴 성형보다는…」, 『파이낸셜뉴스』, 2013년 1월 31일; 배국남, 「한국, 왜 성형 공화국으로 전락했나」, 『이투데이』, 2013년 3월 6일.

12 David O. Sears · Jonathan L. Freedman · Letitia Anne Peplau, 홍대식 옮김, 『사회심리학』(개정

판, 박영사, 1986), 67~69쪽.

13 스튜어트 서덜랜드(Stuart Sutherland), 이세진 옮김, 『비합리성의 심리학: 왜 인간은 어처구니없는 실수를 반복하는가』(교양인, 1992/2008), 48~49쪽.

14 모페이, 전왕록 옮김, 『사무실 심리게임: 무능한 동료에게 희생당하지 않기 위한 생존기술』(비즈니스맵, 2010/2011), 133~135쪽.

15 「Halo effect」, 『Wikipedia』.

16 제러미 딘(Jeremy Dean), 정명진 옮김, 『프로이트처럼 생각하고 스키너처럼 행동하라』(부글, 2008), 63~67쪽.

22 왜 20만 원짜리 LG트윈스 '유광 점퍼'가 9,800원에 팔렸는가?

1 로버트 치알디니(Robert Cialdini), 황혜숙 옮김, 『설득의 심리학』(개정5판, 21세기북스, 2009/2013), 285쪽.

2 손효주 외, 「끓는다 끓어, 슈퍼 팬: 스포츠 열혈 팬들의 심리를 파헤치다」, 『동아일보』, 2012년 10월 27일.

3 로버트 치알디니(Robert Cialdini), 황혜숙 옮김, 『설득의 심리학』(개정5판, 21세기북스, 2009/2013), 286~287쪽.

4 「Basking in reflected glory」, 『Wikipedia』; 김학수, 「프로야구 승리와 패배의 미학」, 『뉴스천지』, 2012년 11월 6일; 홍성태, 『마케팅의 시크릿 코드』(위즈덤하우스, 2010), 200쪽.

5 엄보운, 「[Why] 힘 한 번 못쓰고 끝난 '가을 야구' …LG 유광 점퍼, 헐값에 매물로 쏟아져」, 『조선일보』, 2013년 10월 26일.

6 「Basking in reflected glory」, 『Wikipedia』.

7 류혜인, 『왜 아무도 성냥팔이 소녀를 도와주지 않았을까: 동화로 보는 심리학』(이가서, 2013), 62~63쪽; 리처드 와이즈먼(Richard Wiseman), 한창호 옮김, 『괴짜 심리학』(웅진지식하우스, 2007/2008), 47~49쪽; 새디어스 러셀(Thaddeus Russsell), 이정진 옮김, 『불한당들의 미국사』(까치, 2010/2012), 221쪽; 「Mars effect」, 『Wikipedia』.

8 발타사르 그라시안(Baltasar Gracián), 임정재 옮김, 『너무나 인간적이지만 현실감각 없는 당신에게』(타커스, 2012), 215쪽.

9 로버트 치알디니(Robert Cialdini), 황혜숙 옮김, 『설득의 심리학』(개정5판, 21세기북스, 2009/2013), 288쪽.

23 왜 매년 5,000명이 양악 성형수술을 하는가?

1 「양악 성형 후 비대칭·부자연스러움… '녹는 실 리프팅'으로 교정」, 『패션 조선』, 2013년 11월 25일.

2 나은영, 『행복 소통의 심리』(커뮤니케이션북스, 2013), 2쪽; 이민규, 『끌리는 사람은 1%가 다르다』(더난출판, 2009), 24쪽.

3 스튜어트 서덜랜드(Stuart Sutherland), 이세진 옮김, 『비합리성의 심리학: 왜 인간은 어처구니없는 실

수를 반복하는가』(교양인, 1992/2008), 44~45쪽; Joseph A. DeVito, 『The Interpersonal Communication Book』 3rd ed. (New York: Harper & Row, 1983), pp.275~276.

4 최준영, 「돌싱女에 첫인상 찍히면 10번 찍어도 안 된다」, 『문화일보』, 2013년 10월 11일.

5 프랭크 파트노이(Frank Partnoy), 강수희 옮김, 『속도의 배신』(추수밭, 2012/2013), 154~155쪽.

24 왜 우리는 "사람이 끝이 좋아야 한다"고 하는가?

1 조프 롤스(Geoff Rolls), 박윤정 옮김, 『유모차를 사랑한 남자: 인간 존재의 수수께끼를 푸는 심리학 탐험 16장면』(미래인, 2005/2008), 50쪽; 하워드 댄포드(Haward S. Danford), 김윤경 옮김, 『불합리한 지구인: 인간 심리를 지배하는 행동경제학의 비밀』(비즈니스북스, 2010/2011), 53~54쪽; 「Serial position effect」, 『Wikipedia』.

2 하노 벡(Hanno Beck), 배명자 옮김, 『부자들의 생각법: 모르면 당하는 그들만의 경제학』(갤리온, 2012/2013), 346~347쪽.

3 고란, 「현금 고집하다간 물가 오르는 만큼 손해: 4가지 편견 극복하면 투자의 길이 보인다」, 『중앙선데이』, 제172호(2010년 6월 27일).

4 롤프 도벨리(Rolf Dobelli), 두행숙 옮김, 『스마트한 선택들: 후회없는 결정을 하기 위해 꼭 알아야 할 52가지 심리 법칙』(걷는나무, 2012/2013), 228쪽.

5 이정재, 「배 아픈 문제부터 풀어라」, 『중앙일보』, 2013년 1월 23일.

6 이학식 · 안광호 · 하영원, 『소비자 행동: 마케팅 전략적 접근』(제5판, 법문사, 2010), 175쪽.

25 왜 여성이 남성보다 우울증에 많이 빠지는가?

1 마틴 셀리그먼(Martin E. P. Seligman), 권오열 옮김, 『아픈 당신의 심리학 처방전』(물푸레, 2007/2011), 185쪽.

2 배리 슈워츠(Barry Schwartz), 형선호 옮김, 『선택의 심리학』(웅진지식하우스, 2004/2005), 106~107쪽.

3 마틴 셀리그먼, 「에우다이모니아: 좋은 삶」, 존 브록만(John Brockman) 편, 『마음의 과학』(와이즈베리, 2011/2012), 175쪽; 마틴 셀리그먼(Martin E. P. Seligman), 우문식 · 최호영 옮김, 『낙관성 학습』(물푸레, 2006/2012), 77~110쪽; 마틴 셀리그먼(Martin E. P. Seligman), 우문식 · 윤상운 옮김, 『플로리시: 웰빙과 행복에 대한 새로운 이해』(물푸레, 2011), 275~276쪽.

4 강현식, 『꼭 알고 싶은 심리학의 모든 것』(소울메이트, 2010), 491~493쪽; 마틴 셀리그먼(Martin E. P. Seligman), 우문식 · 최호영 옮김, 『낙관성 학습』(물푸레, 2006/2012), 53~76쪽.

5 마틴 셀리그먼(Martin E. P. Seligman), 우문식 · 최호영 옮김, 『낙관성 학습』(물푸레, 2006/2012), 51~52쪽.

6 송관재, 『생활 속의 심리학』(학문사, 2000), 112쪽.

7 박경숙, 『문제는 무기력이다』(와이즈베리, 2013), 254~257쪽.

8 이호분, 「무력감을 학습하는 아이들」, 『국민일보』, 2005년 6월 15일.

9 김지원, 「무기력이 학습화된 아이들…역량 중심 평가 필요」, 『경향신문』, 2013년 12월 25일.

10 JTBC 방송뉴스팀, 「북한 주민 "철부지가 나라를 위험에 빠뜨리고 있어"」, 『JTBC』, 2013년 11월 1일.

11 도널드 노먼(Donald Norman), 이창우 · 김영진 · 박창호 옮김, 『디자인과 인간심리』(학지사, 1988/1996), 63쪽.

12 William Greider, 『The Soul of Capitalism: Opening Paths to a Moral Economy』(New York: Simon & Schuster, 2003), p.52.

13 Carole Pateman, 『Participation and Democratic Theory』(New York: Cambridge University Press, 1970), pp.45~84.

14 윤희영, 「부정직의 인체 공학(The ergonomics of dishonesty)」, 『조선일보』, 2013년 6월 28일.

15 김정운, 「禁止를 금지하라!」, 『조선일보』, 2014년 3월 14일.

16 W. 랜스 베넷(W. Lance Bennett), 유나영 옮김, 『뉴스, 허깨비를 좇는 정치』(책보세, 2009), 556~557쪽.

26 왜 어떤 환자들은 가짜 약을 먹고도 병이 낫는가?

1 애드리언 펀햄(Adrian Furnham), 오혜경 옮김, 『심리학, 즐거운 발견』(북로드, 2008/2010), 22~25 쪽; 벤 골드에이커(Ben Goldacre), 강미경 옮김, 『배드 사이언스』(공존, 2009/2011), 99~100쪽; 「Placebo」, 『Wikipedia』; 「Placebo in history」, 『Wikipedia』; 「Placebo button」, 『Wikipedia』.

2 숀 아처(Shawn Achor), 박세연 옮김, 『행복의 특권: 행복하면 우리는 무엇을 얻을 수 있는가?』(청림출판, 2010/2012), 104쪽.

3 키이스 스타노비치(Keith E. Stanovich), 신현정 옮김, 『심리학의 오해』(제10판, 혜안, 2013), 132~133 쪽; 송관재, 『생활 속의 심리학』(학문사, 2000), 147쪽; 린 매타가트(Lynne McTaggart), 박중서 옮김, 『생각의 힘을 실험하다: 나와 세상을 바꾸는 생각의 힘』(두레, 2007/2012), 256~257쪽; 조나 레러 (Jonah Lehrer), 강미경 옮김, 『탁월한 결정의 비밀: 뇌신경과학의 최전방에서 밝혀낸 결정의 메커니즘』(위즈덤하우스, 2009), 238쪽.

4 키이스 스타노비치(Keith E. Stanovich), 신현정 옮김, 『심리학의 오해』(제10판, 혜안, 2013), 135쪽.

5 조지 베일런트(George E. Vaillant), 김한영 옮김, 『행복의 완성』(흐름출판, 2008/2011), 148쪽.

6 키이스 스타노비치(Keith E. Stanovich), 신현정 옮김, 『심리학의 오해(제10판)』(혜안, 2013), 134쪽.

7 숀 아처(Shawn Achor), 박세연 옮김, 『행복의 특권: 행복하면 우리는 무엇을 얻을 수 있는가?』(청림출판, 2010/2012), 105쪽; 데이비드 브룩스(David Brooks), 이경식 옮김, 『소셜 애니멀: 사랑과 성공,. 성격을 결정짓는 관계의 비밀』(흐름출판, 2011), 273쪽.

8 맥스웰 몰츠(Maxwell Maltz), 공병호 옮김, 『맥스웰 몰츠 성공의 법칙』(비즈니스북스, 2002/2010), 471쪽.

9 설원태, 「"드라마화된 TV 정치뉴스 정치의 탈정치화 불렀다": 독일 도르트문트대 마이어 교수」, 『경향신문』, 2007년 3월 23일, 28면.

10 1987년 5월 스타크함이 피격당했을 때 사망한 37명의 해군 합동 장례 식장에서 레이건은 스타크함을 비행기라고 부르는 실언을 범하긴 했지만, 그건 전혀 중요한 문제가 아니었다. 숙연한 분위기 속에서 장례식이 거행된 플로리다의 해군기지에서 아버지를 잃은 어린 소녀를 껴안는 레이건의 눈에 눈물이

가득 고여 있었으며, 이 감동적인 장면을 미국의 거의 모든 국민이 텔레비전을 통해 지켜보고 있었다는 것이 훨씬 중요한 의미를 가졌다. 이에 대해 컬럼비아대학 역사학 교수 헨리 그래프는 『뉴욕타임스』기고를 통해 "대통령은 목사가 아니다"고 주장했다. 뜨거운 포옹과 눈물을 잘 구사하는 레이건의 목사 노릇을 비판하고 나선 것이다. 레이건이 꼭 쇼맨십을 부리고 있다는 뜻이 아니라, 그런 관행이 대통령의 고유 임무의 일부로 정착될 경우 생겨날 위험에 대해 경고한 것이다. 그러한 상징적인 정치 행위는 텔레비전 때문에 생겨난 것인데, 텔레비전 앞에서 목사 노릇을 잘 못하는 사람들은 대통령이 될 자격이 없단 말이냐고 그래프는 반문했다. Henry F. Graff, 「Presidents Are Not Pastors」, 『New York Times』, 27 May, 1987, p.21.

11 키이스 스타노비치(Keith E. Stanovich), 신현정 옮김, 『심리학의 오해』(제10판, 혜안, 2013), 132쪽.
12 이인식, 『이인식의 멋진 과학 2』(고즈원, 2011), 85쪽.

27 왜 어느 선원은 고장 난 영상 19도의 냉동고 안에서 얼어 죽었나?

1 엘든 테일러(Eldon Taylor), 이문영 옮김, 『무엇이 우리의 생각을 지배하는가』(알에이치코리아, 2009/ 2012), 194쪽.
2 「Nocebo」, 『Wikipdia』.
3 이인식, 『이인식의 멋진 과학 2』(고즈원, 2011), 84쪽.
4 루이스 월퍼트(Lewis Wolpert), 황소연 옮김, 『믿음의 엔진』(에코의서재, 2006/2007), 285쪽.
5 엘렌 랭어(Ellen J. Langer), 변용란 옮김, 『마음의 시계: 시간을 거꾸로 돌리는 매혹적인 생리실험』(사이언스북스, 2009/2011), 174쪽.
6 이남석, 『무삭제 심리학』(예담, 2008), 82쪽.
7 이인식, 『이인식의 멋진 과학 2』(고즈원, 2011), 85~86쪽.
8 세르주 모스코비치(Serge Moscovici), 이상률 옮김, 『군중의 시대: 대중심리학에 대한 역사적 고찰』(문예출판사, 1981/1996), 469~470쪽.

28 왜 좋아하는 사람의 곁에 자주 얼씬거리면 데이트 가능성이 높아지나?

1 스티븐 컨(Stephen Kern), 박성관 옮김, 『시간과 공간의 문화사 1880~1918』(휴머니스트, 1983/2004); 이명천 · 김요한, 『광고 전략』(커뮤니케이션북스, 2013), 78~79쪽; 이민규, 『끌리는 사람은 1%가 다르다』(더난출판, 2009), 59~61쪽.
2 쉬나 아이엔가(Sheena Iyengar), 오혜경 옮김, 『선택의 심리학: 어떻게 선택할 것인가』(21세기북스, 2010), 251~252쪽.
3 김재휘, 『설득 심리 이론』(커뮤니케이션북스, 2013), 3쪽.
4 김재휘, 『설득 심리 이론』(커뮤니케이션북스, 2013), 4~6쪽; 이남석, 『편향: 나도 모르게 빠지는 생각의 함정』(옥당, 2013), 195~196쪽.
5 이명천 · 김요한, 『광고 전략』(커뮤니케이션북스, 2013), 78쪽; 칩 히스(Chip Heath) · 댄 히스(Dan

Heath), 안진환 옮김, 『자신있게 결정하라: 불확실함에 맞서는 생각의 프로세스』(웅진지식하우스, 2013), 230쪽.

6 이명천 · 김요한, 『광고 전략』(커뮤니케이션북스, 2013), 81~82쪽.

7 월터 C. 랑거, 최종배 옮김, 『히틀러의 정신분석』(솔, 1999), 103쪽.

8 에리히 프롬, 김병익 옮김, 『건전한 사회』(범우사, 1978), 156~157쪽.

9 제프리 페퍼(Jeffrey Pfeffer), 이경남 옮김, 『권력의 기술: 조직에서 권력을 거머쥐기 위한 13가지 전략』(청림출판, 2010/2011), 49쪽.

10 김인수, 「[Hello Guru] 조직행동론의 '구루' 히스 형제, 의사결정 원칙을 말하다」, 『매일경제』, 2013년 10월 25일; 개리 마커스(Gary Marcus), 최호영 옮김, 『클루지: 생각의 역사를 뒤집는 기막힌 발견』(갤리온, 2008), 81~82쪽; 제이슨 츠바이크(Jason Zweig), 오성환 · 이상근 옮김, 『머니 앤드 브레인: 신경경제학은 어떻게 당신을 부자로 만드는가』(까치, 2007), 146~148쪽.

11 간바 와타루, 최영미 옮김, 『비즈니스 협상 심리학』(에이지21, 1997/2007), 117~119쪽.

12 홍성태, 『마케팅의 시크릿 코드』(위즈덤하우스, 2010), 70쪽.

13 이민규, 『끌리는 사람은 1%가 다르다』(더난출판, 2009), 63쪽.

29 왜 선거 캠페인에서 흑색선전이 효과를 발휘할 수 있을까?

1 제러미 딘(Jeremy Dean), 정명진 옮김, 『프로이트처럼 생각하고 스키너처럼 행동하라』(부글, 2008), 163~168쪽.

2 이명천 · 김요한, 『광고 전략』(커뮤니케이션북스, 2013), 82~83쪽.

3 L. F. 얼윗(L. F. Alwitt) · A. A. 미첼(A. A. Mitchell), 이상빈 옮김, 『소비자 심리와 광고효과』(나남, 1985/1989), 86쪽.

4 엘렌 랭어(Ellen J. Langer), 변용란 옮김, 『마음의 시계: 시간을 거꾸로 돌리는 매혹적인 생리실험』(사이언스북스, 2009/2011), 92쪽.

5 Stewart L. Tubbs & Sylvia Moss, 『Human Communication: Principles and Contexts(Eleventh Edition)』(Boston, MA: McGraw-Hill Higher Education, 2008), pp.434~435; 개리 마커스(Gary Marcus), 최호영 옮김, 『클루지: 생각의 역사를 뒤집는 기막힌 발견』(갤리온, 2008), 57~58쪽; 「수면자 효과(sleeper effect, 睡眠者效果)」, 『네이버 지식백과』; 「Sleeper effect」, 『Wikipedia』.

6 조지 베일런트(George E. Vaillant), 이덕남 옮김, 『행복의 조건』(프런티어, 2002/2010), 136~137쪽.

7 지그문트 바우만(Zygmunt Bauman), 조은평 · 강지은 옮김, 『고독을 잃어버린 시간』(동녘, 2010/2012), 367쪽.

8 이학식 · 안광호 · 하영원, 『소비자 행동: 마케팅 전략적 접근』(제5판, 법문사, 2010), 504쪽.

9 정성훈, 『사람을 움직이는 100가지 심리법칙』(케이앤제이, 2011), 224~225쪽.

10 나은영, 『행복 소통의 심리』(커뮤니케이션북스, 2013), 108~110쪽.

11 나은영, 『행복 소통의 심리』(커뮤니케이션북스, 2013), 108~110쪽.

12 Holly Sklar, 『Reagan, Trilateralism and the Neoliberals: Containment and Intervention in the 1980s』(New York: South End Press, 1986).

13 남상욱, 「지방선거 6개월 앞…SNS 흑색선전 꼼짝 마: 최근 세 차례 지방선거서 당선 무효자 250명…금품 비리가 65%로 최다」, 『한국일보』, 2013년 12월 11일.
14 롤프 도벨리(Rolf Dobelli), 두행숙 옮김, 『스마트한 선택들: 후회없는 결정을 하기 위해 꼭 알아야 할 52가지 심리 법칙』(걷는나무, 2012/2013), 216~217쪽.

30 왜 나이 들수록 시간은 빨리 흐르는가?

1 다우베 드라이스마(Douwe Draaisma), 김승욱 옮김, 『나이 들수록 왜 시간은 빨리 흐르는가』(에코리브르, 2001/2005), 330쪽.
2 다우베 드라이스마(Douwe Draaisma), 김승욱 옮김, 『나이 들수록 왜 시간은 빨리 흐르는가』(에코리브르, 2001/2005), 298~299쪽.
3 다우베 드라이스마(Douwe Draaisma), 김승욱 옮김, 『나이 들수록 왜 시간은 빨리 흐르는가』(에코리브르, 2001/2005), 299쪽.
4 이남석, 『무작제 심리학』(예담, 2008), 157~158쪽.
5 다우베 드라이스마(Douwe Draaisma), 김승욱 옮김, 『나이 들수록 왜 시간은 빨리 흐르는가』(에코리브르, 2001/2005), 318~329쪽; 「telescoping effect」, 『Wikipedia』.
6 유정식, 『착각하는 CEO: 직관의 오류를 깨뜨리는 심리의 모든 것』(알에이치코리아, 2013), 87쪽.
7 매튜 클레먼트, 「[한국에 살다보니] 너무 일찍 늙는 한국인」, 『경향신문』, 2008년 7월 12일.

31 왜 날이 갈수록 인맥이 더 중요해지는가?

1 던컨 왓츠(Duncan J. Watts), 강수정 옮김, 『Small World: 여섯 다리만 건너면 누구와도 연결된다』(세종연구원, 2003/2004), 49~50쪽; 이인식, 『이인식의 과학생각』(생각의 나무, 2002), 222~223쪽.
2 다니엘 솔로브(Daniel J. Solove), 이승훈 옮김, 『인터넷세상과 평판의 미래』(비즈니스맵, 2007/2008), 50쪽; A. L. 바라바시(Albert-László Barabási), 강병남·김기훈 옮김, 『링크: 21세기를 지배하는 네트워크 과학』(동아시아, 2002), 56쪽.
3 톰 지그프리드(Tom Siegfried), 이정국 옮김, 『호모루두스: 존 내시의 게임이론으로 살펴본 인간 본성의 비밀』(자음과모음, 2006/2010), 215~216쪽.
4 던컨 왓츠(Duncan J. Watts), 강수정 옮김, 『Small World: 여섯 다리만 건너면 누구와도 연결된다』(세종연구원, 2003/2004); 마틴 노왁(Martin A. Nowak)·로저 하이필드(Roger Highfield), 허준석 옮김, 『초협력자: 세상을 지배하는 다섯 가지 협력의 법칙』(사이언스북스, 2011/2012), 378쪽; 로버트 라이시(Robert B. Reich), 오성호 옮김, 『부유한 노예』(김영사, 2000/2001), 190~191쪽; 홀름 프리베·사샤 로보, 두행숙 옮김, 『디지털 보헤미안: 창조의 시대를 여는 자』(크리에디트, 2007), 103쪽; A. L. 바라바시(Albert-László Barabási), 강병남·김기훈 옮김, 『링크: 21세기를 지배하는 네트워크 과학』(동아시아, 2002), 100~107쪽; 「Small-world experiment」, 『Wikipedia』; 「Six degrees of separation」, 『Wikipedia』; 「Six Degrees of Kevin Bacon」, 『Wikipedia』.

5 정재승, 『정재승의 과학콘서트: 복잡한 세상, 명쾌한 과학』(개정증보판, 어크로스, 2011), 19~32쪽.

6 필립 브라운(Phillip Brown) · 휴 로더(Hugh Lauder) · 데이비드 애쉬턴(David Ashton), 이혜진 · 정유진 옮김, 『더 많이 공부하면 더 많이 벌게 될까: 지식경제의 불편한 진실』(개마고원, 2011/2013), 195~202쪽.

7 크리스티아 프릴랜드(Chrystia Freeland), 박세연 옮김, 『플루토크라트: 모든 것을 가진 사람과 그 나머지』(열린책들, 2012/2013), 84~89쪽.

8 김동조, 『거의 모든 것의 경제학』(북돋움, 2012), 88쪽.

9 로버트 라이시(Robert B. Reich), 오성호 옮김, 『부유한 노예』(김영사, 2000/2001), 188쪽.

10 마크 뷰캐넌(Mark Buchanan), 강수정 옮김, 『넥서스: 여섯 개의 고리로 읽는 세상』(세종연구원, 2002/2003), 189쪽.

11 돈 탭스콧(Don Tapscott), 이진원 옮김, 『디지털 네이티브: 역사상 가장 똑똑한 세대가 움직이는 새로운 세상』(비즈니스북스, 2008/2009), 369~371쪽.

12 조성은, 「사회연결망 분석기법」, 한국언론학회 엮음, 『융합과 통섭: 다중매체 환경에서의 언론학 연구방법』(나남, 2012), 98쪽; 이인식, 『이인식의 멋진 과학 1』(고즈윈, 2011), 48쪽.

13 박연미, 「60%는 '연출 취업' …서류도 통과 못한 이유 있었네」, 『아시아경제』, 2011년 11월 15일.

14 최혜정, 「"인맥도 능력" 83% "인맥 써 취업" 37%」, 『한겨레』, 2004년 11월 16일, 27면.

32 왜 '7가지 습관'을 외치는 책이 많은가?

1 폴 페어솔(Paul Pearsall), 정태연 · 전경숙 옮김, 『역설의 심리학: 익숙한 인생의 가치와 결별하라』(동인, 2005/2007), 132쪽.

2 언어학자 놈 촘스키(Noam Chomsky, 1928~)와 공동 작업을 하기도 했던 밀러는 심리언어학 또는 언어심리학(psycholinguistics)의 창시자 중의 한 명으로 유명한 인물이다. 「George Armitage Miller」, 『Wikipedia』.

3 쉬나 아이엔가(Sheena Iyengar), 오혜경 옮김, 『선택의 심리학: 어떻게 선택할 것인가』(21세기북스, 2010), 304~306쪽.

4 바스 카스트(Bas Kast), 정인회 옮김, 『선택의 조건: 사람은 무엇으로 행복을 얻는가』(한국경제신문, 2012), 52~53쪽.

5 조나 레러(Jonah Lehrer), 강미경 옮김, 『탁월한 결정의 비밀: 뇌신경과학의 최전방에서 밝혀낸 결정의 메커니즘』(위즈덤하우스, 2009), 243~244쪽; 스티븐 브라이어스(Stephen Briers), 구계원 옮김, 『엉터리 심리학』(동양북스, 2012/2014), 160~161쪽.

6 잭 트라우트(Jack Trout) · 알 리스(Al Ries), 안진환 옮김, 『포지셔닝』(을유문화사, 2000/2002), 53쪽.

7 로버트 프랭크(Robert H. Frank) · 필립 쿡(Philip J. Cook), 권영경 · 김양미 옮김, 『이긴 자가 전부 가지는 사회』(CM비지니스, 1995/1997), 75~76쪽.

8 박웅현, 『여덟 단어: 인생을 대하는 우리의 자세』(북하우스, 2013), 207~209쪽.

9 잭 보웬(Jack Bowen), 이수경 옮김, 『범퍼 스티커로 철학하기』(민음인, 2010/2012), 11쪽.

10 유정식, 『착각하는 CEO: 직관의 오류를 깨뜨리는 심리의 모든 것』(알에이치코리아, 2013), 14쪽.

11 니콜라스 카(Nicholas Carr), 최지향 옮김, 『생각하지 않는 사람들: 인터넷이 우리의 뇌 구조를 바꾸고 있다』(청림출판, 2010/2011), 186쪽: 매기 잭슨(Maggie Jackson), 왕수민 옮김, 『집중력의 탄생: 현대인의 지성을 회복하기 위한 강력한 로드맵』(다산초당, 2008/2010), 141쪽.
12 로버트 프랭크(Robert H. Frank) · 필립 쿡(Philip J. Cook), 권영경 · 김양미 옮김, 『이긴 자가 전부 가지는 사회』(CM비지니스, 1995/1997), 75쪽.

33 왜 점쟁이를 찾는 사람이 많은가?

1 최지연, 「소설가 김영하 "한국의 많은 CEO들 사업할 때 점을 본다"」, 『동아일보』, 2013년 10월 23일.
2 노원명, 「[기자 24시] 김영하 작가에게」, 『매일경제』, 2013년 11월 6일.
3 김윤호, 「지푸라기라도…수능 부적 열풍」, 『중앙일보』, 2013년 11월 6일.
4 최기숙, 「점술의 생리, 운세의 역학」, 소영현 · 이하나 · 최기숙, 『감정의 인문학』(봄아필, 2013), 167~181쪽.
5 Dorothy Auchter, 『Dictionary of Historical Allusions & Eponyms』(Santa Barbara, CA: ABC-CLIO, 1998), p.11.
6 제임스 B. 트위첼(James B. Twitchell), 김철호 옮김, 『욕망, 광고, 소비의 문화사』(청년사, 2000/2001), 32쪽.
7 「P. T. Barnum」, 『Wikipedia』.
8 로이 윌리엄스(Roy H. Williams), 양종문 옮김, 『광고의 마법사』(김영사, 1999/2001), 77쪽.
9 Orin Hargraves, ed., 『New Words』(New York: Oxford University Press, 2004), pp.19~20.
10 강현식, 『꼭 알고 싶은 심리학의 모든 것』(소울메이트, 2010), 178쪽.
11 토머스 길로비치(Thomas Gilovich), 이양원 · 장근영 옮김, 『인간 그 속기 쉬운 동물: 미신과 속설은 어떻게 생기나』(모멘토, 1991/2008), 95쪽.
12 최인철, 『돈 버는 심리 돈 새는 심리: 심리학으로 풀어본 경제 이야기』(랜덤하우스중앙, 2005), 126쪽.
13 리처드 니스벳(Richard E. Nisbett), 최인철 옮김, 『생각의 지도: 동양과 서양, 세상을 바라보는 서로 다른 시선』(김영사, 2003/2004), 176~179쪽.
14 리처드 와이즈먼(Richard Wiseman), 한창호 옮김, 『괴짜 심리학』(웅진지식하우스, 2007/2008), 35~36쪽.
15 리처드 와이즈먼(Richard Wiseman), 김영선 옮김, 『미스터리 심리학: 이성을 마비시키는 점술, 유령, 초능력의 진실』(웅진지식하우스, 2011), 41쪽.
16 「바넘 효과(Barnum effect)」, 『두산백과』; 김헌식, 『트렌드와 심리: 대중문화 읽기』(울력, 2010), 152~153쪽; 「Forer effect」, 『Wikipedia』; 「Bertram Forer」, 『Wikipedia』; 토머스 키다(Thomas Kida), 박윤정 옮김, 『생각의 오류』(열음사, 2006/2007), 95~96쪽.
17 소영현, 「미신의 통치술, 속설의 계보학」, 소영현 · 이하나 · 최기숙, 『감정의 인문학』(봄아필, 2013), 167~181쪽.

34 왜 로미오와 줄리엣은 사랑에 목숨을 걸었을까?

1 스튜어트 서덜랜드(Stuart Sutherland), 이세진 옮김, 『비합리성의 심리학: 왜 인간은 어처구니없는 실수를 반복하는가』(교양인, 1992/2008), 74~76쪽.
2 로버트 치알디니(Robert Cialdini), 황혜숙 옮김, 『설득의 심리학』(개정5판, 21세기북스, 2009/2013), 346쪽; 「Reactance(psychology)」, 『Wikipedia』; 「Boomerang effect(psychology)」, 『Wikipedia』.
3 엔스 푀르스터(Jens Förster), 장혜경 옮김, 『바보들의 심리학』(웅진지식하우스, 2007/2008), 270~271쪽.
4 강현식, 『꼭 알고 싶은 심리학의 모든 것』(소울메이트, 2010), 182쪽; 「Margaret Mahler」, 『Wikipedia』.
5 리처드 와이즈먼(Richard Wiseman), 이충호 옮김, 『59초: 순식간에 원하는 결과를 끌어내는 결정적 행동의 비밀』(웅진지식하우스, 2009), 267~268쪽.
6 로버트 치알디니(Robert Cialdini), 황혜숙 옮김, 『설득의 심리학』(개정5판, 21세기북스, 2009/2013), 349쪽.
7 로버트 치알디니(Robert Cialdini), 황혜숙 옮김, 『설득의 심리학』(개정5판, 21세기북스, 2009/2013), 350쪽; 리처드 와이즈먼(Richard Wiseman), 박세연 옮김, 『립잇업: 멋진 결과를 만드는 작은 행동들』(웅진지식하우스, 2012/2013), 90쪽.
8 리처드 와이즈먼(Richard Wiseman), 박세연 옮김, 『립잇업: 멋진 결과를 만드는 작은 행동들』(웅진지식하우스, 2012/2013), 89쪽.
9 우에키 리에, 홍성민 옮김, 『간파하는 힘: 세상에 속고 사람에 속는 당신을 위한 심리학의 기술』(티즈맵, 2008/2013), 107~108쪽.
10 이남석, 『편향: 나도 모르게 빠지는 생각의 함정』(옥당, 2013), 92~95쪽.
11 로버트 치알디니(Robert Cialdini), 황혜숙 옮김, 『설득의 심리학』(개정5판, 21세기북스, 2009/2013), 354쪽.
12 최창호, 『무엇이 사람을 움직이는가』(가서원, 1995), 169쪽.
13 황웨이, 김경숙 옮김, 『나와 세상의 비밀을 푸는 경이로운 심리법칙 66가지』(더숲, 2010/2012), 53~57쪽.

35 왜 신용카드로 소비를 할 때 구매욕이 더 왕성해질까?

1 하노 벡(Hanno Beck), 배명자 옮김, 『부자들의 생각법: 모르면 당하는 그들만의 경제학』(갤리온, 2012/2013), 165~166쪽.
2 김경일, 「심성 회계」, 『네이버캐스트』, 2013년 2월 11일; 도모노 노리오(Tomono Norio), 이명희 옮김, 『행동경제학: 경제를 움직이는 인간 심리의 모든 것』(지형, 2006/2007), 175~176쪽.
3 김성진, 「[시사금융용어] 멘탈 어카운팅(Mental Accounting)」, 『연합인포맥스』, 2011년 2월 21일; 하노 벡(Hanno Beck), 배명자 옮김, 『부자들의 생각법: 모르면 당하는 그들만의 경제학』(갤리온, 2012/2013), 166~168쪽.
4 김진철, 『시장의 유혹과 거짓말로부터 내 돈을 지키는 경제학』(밀리언하우스, 2010), 181~182쪽.
5 하노 벡(Hanno Beck), 배명자 옮김, 『부자들의 생각법: 모르면 당하는 그들만의 경제학』(갤리온,

2012/2013), 185~186쪽; 도모노 노리오(Tomono Norio), 이명희 옮김, 『행동경제학: 경제를 움직이는 인간 심리의 모든 것』(지형, 2006/2007), 174~175쪽; 이준구, 『36.5℃ 인간의 경제학: 경제행위 뒤에 숨겨진 인간의 심리 탐구』(알에이치코리아, 2009), 139~142쪽.

6 크리스토퍼 시(Christopher K. Hsee), 양성희 옮김, 『결정적 순간에 써먹는 선택의 기술』(북돋움, 2011), 43~44쪽; 토머스 키다(Thomas Kida), 박윤정 옮김, 『생각의 오류』(열음사, 2006/2007), 301쪽; 「Mental accounting」, 『Wikipedia』.

7 엘리자베스 던(Elizabeth Dunn) · 마이클 노튼(Michael Norton), 방영호 옮김, 『당신이 지갑을 열기 전에 알아야 할 것들』(알키, 2013), 152~153쪽.

8 최인철, 『돈 버는 심리 돈 새는 심리: 심리학으로 풀어본 경제 이야기』(랜덤하우스중앙, 2005), 89~90쪽.

9 고란, 「현금 고집하다간 물가 오르는 만큼 손해: 4가지 편견 극복하면 투자의 길이 보인다」, 『중앙선데이』, 제172호(2010년 6월 27일).

10 크리스토퍼 시(Christopher K. Hsee), 양성희 옮김, 『결정적 순간에 써먹는 선택의 기술』(북돋움, 2011), 40쪽; 춘카 무이(Chunka Mui) · 폴 캐롤(Paul B. Carroll), 이진원 옮김, 『똑똑한 기업을 한순간에 무너뜨린 위험한 전략』(흐름출판, 2008/2009), 279쪽; 이정전, 『경제학을 리콜하라: 왜 경제학자는 위기를 예측하지 못하는가』(김영사, 2011), 335쪽.

11 박철, 「[박철의 금융교실] 재테크의 첫걸음, 적금」, 『내일신문』, 2013년 6월 17일.

12 토머스 키다(Thomas Kida), 박윤정 옮김, 『생각의 오류』(열음사, 2006/2007), 300쪽.

13 오형규, 『자장면 경제학』(좋은책만들기, 2010), 83쪽.

36 왜 우리는 '조삼모사'에 빠져드는가?

1 기획집단 MOIM, 『고사성어랑 일촌 맺기: 한자 타고 논술 넘어 교양까지』(서해문집, 2012), 321~322쪽.

2 하노 벡(Hanno Beck), 안성철 옮김, 『충동의 경제학: 우리는 왜 어처구니없는 경제적 선택을 하는가』(비즈니스맵, 2009), 258~263쪽.

3 로이 바우마스터(Roy F. Baumeister) · 존 티어니(John Tierney), 이덕임 옮김, 『의지력의 재발견: 자기절제와 인내심을 키우는 가장 확실한 방법』(에코리브르, 2011/2012), 236쪽.

4 대니얼 액스트(Daniel Akst), 구계원 옮김, 『자기절제사회: 유혹과잉시대, 어떻게 욕망에 대항할 것인가』(민음사, 2011/2013), 259쪽.

5 이남석, 『편향: 나도 모르게 빠지는 생각의 함정』(옥당, 2013), 48~50쪽; 마이클 캐플런(Michael Kaplan) · 엘런 캐플런(Ellen Kaplan), 이지선 옮김, 『뇌의 거짓말: 무엇이 우리의 판단을 조작하는가?』(이상, 2009/2010), 69쪽; 「Hyperbolic discounting」, 『Wikipedia』.

6 범상규, 『심리학이 소비자에 대해 가르쳐준 것들』(바다출판사, 2013), 63~64쪽.

7 엘리자베스 던(Elizabeth Dunn) · 마이클 노튼(Michael Norton), 방영호 옮김, 『당신이 지갑을 열기 전에 알아야 할 것들』(알키, 2013), 148~149쪽.

8 이방실, 「참된 리더는 단기성과 유혹을 뿌리친다」, 『동아일보』, 2011년 2월 26일.

9 롤프 도벨리(Rolf Dobelli), 두행숙 옮김, 『스마트한 생각들: 사람의 마음을 움직이는 52가지 심리 법칙』(걷는나무, 2011/2012), 283~286쪽.

37 왜 14명의 공무원은 무작위 전화 협박에 4,000만 원을 송금했을까?

1 Christine Ammer, 『The Facts on File Dictionary of Clichés』(New York: Checkmark Books, 2001), p.347; Daniel Bell, 『The Cultural Contradictions of Capitalism』(New York: Basic Books, 1976), p.28.

2 알 리스(Al Ries) · 로라 리스(Laura Ries), 『브랜딩 불변의 법칙』(비즈니스맵, 2002/2008), 353~360쪽.

3 김난도, 『아프니까 청춘이다: 인생 앞에 홀로 선 젊은 그대에게』(쌤앤파커스, 2010), 215쪽.

4 에크하르트 톨레(Eckhart Tolle), 노혜숙 · 유영일 옮김, 『지금 이 순간을 살아라』(양문, 1997/2008). 원래 이 책은 3,000부를 찍어 근근이 팔리고 있었는데, 미국의 유명 토크쇼 진행자 오프라 윈프리(Oprah Winfrey, 1954~)가 이 책을 8번이나 읽고 머리맡에 두고 있다고 방송 중에 밝히면서 베스트셀러가 되어 30개국 언어로 200만 부 이상이 판매되었다. 『Eckhart Tolle』, 『Current Biography』, 66:2(February 2005), pp.68~72.

5 미키 맥기(Micki McGee), 김상화 옮김, 『자기계발의 덫』(모요사, 2005/2011), 225~226쪽.

6 베르트랑 베르줄리(Bertrand Vergely), 성귀수 옮김, 『행복생각』(개마고원, 2007), 15쪽.

7 송영웅, 「위기의 아내들: 평범한 주부들까지 '애인 만들기' 유행」, 『한국일보』, 2006년 9월 2일, 1면.

8 박민정 외, 「2014 대한민국 불륜 보고서: 수도권 모텔 200곳 탐문조사」, 『일요신문』, 제1133호(2014년 1월 27일).

38 왜 '깨진 유리창' 하나가 그 지역의 무법천지를 불러오는가?

1 『Wilson, James Q.』, 『Current Biography』, 63:8(August 2002), p.83.

2 Jane Jacobs, 『The Death and Life of Great American Cities』(New York: Vintage Books, 1961/1992).

3 EBS 지식프라임 제작팀, 『지식 EBS 프라임』(밀리언하우스, 2009), 182쪽; 「Broken windows theory」, 『Wikipedia』.

4 티모시 윌슨(Timothy D. Wilson), 강유리 옮김, 『스토리: 행동의 방향을 바꾸는 강력한 심리처방』(웅진지식하우스, 2011/2012), 232쪽.

5 토드 부크홀츠(Todd G. Buchholz), 이기문 옮김, 『마켓쇼크: 글로벌 시장을 움직일 9가지 미래 트렌드』(바다출판사, 1999/2001), 223~225쪽.

6 스티븐 레빗(Steven D. Levitt) · 스티븐 더브너(Stephen J. Dubner), 안진환 옮김, 『괴짜경제학』(웅진지식하우스, 2006/2007), 150~186쪽; 「Broken windows theory」, 『Wikipedia』; 권순택, 「깨진 유리창」, 『동아일보』, 2007년 2월 7일, A34면.

7 권순택, 「깨진 유리창」, 『동아일보』, 2007년 2월 7일, A34면.

8 토드 부크홀츠(Todd G. Buchholz), 이기문 옮김, 『마켓쇼크: 글로벌 시장을 움직일 9가지 미래 트렌드』(바다출판사, 1999/2001), 242~243쪽.

9 마이클 레빈(Michael Levine), 김민주 · 이영숙 옮김, 『깨진 유리창 법칙』(흐름출판, 2005/2006), 19쪽.

10 손정미, 「유통업계 "깨진 유리창 한 장이 고객을 놓친다"」, 『조선일보』, 2007년 4월 9일, B3면.

11 이재찬, 「CEO 블로그/ '깨진 유리창' 법칙」, 『중앙일보』, 2006년 9월 22일, E4면.

39 왜 모범적 시민이 희대의 살인마가 될 수 있는가?

1 김희균, 「"유대인 학살 전 장애인 27만 명 연습 살해"」, 『세계일보』, 2003년 10월 2일, 9면.
2 Hannah Arendt, 『Eichmann in Jerusalem: A Report on the Banality of Evil』(New York: Penguin Books, 1963/1985).
3 해나 아렌트(Hannah Arendt), 김선욱 옮김, 『예루살렘의 아이히만: 악의 평범성에 대한 보고서』(한길사, 1963/2006), 349~391쪽; 김선욱, 『정치와 진리』(책세상, 2001), 111~113쪽; 김선욱, 『한나 아렌트 정치판단이론: 우리 시대의 소통과 정치윤리』(푸른숲, 2002), 34~35쪽; 이진우, 「근본악과 세계애의 사상」, 해나 아렌트(Hannah Arendt), 이진우·태정호 옮김, 『인간의 조건』(한길사, 1996), 29쪽.
4 김성현, 「"히틀러가 내 어머니를 쏘라고 하면 난 그렇게 할 것"」, 『조선일보』, 2014년 1월 28일.
5 이삼성, 『20세기의 문명과 야만: 전쟁과 평화, 인간의 비극에 관한 정치적 성찰』(한길사, 1998), 65~69쪽.
6 Erich Fromm, 오제운 옮김, 『To Have or to Be?(소유냐 존재냐?)』(YBM Si-sa, 1976/1986), 199쪽.
7 닐 포스트먼(Neil Postman), 김균 옮김, 『테크노폴리: 기술에 정복당한 오늘의 문화』(민음사, 1992/2001), 126쪽.
8 로랑 베그(Laurent Bégue), 이세진 옮김, 『도덕적 인간은 왜 나쁜 사회를 만드는가』(부키, 2011/2013), 258~259쪽.

40 왜 우리는 '조폭문화'에 쉽게 빠져드는가?

1 김용택, 「너는 나다」, 『서울신문』, 2005년 12월 29일, 26면.
2 소중한, 「전국교수·연구자네트워크, 국정원 선거개입 규탄 시국대회 열어」, 『오마이뉴스』, 2013년 8월 30일.
3 금원섭, 「[기자수첩] 조폭 연상시키는 새누리당의 '형님 문화'」, 『조선일보』, 2013년 6월 29일.
4 김승섭, 「정우택 "'채동욱 호위무사' …조폭문화에서나 나오는 말"」, 『뉴스1』, 2013년 9월 16일.
5 성한용, 「박근혜 정권의 조폭 문화」, 『한겨레』, 2013년 10월 1일.
6 김재휘, 『설득 심리 이론』(커뮤니케이션북스, 2013), 20~21쪽; 김경일, 「권위와 복종: 왜 불공정함도 따르나」, 『네이버캐스트』, 2011년 10월 24일.
7 스탠리 밀그램(Stanley Milgram), 정태연 옮김, 『권위에 대한 복종』(에코리브르, 1974/2009), 31쪽, 36쪽.
8 로렌 슬레이터(Lauren Slater), 조증열 옮김, 『스키너의 심리상자 열기』(에코의서재, 2004/2005), 85쪽.
9 수잔 와인생크(Susan M. Weinschenk), 박선령 옮김, 『마음을 움직이는 심리학: 심리학자가 알려주는 설득과 동기유발의 140가지 전략』(위키미디어, 2013), 53쪽.
10 마이클 가자니가(Michael Gazzaniga), 박인균 옮김, 『왜 인간인가?: 인류가 밝혀낸 인간에 대한 모든 착각과 진실』(추수밭, 2008/2009), 195쪽.

41 왜 선량한 네티즌이 '악플 악마'로 변할 수 있는가?

1 엘리엇 애런슨(Elliot Aronson), 윤진 · 최상진 옮김, 『사회심리학』(개정5판, 탐구당, 1988/1991), 37쪽; 황상민, 『사이버 공간에 또 다른 내가 있다: 인터넷 세계의 인간심리와 행동』(김영사, 2000), 147~149 쪽; 리처드 와이즈먼(Richard Wiseman), 박세연 옮김, 『립잇업: 멋진 결과를 만드는 작은 행동들』(웅 진지식하우스, 2012/2013), 305~310쪽; 폴 에얼릭(Paul R. Ehrlich) · 로버트 온스타인(Robert Ornstein), 고기탁 옮김, 『공감의 진화: '우리' 대 '타인'을 넘어선 공감의 진화인류학』(에이도스, 2010/2012), 188~189쪽.

2 주성하, 「인성(人性) 말살하는 교도소」, 『동아일보』, 2004년 5월 8일, A10면; 홍성태, 「전쟁국가 미국, 잔악한 미군」, 『황해문화』, 제44호(2004년 가을), 321~331쪽; Mohammad A. Auwal, 「The Bush Team's Moral Ethos: An Ethical Critique of the Iraq War」, Steve May, ed., 『Case Studies in Organizational Communication: Ethical Perspectives and Practices』(Thousand Oaks, CA: Sage, 2006), pp.99~100.

3 로렌 슬레이터(Lauren Slater), 조증열 옮김, 『스키너의 심리상자 열기』(에코의서재, 2004/2005), 70 쪽; 「Situationism(psychology)」, 『Wikipeda』; 마이클 셔머(Michael Shermer), 박종성 옮김, 『경제학이 풀지 못한 시장의 비밀』(한국경제신문, 2008/2013), 371쪽.

4 콰메 앤서니 아피아(Kwame Anthony Appiah), 이은주 옮김, 『윤리학의 배신』(바이북스, 2008/2011), 85쪽.

5 필립 짐바르도(Philip Zimbardo), 이충호 · 임지원 옮김, 『루시퍼 이펙트: 무엇이 선량한 사람을 악하게 만드는가』(웅진지식하우스, 2007), 14쪽.

6 황상민, 『사이버 공간에 또 다른 내가 있다: 인터넷 세계의 인간심리와 행동』(김영사, 2000), 150쪽.

42 왜 학벌주의는 완화될 수 없을까?

1 셰릴 샌드버그(Sheryl Sandberg), 안기순 옮김, 『린 인』(와이즈베리, 2013), 169쪽.

2 이강수, 『매스커뮤니케이션 사회학』(나남, 1987), 97~98쪽.

3 로버트 프랭크(Robert H. Frank) · 필립 쿡(Philip J. Cook), 권영경 · 김양미 옮김, 『이긴 자가 전부 가지는 사회』(CM비지니스, 1995/1997), 34쪽.

4 Jacques Steinberg, 『The Gatekeepers: Inside the Admissions Process of a Premier College』(New York: Penguin Books, 2002), vii.

5 Leo Rosten, 『The Washington Correspondents』(New York: Harcourt, Brace, 1937), p.150.

6 허행량, 「중앙지 편집국장 영남 · 서울대 · 법대 출신 주류」, 『미디어오늘』, 2000년 8월 24일, 6면.

7 박홍기 · 김재천, 『학벌리포트』(더북, 2003), 51~52쪽.

8 박홍기 · 김재천, 『학벌리포트』(더북, 2003), 52쪽.

9 김동훈, 『한국의 학벌, 또 하나의 카스트인가』(책세상, 2001), 165쪽.

10 손봉석, 「"'8학군 기자'가 늘고 있다': '사회갈등 보도'와 '기자 윤리' 토론회서 언론 왜곡 보도 성토」, 『프레시안』, 2003년 9월 4일.

11 S. W. 리틀존(Stephen W. Littlejohn), 김흥규 옮김, 『커뮤니케이션 이론』(나남, 1993), 619쪽; W. 랜스 베넷(W. Lance Bennett), 유나영 옮김, 『뉴스, 허깨비를 좇는 정치』(책보세, 2009), 79~82쪽.
12 유봉석, 『게이트 쉐어링』(매일경제신문사, 2014), 37쪽, 173쪽.
13 유봉석, 『게이트 쉐어링』(매일경제신문사, 2014), 41~42쪽.
14 이정환, 「"네이버 뉴스스탠드의 비극, 누구를 탓할 것인가"」, 『미디어오늘』, 2014년 1월 22일.
15 Brian L. Ott & Robert L. Mack, 『Critical Media Studies: An Introduction』(Atrium, UK: Wiley-Blackwell, 2010), pp.66~67.

43 왜 지방 주민들이 서울의 문제들을 걱정하는가?

1 안토니 프랫카니스(Anthony R. Pratkanis)·엘리엇 아론슨(Elliot Aronson), 윤선길 외 옮김, 『누군가 나를 설득하고 있다』(커뮤니케이션북스, 2001/2007), 62쪽.
2 김우룡 옮김, 『커뮤니케이션 기본 이론』(나남, 1992), 69쪽에서 재인용.
3 S. W. 리틀존(Stephen W. Littlejohn), 김흥규 옮김, 『커뮤니케이션이론』(나남, 1993), 620쪽.
4 차배근, 『매스커뮤니케이션 효과 이론』(나남, 1986), 413쪽.
5 Warren K. Agee·Philip H. Ault·Edwin Emery, 『Perspectives on Mass Communications』(New York: Harper & Row, 1982), p.22.
6 S. W. 리틀존(Stephen W. Littlejohn), 김흥규 옮김, 『커뮤니케이션 이론』(나남, 1993), 620쪽.
7 권혜선, 「"신문 '의제설정' 다매체시대에도 유효": 의제설정 이론 제안자 도널드 쇼 노스캐롤라이나대 교수」, 『미디어오늘』, 2005년 5월 25일, 12면.
8 홍성태, 『마케팅의 시크릿 코드』(위즈덤하우스, 2010), 90쪽.
9 장행훈, 「미국 언론은 과연 민주주의의 감시견인가: 47년간 백악관 출입한 헬렌 토마스의 미국 언론 비판」, 『신문과 방송』, 제430호(2006년 10월), 54쪽.
10 토니 슈워츠(Tony Schwartz), 심길중 옮김, 『미디어 제2의 신』(리을, 1982/1994), 132~133쪽.
11 정지은, 「서울만 있고 지역은 없다」, 『경향신문』, 2014년 2월 10일.
12 전상인, 「지방선거에 地方이 없다」, 『조선일보』, 2014년 2월 26일.

44 왜 진보 세력은 선거에서 패배하는가?

1 롤프 도벨리(Rolf Dobelli), 두행숙 옮김, 『스마트한 생각들: 사람의 마음을 움직이는 52가지 심리 법칙』(걷는나무, 2011/2012), 105~107쪽.
2 대니얼 카너먼(Daniel Kahneman), 이진원 옮김, 『생각에 관한 생각: 우리의 행동을 지배하는 생각의 반란』(김영사, 2011/2012), 132~133쪽; 「Framing effect(psychology)」, 『Wikipedia』.
3 샘 혼(Sam Horn), 이상원 옮김, 『적을 만들지 않는 대화법』(갈매나무, 1996/2008), 109쪽.
4 데이비드 □스베리(David Tewksbury)·디트램 쇼이필레(Dietram A. Scheufele), 「뉴스 프레이밍 이론과 연구」, 제닝스 브라이언트(Jennings Bryant)·메리 베스 올리버(Mary Beth Oliver) 편저, 김춘식

외 옮김, 『미디어 효과이론』(나남, 2009/2010), 44쪽.

5 Todd Gitlin, 『The Whole World Is Watching: Mass Media in the Making and Unmaking of the New Left』(Berkeley: University of California Press, 1980), p.7

6 Todd Gitlin, 『The Whole World Is Watching: Mass Media in the Making and Unmaking of the New Left』(Berkeley: University of California Press, 1980), pp.28~29.

7 조지 레이코프(George Lakoff), 유나영 옮김, 『코끼리는 생각하지 마: 미국의 진보세력은 왜 선거에서 패배하는가』(삼인, 2004/2006), 17쪽.

8 조지 레이코프(George Lakoff)·로크리지연구소, 나익주 옮김, 『프레임 전쟁: 보수에 맞서는 진보의 성공전략』(창비, 2006/2007), 65쪽.

9 조지 레이코프(George Lakoff), 나익주 옮김, 『폴리티컬 마인드: 21세기 정치는 왜 이성과 합리성으로 이해할 수 없을까?』(한울아카데미, 2008/2012), 33~46쪽.

10 조지 레이코프(George Lakoff), 나익주 옮김, 『자유전쟁: '자유' 개념을 두고 벌어지는 진보와 보수의 대격돌』(프레시안북, 2006/2009), 22쪽.

11 조지 레이코프(George Lakoff), 유나영 옮김, 『코끼리는 생각하지 마: 미국의 진보세력은 왜 선거에서 패배하는가』(삼인, 2004/2006), 24~25쪽.

12 조지 레이코프(George Lakoff), 유나영 옮김, 『코끼리는 생각하지 마: 미국의 진보세력은 왜 선거에서 패배하는가』(삼인, 2004/2006), 26쪽.

13 조지 레이코프(George Lakoff), 유나영 옮김, 『코끼리는 생각하지 마: 미국의 진보세력은 왜 선거에서 패배하는가』(삼인, 2004/2006), 141쪽.

14 안희경, 『하나의 생각이 세상을 바꾼다: 세계의 지성들이 말하는 한국 그리고 희망의 연대』(오마이북, 2013), 93쪽.

15 폴커 키츠(Volker Kitz)·마누엘 투쉬(Manuel Tusch), 김희상 옮김, 『심리학 나 좀 구해줘』(갤리온, 2011/2013), 18~23쪽.

45 왜 경부고속도로가 지역주의를 악화시켰나?

1 대니얼 리그니(Daniel Rigney), 박슬라 옮김, 『나쁜 사회: 평등이라는 거짓말』(21세기북스, 2010/2011), 54쪽; 홍은주, 「경로의존(經路依存)의 덫」, 『월간 인물과 사상』, 2004년 11월호, 39~49쪽.

2 김경일, 「역사사회학의 방법과 쟁점: 미국의 경우를 중심으로」, 지승종 외, 『사회사 연구의 이론과 실제』(한국정신문화연구원, 1998), 251쪽.

3 김재진, 「QWERTY 자판 느리고 불편한데 왜 표준 됐을까」, 『매일경제』, 2012년 12월 6일; 나심 니콜라스 탈레브(Nassim Nicholas Taleb), 이건 옮김, 『행운에 속지 마라』(중앙북스, 2004/2010), 223~224쪽; 아트 마크먼(Art Markman), 박상진 옮김, 『스마트 싱킹: 앞서가는 사람들의 두뇌습관』(진성북스, 2012), 53~56쪽. 쿼티 자판이 경로의존의 덕을 본 걸 인정하면서도 쿼티 자판의 우수성을 주장하는 견해도 있다. 마이클 셔머(Michael Shermer), 박종성 옮김, 『경제학이 풀지 못한 시장의 비밀』(한국경제신문, 2008/2013), 107~118쪽 참고.

4 김용환, 『임자, 자네가 사령관 아닌가: 김용환 회고록』(매일경제신문사, 2002), 52쪽.

5 박찬석, 「영남 인사 '요직 편중' 벗어나야」, 『동아일보』, 1991년 5월 30일, 3면.

6 이상우, 『박 정권 18년: 그 권력의 내막』(동아일보사, 1986), 347쪽.

7 이정석, 『분단과 반민주로 본 한국정치 이야기 상(上)』(무당미디어, 1997), 374쪽.

8 임석준, 「'QWERTY' 한나라당」, 『내일신문』, 2011년 12월 26일.

9 리처드 코니프(Richard Conniff), 이상근 옮김, 『부자』(까치, 2002/2003), 110~111쪽.

10 김승범, "부자되기, 학력·지능과 관계없어", 『주간조선』, 2005년 1월 3일, 42면.

11 스티븐 코비(Stephen R. Covey), 김경섭·박창규 옮김, 『원칙 중심의 리더십』(김영사, 1997/2001), 489쪽.

12 배명재, 「고속도로 건설 예산, 영남이 호남의 13배」, 『경향신문』, 2013년 12월 5일.

46 왜 지역주의는 해소되기 어려울까?

1 로버트 프랭크(Robert H. Frank)·필립 쿡(Philip J. Cook), 권영경·김양미 옮김, 『이긴 자가 전부 가지는 사회』(CM비지니스, 1995/1997), 215~216쪽.

2 윌리엄 파운드스톤(William Poundstone), 박우석 옮김, 『죄수의 딜레마』(양문, 1992/2004), 18~20쪽, 185쪽, 194쪽; 마틴 노왁(Martin A. Nowak)·로저 하이필드(Roger Highfield), 허준석 옮김, 『초협력자: 세상을 지배하는 다섯 가지 협력의 법칙』(사이언스북스, 2011/2012), 36쪽; 「Prisoner's Dilemma」, 『Wikipedia』.

3 김상훈, 「공정위 '죄수의 딜레마' 활용」, 『문화일보』, 2005년 5월 9일, 12면.

4 최혜정, 「담합 깨려면 '불신을 조장하라': 공정위 '자진신고자 감면제도' 효과 톡톡」, 『한겨레』, 2005년 6월 29일, 17면.

5 김덕영, 『입시공화국의 종말』(인물과사상사, 2007), 147쪽.

6 박현갑, 「고3 교실 '튀는 급훈' 논란」, 『서울신문』, 2006년 3월 18일, 7면.

7 조기숙, 『지역주의 선거와 합리적 유권자』(나남, 2000).

8 피터 싱어(Peter Singer), 정연교 옮김, 『이렇게 살아가도 괜찮은가』(세종서적, 1996), 45쪽, 214쪽.

9 로버트 액설로드(Robert Axelrod), 이경식 옮김, 『협력의 진화: 이기적 개인의 팃포탯 전략』(개정판, 시스테마, 2006/2009), 162, 219쪽.

10 존 카치오포(John T. Cacioppo)·윌리엄 패트릭(William Patrick), 이원기 옮김, 『인간은 왜 외로움을 느끼는가: 사회신경과학으로 본 인간 본성과 사회의 탄생』(민음사, 2008/2013), 88~90쪽.

11 이인식, 『아주 특별한 과학 에세이』(푸른나무, 2001), 24~26쪽; 마이클 매컬러프(Michael McCullough), 김정희 옮김, 『복수의 심리학』(살림, 2008/2009), 156~160쪽.

12 제임스 서로위키(James Surowiecki), 홍대운·이창근 옮김, 『대중의 지혜: 시장과 사회를 움직이는 힘』(랜덤하우스중앙, 2004/2005), 164~165쪽.

13 마틴 노왁(Martin A. Nowak)·로저 하이필드(Roger Highfield), 허준석 옮김, 『초협력자: 세상을 지배하는 다섯 가지 협력의 법칙』(사이언스북스, 2011/2012), 63쪽.

14 마틴 노왁(Martin A. Nowak)·로저 하이필드(Roger Highfield), 허준석 옮김, 『초협력자: 세상을 지배하는 다섯 가지 협력의 법칙』(사이언스북스, 2011/2012), 434~435쪽.

15 이정전, 『우리는 왜 행복해지지 않는가』(토네이도, 2012), 102쪽.

47 왜 배고픈 건 참아도, 배 아픈 건 못 참는가?

1 곽준식, 『선택받는 나』(국일미디어, 2008), 92쪽.
2 곽준식, 『선택받는 나』(국일미디어, 2008), 93쪽; 마이클 셔머(Michael Shermer), 박종성 옮김, 『경제학이 풀지 못한 시장의 비밀』(한국경제신문, 2008/2013), 48쪽.
3 곽준식, 『선택받는 나』(국일미디어, 2008), 96쪽; 윌리엄 파운드스톤(William Poundstone), 최정규 · 하승아 옮김, 『가격은 없다: 당신이 속고 있는 가격의 비밀』(동녘사이언스, 2010/2011), 162~163쪽; 「Ultimatum game」, 『Wikipedia』.
4 정재승, 「위기에 놓인 댓글 문화」, 『중앙일보』, 2013년 9월 27일; 조너선 헤이트(Jonathan Haidt), 권오열 옮김, 『행복의 가설』(물푸레, 2006/2010), 101~103쪽.
5 대니얼 골먼(Daniel Goleman), 장석훈 옮김, 『SQ 사회지능: 성공 마인드의 혁명적 전환』(웅진지식하우스, 2006), 117~119쪽.
6 케이윳 첸(Kay-Yut Chen) · 마리나 크라코브스키(Marina Krakovsky), 이영래 옮김, 『머니랩: 돈이 벌리는 경제실험실』(타임비즈, 2010), 75~76쪽.
7 경향신문 특별취재팀, 『우리도 몰랐던 한국의 힘』(한스미디어, 2006), 17~20쪽.
8 마이클 마먼(Michael Marmot), 김보영 옮김, 『사회적 지위가 건강과 수명을 결정한다』(에코리브르, 2004/2006), 146~147쪽.
9 박병률, 「[영화 속 경제] 더 테러라이브-더 이상 추가협상 없는 '최후통첩 게임'」, 『주간경향』, 제1051호(2013년 11월 19일); 박경숙, 『문제는 무기력이다』(와이즈베리, 2013), 189~190쪽.
10 곽준식, 『선택받는 나』(국일미디어, 2008), 96~97쪽.
11 대니얼 골먼(Daniel Goleman), 장석훈 옮김, 『SQ 사회지능: 성공 마인드의 혁명적 전환』(웅진지식하우스, 2006), 119쪽.

48 왜 우리는 익명이 되면 공정성을 상실하는가?

1 「Dictator game」, 『Wikipedia』.
2 대니얼 네틀(Daniel Nettle), 김상우 옮김, 『성격의 탄생: 뇌과학, 진화심리학이 들려주는 성격의 모든 것』(와이즈북, 2007/2009), 188~189쪽.
3 이준구, 『36.5℃ 인간의 경제학: 경제행위 뒤에 숨겨진 인간의 심리 탐구』(알에이치코리아, 2009), 164쪽.
4 맷 리들리(Matt Ridley), 신좌섭 옮김, 『이타적 유전자』(사이언스북스, 1996/2001), 198~199쪽.
5 이인식, 『이인식의 멋진 과학 1』(고즈윈, 2011), 320~321쪽.
6 대니얼 네틀(Daniel Nettle), 김상우 옮김, 『성격의 탄생: 뇌과학, 진화심리학이 들려주는 성격의 모든 것』(와이즈북, 2007/2009), 209~210쪽.
7 맬컴 글래드웰(Malcolm Gladwell), 선대인 옮김, 『다윗과 골리앗: 강자를 이기는 약자의 기술』(21세기

북스, 2013/2014), 145~147쪽.

49 왜 선택 사항이 많아지면 오히려 불행해지는가?

1 Alvin Toffler, 『Future Shock』(New York: Bantam Books, 1970), pp.263~283.
2 Susie Dent, 『fanboys and overdogs: the language report』(New York: Oxford University Press, 2005), p.9.
3 케빈 켈리(Kevin Kelly), 이한음 옮김, 『기술의 충격: 테크놀로지와 함께 진화하는 우리의 미래』(민음사, 2010/2011), 348~349쪽; 김헌식, 『의외의 선택, 뜻밖의 심리학』(위즈덤하우스, 2010), 99쪽.
4 쉬나 아이엔가(Sheena Iyengar), 오혜경 옮김, 『선택의 심리학: 어떻게 선택할 것인가』(21세기북스, 2010), 295~351쪽; 바스 카스트(Bas Kast), 정인회 옮김, 『선택의 조건: 사람은 무엇으로 행복을 얻는가』(한국경제신문, 2012), 42~58쪽.
5 로버트 치알디니(Robert Cialdini) 외, 윤미나 옮김, 『설득의 심리학 2』(21세기북스, 2007/2008), 49~50쪽.
6 하야시 노부유키, 김정환 옮김, 『스티브 잡스의 명언 50』(스펙트럼북스, 2009/2010), 74~75쪽.
7 폴커 키츠(Volker Kitz) · 마누엘 투슈(Manuel Tusch), 홍성광 옮김, 『우리는 왜 혼자일 때 행복할까』(문학동네, 2011), 29쪽.
8 배리 슈워츠(Barry Schwartz), 형선호 옮김, 『선택의 심리학』(웅진지식하우스, 2004/2005), 80~81쪽.
9 케빈 켈리(Kevin Kelly), 이한음 옮김, 『기술의 충격: 테크놀로지와 함께 진화하는 우리의 미래』(민음사, 2010/2011), 348~349쪽.
10 더글러스 러시코프(Douglas Rushkoff), 김상현 옮김, 『통제하거나 통제되거나: 소셜 시대를 살아가는 10가지 생존법칙』(민음사, 2010/2011), 65~72쪽.
11 조지프 나이, 홍수원 옮김, 『제국의 패러독스: 외교전문가 조지프 나이의 미국 진단』(세종연구원, 2002), 114쪽.
12 심슨 가핀켈, 한국데이터베이스진흥센터 옮김, 『데이터베이스 제국』(한빛미디어, 2001), 397~398쪽; 『Collaborative filtering』, 『Wikipedia』.
13 엘리 패리저(Eli Pariser), 이현숙 · 이정태 옮김, 『생각 조종자들』(알키, 2011), 41~42쪽.
14 심슨 가핀켈(Simson Garfinkel), 한국데이터베이스진흥센터 옮김, 『데이터베이스 제국』(한빛미디어, 2001), 406쪽.
15 이준구, 『36.5℃ 인간의 경제학: 경제행위 뒤에 숨겨진 인간의 심리 탐구』(알에이치코리아, 2009), 125~126쪽.
16 앨리 러셀 혹실드(Arlie Russell Hochschild), 류현 옮김, 『나를 빌려드립니다: 구글 베이비에서 원툴로지스트까지, 사생활을 사고파는 아웃소싱 자본주의』(이매진, 2012/2013), 353~357쪽.
17 Barry Schwartz, 『The Paradox of Choice: Why More Is Less』(New York: Harper Perennial, 2004), pp.189~190.

50 왜 전북 인구의 절반은 전주와 익산에 사는가?

1 에른스트 페터 피셔(Ernst Peter Fischer), 박규호 옮김, 『슈뢰딩거의 고양이: 과학의 아포리즘이 세계를 바꾸다』(들녘, 2006/2009), 164~165쪽.
2 김지하, 「최재천·장회익 교수에게 묻는다」, 이인식 외, 『통섭과 지적 사기: 통섭은 과학과 인문학을 어떻게 배신했는가』(인물과사상사, 2014), 233쪽.
3 제임스 글릭(James Gleick), 박래선 옮김, 『카오스: 새로운 과학의 출현』(동아시아, 1987/2013), 157~158쪽.
4 존 루이스 개디스(John Lewis Gaddis), 강규형 옮김, 『역사의 풍경: 역사가는 과거를 어떻게 그리는가』(에코리브르, 2004), 129~130쪽, 132쪽.
5 나심 니콜라스 탈레브(Nassim Nicholas Taleb), 차익종 옮김, 『블랙 스완: 0.1%의 가능성이 모든 것을 바꾼다』(동녘사이언스, 2007/2008), 413쪽.
6 나심 니콜라스 탈레브(Nassim Nicholas Taleb), 차익종 옮김, 『블랙 스완: 0.1%의 가능성이 모든 것을 바꾼다』(동녘사이언스, 2007/2008), 413쪽; 「Benoit Mandelbrot」, 『Wikipedia』.
7 에스더 M. 스턴버그(Esther M. Stenberg), 서영조 옮김, 『공간이 마음을 살린다: 행복한 공간을 위한 심리학』(더퀘스트, 2009/2013), 79쪽.
8 토니 셰이(Tony Hsieh), 송연수 옮김, 『딜리버링 해피니스』(북하우스, 2010), 339쪽.
9 조한혜정, 「밀양 문제로 프랙털 시대를 풀자!」, 『한겨레』, 2013년 7월 17일.
10 이병한, 「중국이 지배하는 세상! 소국의 생존법은?」, 『프레시안』, 2013년 1월 7일.
11 마이클 마이넬리(Michael Mainelli)·이안 해리스(Ian Harris), 윤태경 옮김, 『무엇이 가격을 결정하는가?』(21세기북스, 2011/2012), 199쪽.
12 하노 벡(Hanno Beck), 배명자 옮김, 『부자들의 생각법: 모르면 당하는 그들만의 경제학』(갤리온, 2012/2013), 356~357쪽.
13 김지석, 「인구 프랙털」, 『한겨레』, 2005년 8월 19일, 26면.
14 배수경, 『만델브로트가 들려주는 프랙탈 이야기』(자음과모음, 2008), 50쪽.
15 잭 트라우트(Jack Trout)·알 리스(Al Ries), 『보텀업 마케팅: 한계상황을 돌파하는 현장 전술의 힘』(다산북스, 1995/2012), 19쪽.

우리는
왜 이렇게
사는 걸까?
ⓒ 강준만, 2014

초판 1쇄 2014년 6월 13일 펴냄
초판 4쇄 2020년 4월 8일 펴냄

지은이 ㅣ 강준만
펴낸이 ㅣ 강준우
기획 · 편집 ㅣ 박상문, 박효주, 김환표
디자인 ㅣ 최진영, 홍성권
마케팅 ㅣ 이태준
관리 ㅣ 최수향
인쇄 · 제본 ㅣ (주)삼신문화

펴낸곳 ㅣ 인물과사상사
출판등록 ㅣ 제17-204호 1998년 3월 11일

주소 ㅣ 04037 서울시 마포구 양화로7길 4(서교동) 2층
전화 ㅣ 02-325-6364
팩스 ㅣ 02-474-1413

www.inmul.co.kr ㅣ insa@inmul.co.kr

ISBN 978-89-5906-259-1 03300

값 15,000원

이 도서의 국립중앙도서관 출판예정도서목록(CIP)은 서지정보유통지원시스템 홈페이지
(http://seoji.nl.go.kr)와 국가자료공동목록시스템(http://www.nl.go.kr/kolisnet)에서
이용하실 수 있습니다. (CIP제어번호: CIP2014016980)